CHINA
CAPITAL MARKET
50 FORUM

中国资本市场50人论坛
系列丛书

金融大监管

大变局下的监管逻辑与市场博弈

主编　武良山　周代数　王文韬

中国人民大学出版社
·北京·

中国资本市场 50 人论坛（智库）及书系介绍

中国资本市场 50 人论坛（智库）是非营利性质的与中国多层次资本市场相关的独立智库，该智库由中国人民大学金融界、产业界、科技圈和政府部门四大领域的杰出校友发起，致力于为中国资本市场的参与者、研究者和政策制定者提供一个高端交流平台，推动经验分享、思想交流与学术碰撞，为相关机构的政策研究和业务实践提供一线素材与经验参考，为中国的多层次资本市场建设提供专业智慧与行业洞见，并致力于成为中国资本市场的第一智库。

K50 智库邀请金融机构高管、上市公司董事长、两院院士以及科研院所、工信部、科技部、发改委、地方政府等多个领域的杰出人士参与，集聚资本方、产业界、科技圈的领军人才与精英翘楚，打造政企（政府与企业）、资企（资本与企业）、研企（科研机构与企业）、企企（龙头企业与中小企业）四大交流平台，努力成为中国资本市场最具影响力的高端智库与思想引擎。

K50 智库定期及不定期组织闭门会议和专题研讨，形式包括

"宏观经济峰会""上市公司闭门研讨""龙头企业产业链论坛""地方高新区沙龙""科技创新研讨""高层内参""专项课题研究"等。历年来成功举办了多次重要会议，包括：中国宏观经济与债券市场发展论坛、2020 中国企业战略转型及产品创新研讨会、2020 年大型抗疫公益系列演讲（160 场）、拜登当选后的世界格局、中美关系与经济影响、后疫情时代资管行业的竞合之道、新经济下数字产业化与产业数字化研讨、蚂蚁集团暂停上市原因与金融科技监管新变局、中国区块链创新发展大会、地产"三道红线"的反思与展望等。

K50 智库创设的"中国资本市场 50 人论坛书系"，专注于资本市场、产业变革、科技创新与地方政府投融资，通过组织各领域一流专家资源，凝聚产业力量，汇集资本智慧，定位"从产业视角看金融，从资本逻辑看未来"，打造"望宏观之势，闻资本之道，问产业之法，切管理之术"的全体系知识图谱。

本书赞誉

刘元春　著名经济学家、中国人民大学副校长

　　一个系统的稳定只有在顺畅运动中才有意义，金融业的快速发展会让金融监管与金融创新之间形成一种系统性矛盾，这种辩证的矛盾实际上是发展中的必然。当前，金融科技迅猛发展，经济内循环势不可挡，在此背景下如何深化对金融业和金融监管的理解，是时代的命题。本书从监管政策和具体业务出发进行剖析，值得深入阅读。

王轶　著名法学家、中国人民大学副校长、中国人民大学法学院院长

　　在金融创新的浪潮中，监管机构是金融市场的守门人，科学监管是必须坚守的底线。"理论是灰色的，唯生命之树常青"，本书编者在梳理金融监管实践的基础上对相关理论问题进行了反思和总结，值得一读！

贺福初　中国科学院院士，历任中国人民解放军军事科学院副院长、中央军委科技委副主任

　　生命，凡在要害处，均有严密的监管！如DNA复制、细胞增殖周期、免疫检验点等，一旦缺乏有效监管，将导致突变、早衰、癌变，甚至死亡。金融，对人类社会而言，也如同生命。非适当监管，焉能健康发展？何以监管，请君一阅。

刘尚希 中国财政科学研究院院长

金融监管可以从两个维度进行思考，其一是问题导向，其二是风险导向。问题导向是针对"已然"，而风险导向是针对"未然"，后者比前者更重要。金融监管如何在金融创新与金融风险中进行权衡，不仅仅是理论界要思考的问题，也是从业者要遵循的底线。本书为我们提供了新的思考逻辑和研究框架，推荐一读！

蔡鄂生 中国银监会原副主席

观其根本，才能行稳致远，防微杜渐。2008年美国次贷危机很多问题就归结于很难对复杂的结构性产品进行穿透式管理。当下，金融创新与时俱进，产品层出不穷，需要我们对创新产品的风险有充分的认识，增强风险防范意识。金融监管的方向是什么？近年来国家颁布的政策释放出什么信号？本书给出了不少解读，值得参考学习。

姚江涛 中航资本控股股份有限公司党委书记、董事长，中国信托业协会会长

本书敏锐而准确地分析了资管新规下金融行业大监管的趋势，体系化地提出了金融大监管的理念和框架，以尊重金融市场规律为基础，全面系统地梳理金融监管逻辑，为金融监管政策制定者和金融从业者应对大变局下如何保障国家金融安全和提高服务实体经济质效提供了建设性的借鉴和启发。

杨华辉 兴业证券党委书记、董事长，兴证全球基金董事长

乘风破浪，盛世兴业，金融作为社会经济体系运转的重要枢纽，随着生态环境的变化，同样处于大变局之下。康德说：法律是道德标准的底线。何为金融的底线？在资本市场发展的大潮中，对监管的敬畏是我们永远不能脱离的底色。《金融大监管》清晰地剖析了当下监管大势，

为我们对未来政策和行业趋势作出判断提供了参考。

郑新立 中央政策研究室原副主任

2021年是"十四五"开局之年，通过改革释放经济增长潜能，推动经济发展取得新成效，需要金融市场的支持。作为产业的践行者，要深入地理解我国的金融政策，了解我国金融监管的趋势，才能更好地做大产业。本书对金融政策进行了深刻解读，值得一读！

卢中原 国务院发展研究中心原副主任

加强和改进金融监管，对于激发微观活力、保持宏观经济稳定和社会安定，其意义无论怎样强调都不过分。在金融科技和金融产品不断创新、金融市场不断深化、金融开放不断扩大的进程中，安全、可信和公平的秩序永远是根基。金融监管既要与时俱进，更需守正固本。本书的问世为打牢这一根基添砖加瓦，值得赞许。

高坚 国家开发银行原常务副行长、中国债券资本市场奠基人

从本质上说，国力竞争的不是GDP，甚至也不是技术，而是市场的效率，是制度的效率，包括金融市场的效率。制度不是单纯的约束机制，而是激励机制和约束机制的统一。当年国债市场化改革时，监管制度还没有建立起来。金融市场有了改革和创新才发展起来。很多时候，系统性风险是由于监管不当导致的，英国和美国历史上都有这样的实例。监管要适应金融深化的内在要求，以提升金融市场的效率为目标，通过市场本身的发展，提升信息传递的效率，提供对冲与分散风险的手段。监管要鼓励创新，限制套利，努力发挥市场作用，降低系统性风险和其他各类风险。本书的内容值得一读。

陈小宪 中信集团原副总经理、中信银行行长

金融，国之重器也。在金融科技、金融创新如雨后春笋般出现的当下，如何让利器最大程度地发挥其效力，给金融监管提出了更多的挑战，这背后考验的是管理层精英的智慧。古人云：君子不器。金融的本质是什么？金融监管如何牵住牛鼻子？《金融大监管》契合了当下的热点，并进行了深入的思考，值得学习。

张红力 厚朴投资联席董事长、中国工商银行原副行长

百年未有之大变局加速演进，金融监管面临的挑战前所未有，需要解决的矛盾前所未有。监管谓之"大"者，既是守"中"，更要守"正"。正本清源，观大格局、顺大趋势，守住国家金融安全的底线，以监管之力把好国家发展的金融重器。

彭建国 国务院国资委研究中心副主任

本书立意高远，深入浅出，针对金融实践和理论问题都进行了细致研究，不仅为我们思考问题提供了新的学术框架，也为我们金融业的未来发展指明了方向，值得学习，推荐一读。

李建兴 人民日报（海外版）党委书记、副总编辑

金融是实体经济的血脉，为实体经济服务是金融立业之本。随着互联网技术的发展以及金融创新的推动，当前全球金融监管都面临着前所未有的挑战。本书对我国金融监管的发展趋势给出了专业判断和分析，值得深度学习。

陈广胜 浙江省政府副秘书长

当今时代经历着广泛而深刻的变化，这在金融领域体现得尤为明显。由于金融业自诞生之日起就必然面临风险，加上天然富有创新基

因，如何对其进行科学、精准的监管始终是重大难题。金融监管亟须系统思维，既未雨绸缪及时反应，又宽猛相济把握火候，确保"监网恢恢，疏而不漏"。本书正为解决问题而来，且着眼于为当下中国金融监管的现实问题找答案。相关作者都是业内专家学者，具有较深厚的理论功底和实操经验，因而不乏真知灼见。各篇集腋成裘，汇作一部颇具含金量的工具书，值得大家学习参考。

曹德云　中国保险资产管理业协会执行副会长兼秘书长

金融监管对金融体系和金融市场健康持续发展的重要意义不用多言，但金融监管的适应性、科学性和有效性，始终是一个需要研究探讨的重要话题。特别是经历多次金融危机之后，金融监管总要做出一些优化和调整，以适应变化了的金融环境，可现实是，金融监管变革总是落后于金融市场发展，也总是难以达到人们的预期和目标。为此，金融监管需要探究的问题还有很多，路还很长，这本书从独特的视角和维度，可以给我们提供更多的启迪和借鉴。

赵德武　西南财经大学党委书记

以互联网、大数据、人工智能为代表的新一代信息技术日新月异，使传统产业和经济业态产生了深刻变革并为其带来了深远影响，也不断改变和重塑金融及金融监管的内涵与外延。对于财经领域的教学工作者而言，《金融大监管》有助于前瞻思考，如何以跨学科和融通性为原则，重塑财经学科思维和知识体系，本书提供了很好的借鉴，值得阅读。

丁忠明　安徽财经大学党委书记

当前国际经济形势波诡云谲，金融监管对于实现国内经济稳定发展、防范化解风险、实现更高水平开放的重要意义毋庸置疑。我国的金融监管经历了多个阶段，随着金融创新的发展和金融科技的崛起，金融大监管模式将成为趋势。本书有助于我们更深度地理解当前金融监管动向，值得我们去学习、去阅读、去思考。

安宜 中国有色矿业集团党委委员、总会计师

金融监管是防范金融风险的重要手段。面对大变局下金融业的快速和创新发展，如何做到既能监管有效，又不影响行业发展，是当前金融监管的热门课题。本书视角从中国到全球，紧跟金融业发展趋势，涵盖银行、保险、券商、信托和私募基金等各大金融领域，理论、案例、政策研究"三位一体"，可读性和应用性极强，为金融业监管提供了极强的借鉴意义。

贺强 著名金融学家、全国政协委员、中央财经大学证券期货研究所所长

监管是金融市场健康发展的保障，监金融风险，管违法犯罪，提升效率，维护公平。

任泽平 著名经济学家

金融监管如何平衡好促进创新和守住底线，是永恒的命题，需要高超的技术和艺术。监管与市场在博弈中发展共生，螺旋式变革。《金融大监管》对过往监管历史进行了深刻复盘和总结，为未来瞬息万变的金融市场创新提供了借鉴模式，推荐一读。

张岸元 中信建投证券首席经济学家

这是相关领域理论、政策与实践相结合不多见的力作，作者对政策的分析准确透彻，案例的描述详实、有可读性。

伍戈 长江证券首席经济学家

金融创新与金融监管是推动金融市场发展的动力，监管政策的制定

对于金融体系的稳定和实体经济的发展至关重要。本书从大监管的角度，对我国金融监管进行了较为全面的分析，为从业者和监管者提供了新的视角和参考坐标，建议品读！

管清友　著名经济学家

2017 年以后，中国金融监管当局对金融领域的监管全面强化，也可以说是来了一场金融整顿，对房地产以及资本市场等产生了深远影响。政策制定和落地背后的逻辑是什么？这本书回溯了我国金融大监管的背景、现状和现实挑战，为读者进行更深入的观察和理解提供了一份参考。

刘锋　中国银河证券首席经济学家

公平公正公开的有效监管是资本市场得以有序平稳运行的基础。这本《金融大监管》系统总结了国际金融体系的监管经验和演绎逻辑，剖析了我国金融大监管的发展脉络和实践，并提供了极富前瞻性的发展建议。值得金融从业人员研读！

廖天舒　波士顿咨询（BCG）中国区主席

在金融全球化和数字化大潮下，金融创新持续升级。如何在守住系统性金融风险底线的同时又能为金融创新留出足够空间，是全球金融机构都面临的难题。《金融大监管》在对全球金融监管历史体系化总结复盘的基础上，从宏观、微观两个层面对推进中的金融大监管进行了系统性阐释，值得所有金融创新工作从业者学习、借鉴。

汪昌云　中国人民大学汉青经济与金融高级研究院院长

本书在梳理主要发达国家金融监管沿革的基础上，对中国金融监管包括金融子行业监管的现状、问题和演化趋势进行了深度分析，为读者理解和思考金融科技正在重塑金融业态时代背景下的我国金融监管提供了一个有价值的参考。

金灿荣　著名国际关系专家、中国人民大学国际关系学院副院长

在纵横捭阖的国际关系中，金融无疑是重要的博弈战场。2008年的金融危机重伤了世界经济，各国八仙过海、各显神通渡过难关，但这并不能掩盖金融危机对实体经济的严重威胁，回顾历史，金融监管尤为重要，如何在鼓励金融创新的同时，管理好潜在的风险恶魔，这是各国监管机构都在寻求的答案。金融监管博大精深，并没有标准答案，但我们可以从这本书中管窥精华。

顾保国　《红旗文稿》杂志社社长

中国特色社会主义进入新时代，不仅意味着中国发展出现了历史性变迁，也意味着需要更强的学术精神塑造我们的时代灵魂。金融是新时代中国特色社会主义建设的关键环节，本书理论与实践相结合，观点与论证相补充，值得学习阅读，有助于提升学术思维水平、拓展学术视野。

韩本毅　国都证券党委书记、总经理

作为一国经济发展的核心，金融可谓是牵一发而动全身。金融监管政策的制定关系着金融机构的良性发展。身处其中，如鱼饮水，更应认真研读政策的变化。《金融大监管》全面梳理了我国不同金融机构的监管现状与趋势，值得认真阅读、仔细体味。

徐谦　西部信托党委书记、董事长

这是一本全方位聚焦当前金融监管问题的著作，对正处于防范化解风险和结构调整双重压力下的金融行业如何有效监管，以促进金融稳定

和改善金融服务实体经济的质效，提供了系统、深入、有见地的思考，值得一读。

甘煜　云南信托董事长

金融活，经济活；金融稳，经济稳。金融监管是一门科学，也是一门艺术，分寸之间见天地，对金融机构的影响和意义重大。《金融大监管》让我们看到了金融监管的过去、现在和趋势，也让我们看到了金融监管的理念和信念，丰富的内容让我们看到了编者的真心，值得荐读。

祁绍斌　雪松信托董事长

本书立足百年变局和宏观形势，在深刻剖析我国金融监管体系变革历程及趋势的基础上，深入解读金融业重要的监管政策，系统性地提出了金融行业的应对思路，并对信托行业痛点提出了"拥抱监管、完善治理、培育团队、加强直销"的良方，对于信托领域乃至金融行业识变、应变、求变具有重要且深远的意义，非常值得监管部门、同业机构和研究学者研读。

王道远　中信信托常务副总经理

在金融大监管的变局中，本书不是简单地重复信托行业的监管政策解读，而是溯源监管逻辑、直面行业痛点、探讨转型路径，观点鲜明，直指焦点，值得一读。

游宇　中融信托常务副总裁

金融安全关系着经济社会发展大局，也关系着老百姓的"钱袋子"。当前国内外经济金融形势复杂，更加凸显了金融监管的难度和高度。《金融大监管》的推出恰逢其时，由"点"到"面"，有案例有理论，文章的深度思考让金融市场参与者耳目一新。

高明刚　国家开发银行市场投资局副局长

　　金融监管是金融业健康发展的根本保证。没有金融监管的金融业态如 P2P，小贷公司最后都走向了灭亡。但金融监管如何避免一放就乱、一管就死的局面，是理论工作者和实务工作者一直面临的问题。《金融大监管》一书结合中国金融近几十年的实践，就整体监管、适度精准监管等做出了非常有价值的探索，值得广大理论工作者和实务工作者一读。

刘刚领　天津银行副行长

　　古人有云：无规矩不成方圆。21 世纪以来的金融风险表现出更加难以预测的特征，风险的来源、规模、结构、机理、频率与 20 世纪有较大差别，为防止系统性风险的蔓延，有必要建立完善的金融风险监管。何为金融监管？新的监管趋向和目标是什么？对银行、保险、证券市场的影响又如何？厘清其中脉络，我们对大势更了然于胸。

应惟伟　泰康保险集团董事会秘书

　　良好的金融监管是市场经济运行的重要前提条件，并为市场经济运行提供了制度层面的"基础设施"。

杨卫东　民生证券执行副总裁、投资银行事业部总裁

　　金融是支持现代经济发展的血脉，伴随着经济全球化和中国成为全球第二大经济体，金融体系的复杂程度与日俱增，金融监管已然成为全球现代社会治理的"高精尖"领域。本书是汇集了业内顶级专家的精心力作，系统梳理了全球及我国金融监管体系的监管框架、演变逻辑、变革趋势。任何一位身处新时代当下的金融从业者，都应当深刻学习和理解我国及全球金融体系的发展水平、结构变化和风险变迁，牢牢把握好"大监管"时代下风险防范的生命线。

王卫国　唐山银行党委书记

站在"两个一百年"的历史交汇点，身处百年未有之大变局，如何更好地维护我国金融市场的稳定发展，是每一位金融从业者应当深入思考的现实问题。本书基于金融市场要素发展的新趋势和新特点，结合真实案例，从金融大监管的角度对金融监管的历史和现状进行了全面阐释，并对金融监管发展方向提出了科学、系统、独到的见解和建议，为金融市场的规范健康发展提供了有价值的参考，值得大家学习品读。

李刚　深圳证券交易所北京中心主任

金融监管问题探讨由来已久。实际上金融行业在创新发展的同时，相伴生的就是潜在的风险，如何管理好风险、在风险和收益中找寻平衡，是我们金融监管部门一直以来所追求的。读罢此书，让我对金融监管有了更深的理解和认识。

黄运成　中国证监会政策研究室原副主任

我国"十四五"期间，抓好金融监管改革已成为推动金融业发展的最核心问题。本书以大金融监管为主线，系统梳理了全球金融监管的发展趋势，分析了我国银行、证券和保险业监管的现状和问题，提出了深化我国大金融监管改革的对策和建议，很有建设性。特别是，作者对我国证券业、私募基金业发展现状、存在的问题和典型案例的分析及监管政策的逻辑梳理，很有可读性，对广大金融从业人员和研究学者深入分析我国资本市场监管中的问题、提出更有价值的改革建议很有启发性，是一本值得认真阅读和借鉴的重要参考书。

王振江　山东高速路桥股份有限公司党委书记、董事长

过去二十年，我国路桥行业的发展离不开金融的大力支持，金融市场为我国高速公路建设规模走在世界前列以及交通运输效率的提高作出

了重要贡献。未来金融监管的方向是什么？对各个金融子行业将产生什么影响？带来哪些机遇？这本书从多个切面指出了思考的方向。

陈绍鹏 联想控股高级副总裁、佳沃集团董事长

金融全球化牵一发而动全身，一国金融危机将会对整个世界金融市场产生巨大的涟漪式影响，金融风险会通过各类金融工具传导、转嫁至各个行业。金融监管就是让风险和收益保持艺术的平衡，这本书让我们看到了鲜活的案例和金融监管的趋势，会更好地促进产业实践！

薛向东 东华软件股份公司董事长

我国的金融开放正在不断加速，中国证券市场正在与国际快速接轨，这对金融的底层设计和创新提出了新要求，也对金融监管提出了挑战。作为新一代信息技术产业的践行者，我们要不断了解和理解金融，包括金融监管及其趋势，坚持技术创新、产品创新、业务模式创新，抓住历史和时代赋予的机遇，乘风而上。从这个角度看，这本书的价值不言而喻。

李其林 清新环境总裁

金融系统是"多米诺骨牌"效应最为典型的经济系统之一。监管的实施有助于防范风险，避免金融市场缺陷，提高金融系统的运营稳定性。在当下金融创新高速发展之际，本书的诞生恰逢其时，为金融市场的健康有序发展提供了重要参考，值得学习！

郭丙合 红星美凯龙集团副董事长

在商业发展的历史长河中，金融扮演了十分重要的角色，产业的发展离不开金融的支持。而监管将决定金融的方向和产业落地。大风起于青萍之末，作为产业的践行者，须洞察金融政策的秋毫，用好金融这把

利剑。本书将金融监管的发展历史、现实案例进行了全面而深度的解读，集大家之精髓，值得一读。

吕思忠 山东高速股份有限公司总经理

现代金融产品创新和金融科技发展日新月异，科学高效的金融监管是资本市场健康发展的保证。当前，交通强国战略推进任重道远，在金融监管的大背景下探讨产融结合、加快基础设施建设的路径尤为必要，这本书提供了有益的思考，值得一读！

郑浩剑 腾讯公司副总裁

《金融大监管》系统性地介绍了国内外金融监管的发展历程、监管的内在逻辑和本质、面临的挑战以及改进的机会，帮助我们厘清了金融大监管展开的脉络，给我们展示了一张宏伟的金融大监管的全局图。同时从微观层面充分结合不同金融业态，有针对性地进行了详细拆解。理解金融大监管的逻辑和规律，有利于帮助我们金融从业者看清创新方向，在大变局中抓住先机。本书对不同领域的金融从业者都是一本很有价值的参考书。

宋金松 北大医疗产业集团总裁

人类的健康需要科学家、医疗机构、医护人员等共同守护，而对于关系国家经济健康发展的金融业而言，其平稳运行、有效监管的意义自然不言而喻。医疗健康被称为21世纪中国最具投资前景的行业之一，其发展壮大离不开金融的支持。作为产业的践行者，我们需要了解金融、了解监管，本书内容质量较高，推荐阅读！

滕鹰 雅居乐资本集团总裁

《金融大监管》脉络清晰地阐述了在金融不断发展和创新的大变局

背景下监管的进化和演变，对于金融及相关从业者系统性地理解监管政策有非常好的指导作用，值得细读。

程峰 众邦银行行长

　　金融监管的路径选择暗合时代发展的脉络，本书从金融监管的全球样本、历史沿革、迭代周期等多个维度剖析了金融监管的顶层设计与底层逻辑。在百年未有之大变局背景下，探讨我国金融大监管的现状和趋势，将帮助各参与主体建立全新的思维框架，为金融创新提供合规的借鉴模式。

左中海 鄂尔多斯银行行长

　　中国作为世界第二大经济体正在从经济大国走向经济强国，在确保金融安全的基础上，紧紧围绕服务于实体经济这个中心，做大、做强中国金融业，需要在国家层面做好金融监管的顶层设计。《金融大监管》一书对监管导向的金融从业人员来说，一本在手，定会开卷有益。

武敏 新希望地产常务副总裁、CFO

　　缺乏监管，无序的金融创新、边缘冒险无异于洪水猛兽，是对市场经济良性健康的践踏。保持金融体系的开放发展创新与守正监管相伴共生至关重要。《金融大监管》是一本集合金融界、产业界及政府的杰出精英，中国资本市场参与者、研究者多年实践、沉淀的经验和智慧之作，详实深刻地分析了我国金融体系的发展现状与监管脉络，通过案例剖析、总结和反思，提供模式借鉴。无论是对于政策制定者，还是金融工作者厘清监管体系、把握趋势都颇具价值，值得阅读。

黄子龙 周生生集团中国战略总经理

　　金融犹如流淌在经济和社会脉络里的血液，一旦偏离常规生活或者暴饮暴食，就难免引致"三高"甚至脑梗死，危及生命，因此对金融业的健康监管事关全局肌体！

周伟　中金甲子投资基金管理公司执行总经理

我们又一次站在历史转折的重要关口，如何理解新时代的金融监管逻辑，如何把握金融监管与业务创新的关系，如何预见未来的新金融业态，这需要我们建立全新的分析范式和思考框架。在这些方面，《金融大监管》这本书从历史的视角出发，给了我们很多有价值的启示。

陈潇笑　浙商产融控股有限公司副总裁

"不登高山，不知天之高也；不临深溪，不知地之厚也"。作为股权投资者，我们深感无论是风险投资、并购重组还是后期上市公司再融资，金融贯穿企业发展整个生命周期。而金融监管决定了其效率，决定了企业获得金融服务的适当性。产业投资更需回归本源。《金融大监管》一书让投资人有了更为广阔的视野，站在投资之外看金融、看产业。

黄润中　中小银行互联网金融联盟秘书长、中国银行业协会原秘书长

在百年未有之大变局的时代背景下，全球政治经济金融形势纷繁复杂，迅速发展的数字技术正在颠覆传统金融，随之而来的金融监管工作也面临巨大的挑战。《金融大监管》一书首创提出了通过政府"有形之手"依法充分调节规范金融市场及参与者的"金融大监管"概念，全面阐述了国际金融监管的最新发展趋势及对我国金融监管的启示建议，并且针对金融主要行业存在的热点问题和监管策略做了较为深入的分析，为读者全面了解金融及其监管的发展历程及未来方向提供了很好的参考和借鉴。希望今后编著者能叙做力作，以飨后来人。

伍中信　财政部会计名家、湖南财政经济学院原校长

经济越发展，会计越重要，其本质就是产权越复杂，会计越重要。

与之同理,金融越发展,监管必须越到位,防患于未然,促进其发展。用哲学辩证思想分析问题之根源,既需懂得"你中有我"与"我中有你"之融合共进,又要做到"有用之用"兼"无用之用"之虚实结合。《金融大监管》为我们提供了更广阔的视角去看金融、去理解金融监管、去体会二者既如何相得益彰,又如何制约均衡,让人受益匪浅。

杨博钦 航天科工金融租赁有限公司总经理

在完成"两个百年目标"建设、统筹"两个新格局"的时代背景下,中国这艘巨轮正在乘风破浪、昂首前进,而金融作为现代经济的核心,对包括中国经济在内的世界经济发展起着不可或缺的推动作用。金融的天职就是服务实体经济,其本身提供流动性、配合期限、提高杠杆率等方面的功能,面对实体经济发展的不确定性、金融机构的"安全性、流动性、效益性"要求和包括防范化解系统性金融风险发生在内的诸多情况,境内外普遍的做法是,一国当局必然对金融机构实施监管,而实体经济对信贷、保险、证券、信托、基金、租赁,包括金融衍生品等金融工具的全方位需求,必然导引大监管时代的来临,这正是创新的《金融大监管》这一著作问世的现实迫切需求,也是"监管合规创造价值"的最好诠释。

目　录

第二篇 **行业监管篇**

第四篇　**政策解读篇**

《金融大监管》总论

中国资本市场 50 人论坛（智库）秘书长　武良山

金融大监管概念的提出

老子曰："天地不仁，以万物为刍狗；圣人不仁，以百姓为刍狗。天地之间，其犹橐籥乎！"世界运行的规律，不外乎"周而复始"，全球金融市场大类资产价格的起伏，也一样遵循这个道理。老子说"不如守中"，讲的正是在兴衰交替过程中如何维持好自身发展这个道理，金融市场从蓬勃发展到泡沫化再到泡沫破灭，也是遵循着"周而复始"的规律。而监管的作用，就是避免金融市场过热或者过冷，从宏观上保证经济运行稳定，也就是"守中"。

从 2008 年世界金融危机开始，为了应对"三驾马车"中的出口萎缩导致的经济问题，中国开启了一轮基于城镇化建设的巨大的基础货币投放周期，货币的大规模投放，客观上促进了我国金融行业的快速发展。从心而论，每一个金融从业者的共识是：过去十年来，我国金融基础设施的快速建设、金融产品新增种类的繁复多样、投资机构的风险偏好转变、投资者心理预期建设等一系列市场要素的快速发展远远超过了过往几十年我国金融行业的累积更新速度，取得的成就也是令人瞩目的。与金融市场迅速扩张相伴相生的影子银行问题、互联网金融问题、资本市场财务造假问题、平台企业垄断问题，催生出巨大的金融泡沫，也引致了巨大的金融风险。

为了避免金融泡沫破灭对经济产生重创，国家意识到要由全金融行业监管这只"有形的手"来充分调节金融市场，实行金融大监管。正如前文所述，调节的目的是达到"守中"，不但是为了守护改革开放以来金融市场发展的成果，更是为了精准挤掉金融发展中滋生的"毒瘤"，维护我国金融市场的稳定发展。

大监管进入整个市场的背景和必然性

我们尝试厘清一下金融大监管展开的脉络。一般意义上，认为本次金融大监管缘起于 2008 年次债危机。为了对冲外部经济危机对国内产生的影响，2009年国内出台了"四万亿"经济刺激政策。在货币宽松的大背景下，银行的自营资金大量投向地方政府平台和房地产，银行的表外理财资金通过券商资产管理计划投向资本市场，导致了地方政府负债问题浮出水面，房市和股市相继进入牛市。

随着2011年刺激政策退出，地方政府平台公司融资受到了限制，银行资金通过信托放款的银信业务迅速发展，银行和信托成为黄金搭档，在没有穿透监管的概念下，银行资金投资科目从信贷科目转移到了其他金融机构应收款，财务报表上科目的变化，背后是规避监管和套利资本成本的诉求，从实质上放大了全社会融资规模。

从2012年到2016年，在金融创新的大背景下，银行与证券公司的合作渐入高潮，滋生了大量的所谓S-O-T的绕道模式。与信托公司也从属于银监会监管不同，证券公司的监管机构在证监会，银行资金通过证券公司的资产管理计划投资到资产标的，表面上是银行买了证券公司的固定收益产品，风险计提按照谁实质承担风险谁计提的标准，对于非标业务，由商业银行承担100％的风险计提。这就形成了银行绕道投资非标资产，券商收取过道管理费用，企业融资问题得到解决的三方共赢。然而，实际上却由于银行和券商属于不同的监管机构，衍生出了各家自扫门前雪的问题出现，两个监管机构也存在业务规模重复计算的情况。

这一期间，保险公司的各种金融创新也不断涌现，通过财产险种的变异，用短期资金错配长期投资，举牌上市公司的现象成为市场热议，保险公司作为投资者代理人的权利与义务的界限让市场产生了质疑。种种乱象层出不穷，互联网金融公司、中小民营银行、消费金融公司、汽车金融公司等中小持牌机构大力主攻个人业务市场。在大型金融机构主耕公司客户无心他顾的时候，中小持牌机构抢占个人业务的蓝海。同时 P2P 等非持牌机构也如闻到鲜血的鲨鱼一样，投机性地杀入个人消费金融领域，不规范、违法操作、公司关闭跑路现象时有发生。

2016 年底，金融乱象整治大幕拉开。货币政策配合监管措施收紧，设立国务院金融稳定发展委员会（简称"国务院金稳会"），宗旨"是为了加强监管协调，补齐监管短板，有效防控系统性金融风险，促进金融体系健康发展，提高金融业服务实体经济的水平"。

2017 年《关于规范金融机构资产管理业务的指导意见（征求意见稿）》（以下简称"资管新规征求意见稿"）的发布是金融行业供给侧结构性改革的重要节点，去杠杆、去通道成为监管共识，国务院金稳会加入金融监管框架，强化中国人民银行宏观审慎管理和系统性风险防范职责，强化金融监管部门监管职责，以确保金融安全与稳定发展。2018 年 3 月中旬国务院发布金融监管改革方案，将银监会和保监会合并为银保监会。至此，"一委一行两会"的中国金融监管新格局就此形成。

2019—2020年，"一委一行两会"发布了一系列关于"金融支持实体经济"的监管文件，越来越强调金融机构应"回归本源"，银行业回归"资金融通、货币信贷"，保险业回归"风险管理、保障契约"，证券业回归"发行交易、财富管理"，信托业回归"受人之托、代人理财"，基金业回归"投资理财、资产管理"。长远来看，中国金融行业正在构建良性、稳健的发展秩序。

当前，我们正历经"百年未有之大变局"，新冠肺炎疫情全球肆虐，世界政治格局动荡不安，大国力量对比纷繁演变，中美贸易金融深度博弈，金融市场风险跨境传导，数字技术颠覆传统金融业态，这是本轮金融大监管的时代背景。金融行业应该承担起历史赋予的责任，敢于担当，服务实体，做优生态，良性发展，当务之急即为修炼内功，夯实自身，做好金融监管，防止金融泡沫。

本书的意义

金融大监管，顾名思义，是要用政府的行政手段对于金融市场的参与者依法进行指导和规范。这就要求监管的主体，或者使用监管手段作为工具的政策制定者对于国内和国际金融市场有深入和精准的认识，能给出明确的、有指向性的前瞻和计划。我想这是留给监管机构的永恒的课题。随着我国资本项下的逐步放开，全球愈发形成一个相互作用的大市场，资产价格水平的套利更加频繁，金融科技的创新日新月异，高频算法、量化投资让政策制定者做到事前监管越来越困难，理性的做法是在最短的时间内对金融市场的变化做出反应。我们也想通过这本书来总结过往对于主要市场主体的监管政策、脉络和取得的主要成果，用来形成一定的预设模型，再结合当前资管新规下全行业大监管的趋势，给各位读者包括政策制定者提供一些监管应变的思路。

书中邀请了多位切身参与监管实践和工作于各金融行业一线的资深金融人士，他们也是中国资本市场 50 人论坛的高级研究员，他们分别从宏观和微观阐述了我国金融大监管的发展和一些心得体会，尤其是对当下一些热点问题进行了梳理。具体来说：第 1、2 章着重从宏观上分别介绍了金融监管模式的国际比较分析及其对中国的启示以及我国金融监管体系和监管政策研究；第 3 章开始到第 7 章从微观上分别介绍了银行业、保险业、证券业、私募基金和信托业的分类监管情况、热点问题和监管对策；第 8 章回归财政金融监管及其影响；第 9 章从 2020 年上半年瑞幸咖啡事件谈跨境金融监管问题；最后是我国 2019 年和 2020 年上半年主要金融监管政策的梳理和点评。本书系统地对过往的监管历史经验进行复盘和总结，寄希望于为未来瞬息万变的金融市场创新提供快速反应的借鉴模式。

本书是中国资本市场 50 人论坛基于近期对于资本市场的洞察和对于整个金融市场的客观分析形成的对于金融监管这一宏大主题的论述汇编。我作为论坛的秘书长和总召集人，希望本书的出版为我国金融大监管的实践贡献一份力量、带来一种声音。以飨读者。

第一篇
监管体系篇

第 1 章

全球金融监管的最新趋势与启示

周代数　张立超

一、为何要加强金融风险监管？

近年来，伴随着全球金融市场之间的联系越发密切，某区域金融市场的风险传导到其他区域的可能性增大，给全球金融市场带来了不同程度的负面影响。实际上，2007 年的次贷危机就曾重创美国和欧洲等多个经济体，对国际金融市场和全球经济增长造成了极大的冲击。金融危机爆发有三方面的主要根源：金融的无序监管；宏、微观层面的制度错配；全球金融系统的内生风险因素，其核心是金融监管机制没有对系统性风险做出及时判断和有效应对，而全球金融体系的脆弱性使得系统性风险的跨境传播成为可能。在主要欧盟国家的银行资产负债中，30％是传统的存贷款业务，其余70％主要是复杂的衍生产品交易业务；在美国，银行业资产/GDP为80％，但通过资产证券化、表外化的打包操作，衍生了复杂化、模糊化的影子银行体系。

总的来看，21世纪以来的金融风险表现出更加难以预测的特征，风险的来源、规模、结构、机理、频率与20世纪有较大差异，主要表现为触发机理复杂化、风险损失扩大化、风险传导快速化、系统影响加重化等特征。更为重要的是，单一金融风险往往触发综合性金融危机，具体表现为货币大幅贬值、官方储备大量减少、股市暴跌、资本外逃、金融机构大量破产、融资人大量违约等。防范金融风险的跨市场传播和治理系统性风险成为后危机时代世界各国理论界、政策界的重大课题任务。

为防止系统性风险的蔓延，有必要建立完善的金融风险监管框架。事实上，宏观审慎管理（又称宏观审慎监管）框架应是发达经济体为填补系统性风险防范制度漏洞而做出的重大政策选择，其最早出现在1979年6月的库克委员会（巴塞尔银行监管委员会的前身）的会议中。经历了次贷危机后，如何防范系统性风险成为世界各国面临的紧迫任务。2009年的匹兹堡二十国集团（G20）金融峰会决议正式使用"宏观审慎管理"和"宏观审慎政策"的说法。宏观审慎管理重点关注五方面内容：重要的金融机构和市场、金融风险的内生性、宏观经济、金融环境、纵向风险积累和外部风险传染。从 2008—2018 年全球金融监管改革的趋势来看，美国、欧盟等经济体都强化了央行主导宏观审慎政策的制定、执行、统筹和监管的框架。

为更好地实施宏观审慎监管，当前国际金融监管改革机构已经明确了"系统重要性附加"和"逆周期资本附加"这两个用于宏观审慎监管的工具，来对系统重要性机构实施更高的资本和流动性监管要求，并降低金融部门的亲周期性，从而减缓时间维度的系统性风险。同时，国际清算银行等机构也倡导各国对杠杆率、拨备制度、贷款价值比例（LTV）、存贷比、大额风险暴露限额、特定行业更高的风险权重、压力测试等微观审慎监管（又称微观审慎管理）工具进行梳理，与两个宏观审慎监管工具一起，构建一套更加清晰、有机、协调的金融监管工具箱。

二、金融监管的发展历程与国际比较

（一）全球金融监管框架的演变历程

纵观海外发达国家和地区的金融发展进程，确有一些值得中国资本市场借鉴的经验和规律。尤其是今天的金融市场系统复杂、互联互通、相互影响，风险跨市场传递。如表 1-1 所示，主要发达国家的金融监管经历了五个重要的发展阶段。

表 1-1 主要发达国家金融监管框架的演变历程

时间	阶段	标志性事件	特点
1933 年以前	第一阶段：金融监管萌芽和形成期	1863 年的美国《国民银行法》是世界上第一次以法律形式对金融监管做出制度化安排；1913 年的美国《联邦储备法》标志着美国金融监管制度的形成	以美国为代表的国家逐步以法律形式进行金融监管，这一阶段的证券交易依然自律
1933 年—1970 年	第二阶段：金融监管加强期	1933 年《格拉斯－斯蒂格尔法》（也称《1933 银行法》）	分业经营和分业监管格局在全球范围内形成，分别设置银行、证券、保险的监管机构
20 世纪 70—90 年代	第三阶段：监管放松期	美国于 1980 年取消《存款机构管制和货币控制法案》；1982 年颁布《高恩·圣杰曼存款机构法》；1999 年废除《格拉斯－斯蒂格尔法》	1970 年开始显现的高失业率与高通胀率并举的滞胀，助推了监管层金融自由化共识，发达国家逐步放松管制以促进金融发展
20 世纪 90 年代—2008 年	第四阶段：混业监管期	1995 年 2 月 27 日，英国中央银行宣布巴林银行倒闭；英国的《2000 年金融服务和市场法》明确成立金融服务局，将对银行、证券和保险的监管统一起来；美国于 1999 年 11 月通过以混业经营为核心的《金融服务现代化法案》	英国模式：金融服务局针对银行、证券和保险的"全面监管模式"；美国模式："伞形监管模式"

续表

时间	阶段	标志性事件	特点
2008 年至今	第五阶段：统一监管期	2008 年，由美国次贷危机引发的金融危机全面爆发；2010 年美国《多德-弗兰克法案》	英国设立金融行为监管局、英格兰银行内部新设金融政策委员会；美国设立金融稳定监管委员会，监管衍生品市场，注重宏观审慎监管；全球主要国家金融市场进入统一监管期

从以上发展历程可以看到，海外金融业的演变经历了先混业、后分业、再综合经营的历程，金融监管体系也向着先集中、后分业、再统一的方向演化。次贷危机后，适应混业经营、加强宏观审慎管理、严格保护金融投资者是大的趋势。该趋势在英国、美国、瑞士、新加坡等国家均有所体现。

（二）金融监管框架的国际比较

1. 美国金融监管框架

2008 年金融危机之前，美国经历了长时间的金融自由化过程，其中暴露出不少风险问题：第一，高杠杆风险。大量的金融创新导致了信贷扩张和杠杆增加。过高的杠杆导致金融机构承受资产价格下跌的能力大幅下降。第二，资产证券化。资产证券化使得金融机构之间的联系更加紧密和复杂，金融机构外部性特征明显，风险外溢更为常见。第三，其他激励问题带来的风险。高管薪酬结构与当期利润挂钩，为管理层提供了扩大风险偏好的激励。此外，在对华尔街金融交易数理模型的设计和运用过程中，过多的假设以及人为错误也是诱因。

美国在金融危机后加强了金融监管，通过具有宏观审慎特征的《多德-弗兰克法案》重点监管相关金融机构，并设立了金融稳定监督委员会等机构。《多德-弗兰克法案》围绕系统性风险防范，修补了美国金融监管的基本架构，通过对金融系统中的外部性进行征税，进一步突出了美国联邦储备系统（简称美联储）的地位及消费者保护的内容，防止风险的跨市场传递。美国金融监管框架异常复杂，如图1-1所示。其中，金融稳定监督委员会（FSOC）在于识别和防范系统性风险，协调各政府部门的监管工作。消费者金融保护局（CFPB）职权相对独立，统一行使消费者保护职责。金融研究办公室（OFR）隶属于财政部，职责是为金融稳定监督委员会提供支持。

2. 英国金融监管框架

英国的金融监管框架发生过三次较大规模的改革：第一次为《1979年银行法》颁布之后建立的分业监管格局。第二次为1997年之后各类监管机构合并形成的金融监管机构——金融服务局（FSA）。第三次为危机之后，英国取消了FSA，并建立了目前的"双峰监管"（twin peaks supervision）模式，如图1-2所示。即新成立金融政策委员会（FPC），统筹应对系统性金融风险，并设立

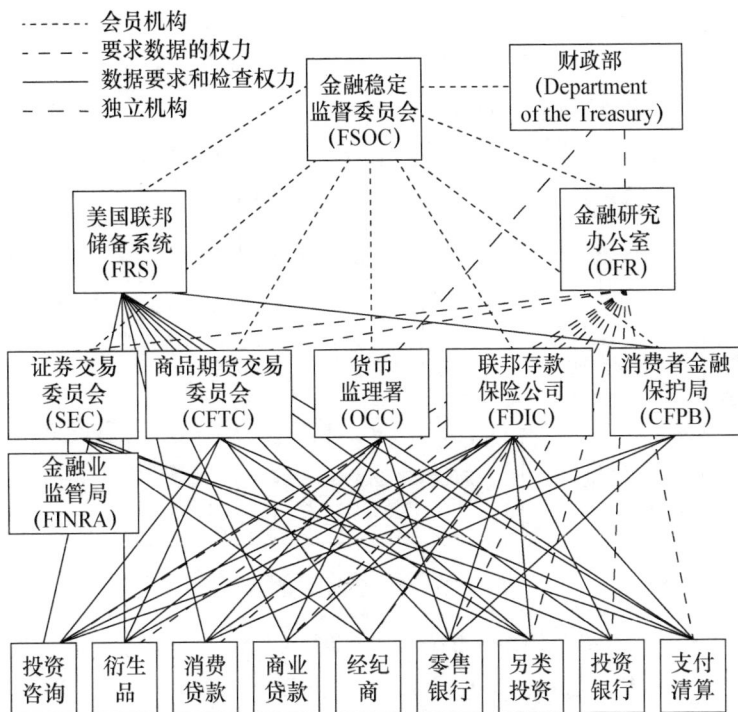

图 1-1 美国金融监管框架

资料来源：根据 FSOC 官网资料整理。

审慎监管局（PRA）和金融行为监管局（FCA），有效解决了三方
监管机构协调不畅导致出现监管漏洞的问题；强化宏观审慎监管，
并与微观审慎监管相结合，维护金融体系稳定运行；建立起防范
系统性风险机制，提高风险应对能力。这一模式很好地促进了金
融体系恢复稳健，为经济企稳恢复提供了重要的支持力量，国内
生产总值增速重回 2% 以上，股市大幅上涨，2009—2015 年，富

时 100 指数上涨 41%。

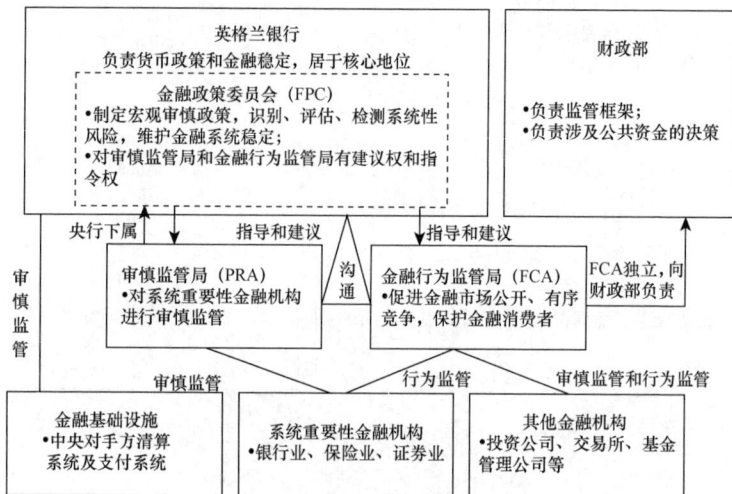

图 1-2　英国金融监管框架

资料来源：英国金融行为监管局、英格兰银行（BOE）。

3. 瑞士金融监管框架

2007 年 6 月之前，瑞士实行"银证统一"分业监管、"两级"监管模式，其中，瑞士联邦银行委员会（SFBC）对银行和证券业统一监管，联邦私人保险管理办公室（FOPI）对私营保险业实施监管，同时银行、证券业的监管职责在瑞士联邦银行委员会和经授权的私营审计公司之间分工。2007 年以后，瑞士开始实行混业经营、混业监管模式，瑞士金融市场监督管理局（FINMA，简称瑞士金管局）取代瑞士联邦银行委员会、联邦私人保险管理办公室和瑞士反洗钱控制委员会，统一监管瑞士银行业、证券业、保险业，以及反洗钱工作。瑞士金管局实施监管的形式包括发放牌照、调查、裁决、制裁等。针对持牌金融机构的不合规或潜在违法行为，瑞士金管局依据《行政程序联邦法案》进行调查，若违法行为实际发生，则瑞士金管局可以进行裁决，并采用任意强制执行措施，或者对被监管对象进行制裁。

　　瑞士金管局具备显著的独立性和权威性特征。瑞士金管局在行政上直接隶属于联邦议会，在机构、功能和财务上也相对独立，当银行不能履行基本义务或对法律构成严重侵害的情况下，瑞士金管局有权进行制裁，甚至启动重组和破产程序。但是作为对独立性的制衡，瑞士金管局需要接受国家议会和州议会的全面政治监督，瑞士金管局的决策也有可能在法庭上被挑战。其各部门的职责范围如表 1-2 所示。

表 1-2　瑞士金管局各部门的职责范围

部门	职责范围
银行部	监管财富管理银行和证券交易商；监管零售、商业、交易银行；风险管理；发放牌照；清算和资本管理；监管瑞士联合银行和瑞士信贷集团；国际法律问题和案例管理
保险部	监管寿险、非寿险、健康险；监管保险集团；量化风险管理；定性风险管理；监管再保险；负责保险监管法
市场部	直接隶属金融中介管理；打击洗钱和金融犯罪；监管金融市场基础设施；审计公司
资产管理部	管理投资产品和分销；资产管理和监督；监管资产管理和集体投资计划
执行部	执行调查、诉讼、破产等；负责运营服务和机构发展

续表

部门	职责范围
战略服务部	国际事务；监管规则；法律和合规；会计；秘书处和通信服务
经营部	信息和通信技术；人力资源；财务部；设备管理和采购；企业风险管理和内控技术；变化和过程管理

资料来源：瑞士金管局。

4. 新加坡金融监管框架

1970 年以前，新加坡的中央银行职能由多个政府部门履行。1970 年，新加坡议会通过《新加坡金融管理局法》。1971 年 1 月 1 日，新加坡金融管理局（MAS）成立。新加坡金融管理局属于新加坡的金融监管主体，有着较强的运作自主权。依据《新加坡金融管理局法》，新加坡金融管理局的董事会由总统指派，董事会主席由总统根据内阁的建议任命。董事会负责新加坡金融管理局的政策制定和监管工作，向新加坡议会负责。

新加坡金融管理局对其金融市场施行严格管控，它由银行署、保险署、证券期货署、市场体系与风险顾问署、监管政策署、监管法律服务署组成。目前，新加坡金融管理局建立了完善的风险分析系统，借鉴美联储的 CAMELS 评级制度[1]，对本地银行和外

---

① CAMELS 评级制度是国际通用的银行评级制度，银行监管机构根据六个因素评定金融机构的等级。这六个因素分别是：资本充足性（capital adequacy）、资产质量（asset quality）、管理质量（management quality）、盈利水平（earnings）、流动性（liquidity）、对市场风险的敏感度（sensitivity to market risk），CAMELS 是这六个因素的首字母缩写。银行监管机构综合各方面的因素，对银行给出评级，评分的范围从 1 到 5（1 表示最好，5 表示最差）。如果银行的得分低于 2，则表示该银行的信用质量很高；如果得分超过 3，则表示银行存在信用风险。

资银行分别建立了 CAMELOTS 评级系统和 PLATOS 评级系统①，用于实时监控本国银行和外国银行分支机构的风险。新加坡金融监管制度架构如表 1-3 所示。

表 1-3　新加坡金融监管制度架构

	适用法律	补充条例	监管指引
新加坡金融管理局	《新加坡金融管理局法》	新加坡金融管理局条例等	有效监管原则等
银行业	银行法	银行条例等	风险管理指引、私人银行行为准则、私人银行控制指引等
证券业	证券期货法、信托法、商业信托法、信托公司法	证券期货条例等	集合投资计划、房地产投资信托准则等
保险业	保险法	保险条例等	适当标准指引等
其他	金融顾问法、货币兑换及汇款业务法、票据法、金融公司法	信贷公司条例等	公平交易指引、反洗钱/反恐融资指引等

资料来源：新加坡金融管理局。

5. 中国香港金融监管框架

中国香港特别行政区（简称中国香港特区）政府历来奉行对

---

①　在 CAMELOTS 评级系统中：C 表示资本充足性，A 表示资产质量及信贷风险，M 表示经营管理，E 表示盈利能力，L 表示流动性风险，O 表示操作风险及其他风险，T 表示信息技术风险，S 表示对市场风险的敏感性。在 PLATOS 评级系统中：P 表示母行银行的支持，L 表示流动性，A 表示资产质量，T 表示信息技术，O 表示操作风险，S 表示市场风险敏感度。

经济活动不加干预的自由放任的经济政策，但是伴随着几次重大金融危机的发生，为保持中国香港金融业的稳定发展，中国香港特区政府逐渐加强了对金融业的监督和管理。中国香港特区政府对金融的监管主要经历了三个阶段，即"行业自律主导"阶段（19世纪末—20世纪60年代）、"积极不干预"阶段（20世纪60年代末—90年代末）、"大市场、小政府"阶段（20世纪90年代末至今）。

当前中国香港实行混业经营、分业监管的金融监管模式，已形成由香港金融管理局、香港银行业咨询委员会、香港银行公会组成的监管体系。同时，中国香港的私人银行需要接受证券及期货事务监察委员会、保险监理处的监管，对应的条例涉及《证券及期货条例》和《保险公司条例》。在具体实践中，中国香港实行分级监管、连续监管模式，并在长期发展过程中形成了较为完善的监管制度体系。

中国香港的监管机构包括中国香港特区政府机构和行业自律协会两个层次。具体而言，中国香港特区政府机构在监管中扮演着"管理者"和"协调者"的角色，而行业自律协会专注于审查、控制自身内部风险。在监管实践中，两类机构分工明确、各尽其职。中国香港特区政府监管机构包括香港金融管理局、中国证券监督管理委员会（简称证监会）、保险业监理处及强制性公积金计划管理局。行业自律协会主要指香港银行公会、香港交易所和香港保险业联合会，它们在监管上并没有强制性。中国香港特区政府机构和行业自律协会两个层次相互配合，行业自律协会坚持协调、协商的定位，香港金融管理局坚持现场检查、非现场检查、CAMEL 评级、审慎监管会议等以风险为本的监管定位。

三、全球金融监管的最新趋势

（一）对高风险金融业务开展多层监管

次贷危机前，监管的思路是对单个金融机构进行监管，忽视了风险的跨市场传播。股市风险的跨界传递通常是通过大型金融机构以及这些金融机构所开发的金融产品传播。大型金融控股集团所从事的金融业务非常复杂，涵盖了股票、债券、外汇市场、大宗商品等，并且通过打包证券化开发了诸如信用违约掉期（credit default swap，CDS）和债务抵押债券（collateralized debt obligation，CDO）等衍生品，发生违约时其风险波及多家不同属性的交易所和金融机构。针对这类复杂金融产品、衍生品等的高风险性，海外监管机构对此类业务的主体进行了多层监管，将风险传递控制在小范围内。在美国当前的金融监管框架下，从事衍生品交易的具有系统重要性的投行至少面临 FRS、SEC、OCC、FDIC、CFTC 等联邦机构的多层监管，FSOC 则起到居中协调的作用。美联储要求对具有系统重要性的金融机构提高资本充足率，针对 500 亿美元以上的金融机构每半年进行一次压力测试。SEC

则要求对非银行金融机构和衍生工具市场的数据进行透明化披露。通过多层监管，美国在危机之后不断强化风险管理的现代化建设，并成为全球主要金融市场监管模式效仿的对象。

（二）由单纯的国内监管向跨境监管合作转型

随着经济全球化的发展，对跨境金融活动的风险防范和跨境协调监管也已成为当前金融监管理论的研究重点。单个地区或国家的金融风险在不同程度上会通过金融国际化之间的联系发展"多米诺"骨牌式传播效应。为了有效监管金融机构的境外业务和离岸业务，各国监管当局纷纷推动金融机构的跨境监管，对同时经营境内外业务的金融机构进行境内外并表监管。根据巴塞尔委员会的要求，一家跨国经营的银行监管应由母国监管当局和东道国监管当局分工和合作。通常，母国监管当局负责审查资本充足率、最终清偿能力、高管人员任职资格，东道国监管当局审查当地分支机构的资产质量、内部管理和流动性，同时，母国和东道国针对监管问题开展定期交流。目前，全球跨境金融监管的典型合作机制包括全球层面监管系统重要性机构（G-SIFI）的金融稳定理事会（FSB）、区域层面如欧洲银行联盟将成员国的监管权部分让渡给欧洲央行和三个专业监管机构、双边层面的跨国监管合作，这些跨境监管可以有效地防止金融监管真空。

（三）监管目标向安全与效率并重转变

实践证明，很多高度开放的经济体同时拥有较高的金融自由

度和市场稳定性，并且为经济发展提供了效率保证。有别于早期
的金融严格管制理论，20 世纪末基于自由化背景的新金融监管理
论结合了金融脆弱化理论、新制度经济学、产业组织学和博弈论
的理论，全面地研究了金融风险和约束问题。新金融监管理论关
注协调金融活动和防范系统性风险，强调金融监管要"安全与效
率并重"。近年来，金融监管制度的设计也正往兼顾金融安全与金
融效率的方向发展，并在这个原则之上逐步加强金融监管的内部
控制机制与外部立法工作。

（四）政府型监管和自律型监管趋于融合

当前国际上增强金融安全的主流手段之一就是自律机制。完
善金融机构内部的控制制度以提高其自律水平已成为国际监管的
重要趋势。实施有效金融监管的前提和基础是金融机构的内部控
制。比利时、法国、德国、卢森堡、荷兰等国家，以及中国香港
的金融行业协会、银行家学会和信贷行业组织都在一定程度上发
挥着监督作用。政府型监管和自律型监管逐步融合的趋势越发明
显。一方面，实行政府型监管体制的经济体开始日益重视行业自
律的作用；另一方面，实行自律型监管体制的经济体也开始通过
立法和建立统一的监督机构，加强监管的规范化，将金融同业的
自律机制逐渐纳入监管法制体系之中。

四、对中国金融监管改革的启示

第一，以英国为代表的国家在后金融危机时代都逐步采取了

双峰监管的金融监管模式，这种监管模式的出发点是，作为最后贷款人的央行在进行危机救助时应当掌握完全信息，抑制系统重要性金融机构的过度风险承担行为，从而防范系统性风险。在这种目标导向监管理念指引下的英式双峰监管模式对中国未来的金融监管体制改革有着重要的借鉴意义，即在金融市场相对开放和成熟、金融产品相对复杂的情况下，应保持审慎监管与行为监管的协同作业，由微观审慎监管机构保持个体金融机构稳健，宏观审慎监管机构保持金融系统稳健，行为监管部门负责保护金融消费者权益。基于双峰监管模式将审慎监管和行为监管分离的要求，2018 年 3 月，中国政府也宣布将中国银行业监督管理委员会（简称银监会）和中国保险监督管理委员会（简称保监会）合并，对全国银行业和保险业实行统一监督管理（银行和保险公司基于资本监管的原则基本相同），证监会原有权责保持不变。这是中国式双峰监管迈出的重要一步，但是在当前框架下，对于预防和救助系统性风险，中国银行保险监督管理委员会（简称银保监会）、证监会仍存在与中国人民银行发生监管摩擦的问题。这一问题有赖于中国宏观审慎监管体系的进一步完善。

第二，新加坡、中国香港作为全球重要的金融中心，其金融监管模式也有一定的借鉴意义，其对中国的重要启发是针对以银行为核心的交叉金融产品的穿透式监管和跨境资本流动方面的监管合作。近年来，中国金融市场上金融创新层出不穷，其中，管理资产规模最大、金融产品消费者最多的银行已形成了银行存贷款、同业资产负债、理财产品等并行的复杂格局。各种银信、银证、银基、银保类通道业务具有鲜明的交叉金融特征，实现了跨机构、跨市场运作，给中国的金融市场造成了一定的风险，也让中国当前的分业监管框架饱受诟病。结合各个国家和地区的经验，监管当局应当绘制银行和非银行金融机构的风险传染路线图，将跨机构金融产品纳入审慎监管框架内，严防风险传导，针对潜在的系统性风险制定有针对性的预防措施。另外，针对跨境资本流动也应加强监管，尤其是针对兼营境内外业务的金融机构，应当进行境内外机构和境内外业务的并表监管。

第三，以美国为代表的国家面对复杂的金融系统设立了金融稳定监督委员会来识别和防范系统性风险。中国政府也于 2017 年 7 月在第五次全国金融工作会议上设立了国务院金融稳定发展委员会，目标是强化中国人民银行宏观审慎管理和系统性风险防范的职责，并强化金融监管问责机制。未来应强化国务院金融稳定发展委员会的职能，构建出由适应性监管（减少金融消费纠纷）、功能化监管（产品功能导向下避免监管真空）、包容性监管（面向金融创新和前沿监管）、全程化监管（事前、事中、事后全流程覆盖）组成的"两性两化"四度监管体系。面对中国当前的混业经营与分业监管现状，国务院金融稳定发展委员会应当从信息对称性上下功夫，着力解决中国人民银行、银保监会、证监会监管标准不统一及存在监管真空的问题；面向未来更加复杂的金融市场格局，国务院金融稳定发展委员会应当根据逆周期风险调节原则，从资本监管逐步转型为资本监管与透明度监管并重，构建更加和谐、健康、透明、合规的中国金融市场。

第2章

我国金融监管体系的现状、问题和改革动向

朱明亮

作为现代经济的核心，金融是不容忽视的一部分，加强金融监管体系的建设是我国经济发展过程中必不可少的一项环节。随着社会主义市场经济的发展以及金融体制改革的深化，中央银行的金融监管作用正在逐步显现出来，该工作取得了一定的效果。然而，不容忽视的是，金融监管体系的改革在我国尚处于起步阶段，受各种因素的限制，在很多方面还存在着诸多问题。所以，我们有必要对当前我国的金融监管体系的现状及问题进行详细分析，以便及时采取相应的措施，推动金融监管体系的完善发展。

一、金融监管体系包含哪些要素？

所谓金融监管体系，是金融当局和其他监管部门一道在有关法律法规允许的前提下，制定一系列的程序，对金融活动的参与者及相关机构进行全面监督、审核等。金融监管应坚持三大原则：一是合理、适度竞争原则，监管重心应放在保护、维持、培育、创造一个公平、高效、适度、有序的竞争环境上；二是自我约束和外部强制相结合的原则；三是安全稳定与经济效率相结合的原则。金融监管的目的在于保障金融体系稳定运行，维护经济主体的共同利益。金融监管的具体目标具有多重性，包括确保金融体系的稳健性和金融机构的安全性、保护金融消费者权益、增进金融体系的效率、规范金融机构的行为，以及促进公平竞争等。

金融监管的主要内容包括三个方面：事前合规性监管、事中风险监管和事后救助措施。

（1）事前合规性监管。主要包括市场准入、金融机构的业务限制等，其中，市场准入是一国中央银行对新设立的银行或分支机构进行限制性的管理。实行市场准入管制是为了防止不合格的金融机构进入金融市场，以保持金融市场主体秩序的合理性。对市场准入的控制是保证金融业安全、稳定发展的有效的预防性措施。各国对金融机构实行监管都是从市场准入开始的。市场准入监管最直接的表现方式就是对金融机构开业登记、审批的管制。

金融机构的业务限制，主要是指对商业银行、证券、保险等金融机构能否跨行业经营的限制，这是判断一国金融业经营格局的重要依据。

（2）事中风险监管。金融机构开业后，监管当局还要对金融机构的运作过程进行有效的监管，以便更好地实现监管目标的要求。根据金融机构的资产质量、资本充足性、流动性、营利性以及内部管理的评价，提高监管要求，及时且有针对性地提出监管措施，最大限度地减少银行风险带来的损失。主要监管内容包括资本充足率要求、准备金要求、资产质量标准、流动性标准、外汇风险管理、贷款期限和结构的限制等。

（3）事后救助措施。金融机构市场退出，一般是金融机构由于不能偿还到期债务，或者发生了法律法规和公司章程规定的必须退出的事由，不能继续经营，而必须进行挽救或破产清算的过程。金融机构市场退出按原因和方式可以分为主动退出与被动退出。主动退出是指金融机构因分立、合并或者出现公司章程规定的事由需要解散。被动退出则是指由于法定的理由，如法院宣布破产或因严重违规、资不抵债等原因而遭关闭，取消其经营业务的资格，金融机构因此而退出市场。为了维护存款人的利益和金融业的稳健经营，大多数发达国家或地区的货币主管部门将存款保险机制引入金融机构的运营中。在存款保险制度下，本国境内的金融机构被强制或自愿地按照吸收存款的一定比例向存款保险机构投保，当投保的金融机构出现危机时，由存款保险机构向投保的金融机构提供资金救援或直接向存款者支付部分或全部存款，以维护正常的金融秩序。

二、我国金融监管体系及其历史沿革

目前，我国金融监管体系以中国人民银行、银保监会、证监会为监管主体，以银行金融机构及非银行金融机构为监管客体。

（一）金融监管机构

我国金融业实行分业经营、分业监管，中国人民银行、银保监会、证监会分别监管银行业、保险业和证券业。

中国人民银行。1983 年 9 月，中国人民银行剥离商业银行业务，专门行使中央银行职能。中国人民银行的主要职责是金融监管与货币政策。其实行总分行制，分支机构按照总行的授权，负责本辖区的金融调控、货币政策执行职能，不负责为地方经济发展筹集资金。

银监会。根据第十届全国人民代表大会第一次会议通过的《关于国务院机构改革方案的决定》，国务院决定设立银监会。2003 年 4 月 28 日，银监会正式挂牌。银监会的成立标志着银行监管工作迈入了一个新的阶段，有利于银行业监管水平的提高。同时，将银行监管职能从中国人民银行中分离出来，有利于中国人民银行履行宏观调控的职能，以及更好地执行货币政策。

　　银监会整合了中国人民银行对银行、资产管理公司、信托投资公司及其他存款类金融机构的监管职能。作为国务院直属的正部级事业单位，银监会将根据授权，统一监督管理商业银行、政策性银行、信托公司、农村合作金融机构、金融资产管理公司、金融租赁公司、企业集团财务公司、汽车金融公司和货币经纪公司等金融机构。银监会既要防范银行业的系统性风险，也要防范个别银行机构的非系统性风险，其主要职责包括：制定银行业监管的规章制度和办法，统一编制并按规定公布全国银行业数据、报表，通过各种手段监管和审批各个银行机构及其分支机构的准入、业务与高级管理人员的任职资格等。

　　保监会。 于 1998 年 11 月成立的保监会是全国商业保险机构的主管部门，为国务院直属正部级事业单位。1995 年颁布了《中华人民共和国保险法》。

　　《中华人民共和国保险法》规定，保监会的职责是对保险业实施监督管理，维护保险市场秩序，保护投保人、被保险人和受益人的合法权益。具体来说主要包括：拟定保险业规章制度、发展方针政策，制定行业发展战略和规划；审批和监管保险公司、保险代理公司等保险中介机构及其分支机构的设立、分立、经营变更、解散以及破产清算等；审批境外保险机构代表处的设立，以及境内保险机构和非保险机构在境外设立保险机构；会同有关部门审批保险资产管理公司的设立；制定保险从业人员及其保险条

款和保险费率；监管保险公司的偿付能力和市场行为；负责统一
编制并按规定公布全国保险业的数据、报表，并按照国家有关规
定予以发布，制定保险行业信息化标准；建立保险风险评价、预
警和监控体系，跟踪分析、监测、预测保险市场运行状况等。

银保监会。根据第十三届全国人民代表大会第一次会议批准
的国务院机构改革方案，设立中国银行保险监督管理委员会，作
为国务院直属事业单位。

2018年4月8日，中国银行保险监督管理委员会正式挂牌。
银保监会主要负责依照法律法规统一监督、管理银行业和保险业，
维护银行业和保险业合法、稳健运行，防范和化解金融风险，保
护金融消费者合法权益，维护金融稳定。与此同时，将中国银行业
监督管理委员会和中国保险监督管理委员会拟订银行业、保险业重要
法律法规草案和审慎监管基本制度的职责划入中国人民银行。不再保
留中国银行业监督管理委员会、中国保险监督管理委员会。

证监会。1992年10月，国务院证券委员会和中国证券监督管
理委员会宣告成立，标志着中国证券市场统一监管体制开始形成。
1997年11月，中央召开全国金融工作会议，决定对全国证券管
理体制进行改革，将原由中国人民银行监管的证券经营机构划归
证监会统一监管。1998年4月，根据国务院机构改革方案，决定
将国务院证券委员会与证监会合并。经过这些改革，基本形成了
集中统一的全国证券监管体制。1999年7月1日，《中华人民共和

国证券法》正式实施。《中华人民共和国证券法》规定，证监会的
职责是依法对证券市场实行监督管理，维护证券市场秩序，保障
其合法运行。具体来说主要包括：制定有关证券市场监督管理的
规章、规则，并依法行使审批或者核准权；对证券的发行、交易、
登记、托管、结算进行监督管理；对证券发行人、上市公司、证
券交易所、证券公司以及中介公司等机构的证券业务活动进行监
督管理；制定从事证券业务的人员的资格标准和行为准则，并监
督实施；监督、检查证券发行和交易的信息公开情况；对违反证
券市场监督和管理法律、行政法规的行为进行查处等。

（二）金融机构

我国的金融机构主要包括商业银行、政策性银行、保险公司、
证券机构以及其他金融机构。

商业银行。按照银监会的分类，目前中国商业银行体系包括：
①国有商业银行。即中国工商银行（简称工行）、中国农业银行
（简称农行）、中国建设银行（简称建行）、中国银行（简称中行）
和交通银行（简称交行）。②股份制商业银行。主要有在 1986 年
以后建立的中信银行、招商银行（简称招行）、华夏银行、中国光
大银行（简称光大银行）、民生银行等。中国自 2004 年停止审批
股份制商业银行，目前共有 12 家股份制商业银行。[①] ③邮政储蓄

[①]　12 家股份制商业银行分别为：浦发银行、招商银行、中信银行、光大银行、
华夏银行、民生银行、兴业银行、广发银行、平安银行、渤海银行、恒丰银行、浙
商银行。

银行。2007 年 3 月，中国邮政储蓄银行有限责任公司正式成立。中国邮政储蓄银行服务网络有 2/3 以上分布在县及县以下农村地区，在国家经济建设和社会发展，特别是在服务"三农"（即农业、农村、农民）、推进社会主义新农村建设中发挥着十分重要的作用。④城市商业银行。1998 年以来，城市合作商业银行改建为城市商业银行（简称城商行），目前全国已经形成 100 多家城市商业银行，机构遍布大中城市。截至 2019 年 12 月，全国共有 134 家城市商业银行，除北京银行、南京银行、宁波银行和江苏银行四家上市以外，绝大多数资产在 200 亿元以下，基本属于中小银行的范畴。

此外，众多的外资银行、农村商业银行（简称农商行）、农村合作银行（简称农合行）等机构也是我国商业银行体系的组成部分。

政策性银行。1994 年，我国组建了国家开发银行（简称国开行）、中国农业发展银行和中国进出口银行三家政策性银行。建立政策性银行的目的是实现政策性金融与商业性金融分离，以解决商业银行身兼二任的问题，同时也是为了割断政策性贷款与基础货币的直接联系，确保中国人民银行调控基础货币的主动权。三家银行均实行自主经营、企业化管理、保本微利。其资金来源主要有两个渠道：一是财政拨付，二是发行金融债券。目前，政策性银行 90％的资金来源是通过在金融市场上发行债券筹措的。

保险公司。1980 年以后，中国人民保险公司逐步恢复停办多年的国内保险业务。1996 年 7 月，中国人民保险公司改建为中国人民保险集团公司，简称中保集团。中保集团下设中保财产保险有限公司、中保人寿保险有限公司、中保再保险有限公司。1998 年 10 月，中国人民保险集团公司宣告撤销，其下属的三个子公司成为三家独立的国有保险公司——中国人民财产保险有限公司、中国人寿保险有限公司、中国再保险有限公司。

截至 2019 年 12 月，我国保险经营机构主要包括中国人民保险集团股份有限公司等 12 家保险集团控股公司、87 家财产险公司、97 家人身险公司、12 家再保险公司、24 家保险资产管理公司和 190 家外资保险公司代表处，另外还有成百上千家保险业代理公司、经纪公司、公估公司等保险中介公司。

证券机构。证券机构是指从事证券业务的金融机构，包括证券公司、证券交易所、期货公司、证券登记结算公司、证券投资咨询公司、证券评估公司等。其中，证券公司和证券交易所是最主要的证券机构。

证券公司是专门从事有价证券发行和买卖等业务的金融机构。它不仅受托办理证券买卖业务，而且从事有价证券的买卖经营。截止到 2019 年 12 月，我国有中信证券股份有限公司（简称中信证券）、国泰君安证券股份有限公司（简称国泰君安）等各类证券公司共计 133 家。

证券交易所是不以营利为目的，为证券的集中和有组织的交易提供场所、设施，并履行相关职责、实行自律性管理的会员制金融机构。中国目前有两家证券交易所，即上海证券交易所（简称上交所）和深圳证券交易所（简称深交所）。其职能是：提供证券交易的场所和设施；制定证券交易所的业务规则；接受上市申请、安排证券上市；组织、监督证券交易；对会员和上市公司进行监督；设立证券登记结算公司；管理和公布市场信息及行使证监会许可的其他职能。

除了银行、证券公司、保险公司等金融机构以外，我国金融机构还包括信托公司、财务公司、金融资产管理公司、金融租赁公司、汽车金融公司、货币经纪公司以及新兴的消费金融公司等。

（三）金融监管模式沿革

（1）"大一统"的金融监管模式（1948—1978 年）。

1950 年 11 月，经中华人民共和国中央人民政府政务院（简称政务院）批准的《监管当局试行组织条例》明确规定，监管当局受政务院领导，与财政部保持密切联系，主管全国货币金融事宜。1952—1969 年，我国开始建立集中统一的金融管理体制，实行单一的监管当局制度。接下来的一段时期，明文宣布废除金融法规，并把监管当局与财政部合并，更不涉及金融机构市场准入监管问题。彼时，全国仅中国人民银行一家银行，统一承担各种职能，没有设立其他金融机构协助监管；金融业务稀少，仅存在以银行为中介对外提供资金这一种信用方式，证券业被取缔，中国人民保险公司仅负责部分海外业务，不做国内业务。

（2）中国人民银行统一监管模式（1979—1992 年）。

1979—1984 年为恢复调整阶段：党的十一届三中全会以后，工作重心开始转移到以经济建设为中心的轨道上来。我国金融领域也进行了相应调整。首先，银行体制的"大一统"形式被打破，中国人民银行只承担中央银行职能，其余业务由四大国有制银行分担。其次，混业经营模式逐步得到非银行金融机构和专业银行重视。这一时期，新型金融组织体系基本形成，由中国人民银行发挥核心作用，并与国家专业银行和其他金融机构相互协作，充分履行各自职能。这一阶段，中国人民银行履行全面监管金融业的职能。但是这一时期仍在探索适合我国国情的金融监管模式和方法，一系列监管措施都具有鲜明的指令性，且监管手段单一，难以适应市场金融体制及其运作的内在要求，仍不符合现代金融监管的要求。

（3）分业监管模式的建立及完善（1993 年至今）。

从 20 世纪 80 年代中后期以来，由于金融机构的混业发展，中国人民银行对金融总量的控制力受到严重的影响，以至于出现了多次经济过热和通货膨胀的情况。此外，更为重要的是，在监管能力偏低的情况下，由中国人民银行单一机构负责的混业监管模式无法负载对跨市场、跨机构金融风险的有效管理，以至于出现了银行资金进入股票市场以及其他一些恶性的金融风险事件，影响到整个金融体系的可持续发展。在此背景下，确立金融分业经营原则，并建立与之相适应的分业监管体系，成为中国金融监管改革的必然选择方向。1992年证监会的成立可以看作这一改革的序幕；1997年的金融工作会议则对这一方向做了进一步的明确，并进行了更为系统的工作规划；1998年，保监会依法正式成立；2003年，银监会依法正式成立，确立了"管法人、管风险、管内控、提高透明度"的监管理念。至此，我国金融监管体制由中国人民银行的"大一统"完全转变为"一行三会"分业监管体制。自"一行三会"成立以来，我国基本建立了符合中国国情的现代化金融体系，金融市场平稳运行，金融机构的稳健性得到了极大的提高。随着金融市场化改革的不断推进，金融业务创新使得既有的分业边界日益模糊，跨市场、跨机构的风险显著上升，并极大削弱了宏观调控政策的有效性。原有监管制度存在的短板越发明显，具体体现在以下几个方面：一是在金融自由化及混业经营加速的背景下，监管真空及监管重叠并存；二是监管标准不统一，导致监管套利现象滋生；三是监管机构之间缺乏有效的协调机制，在原有的"一行三会"分业监管体制下，各个监管机构各司其职、自成体系。但随着金融行业之间的边界日益模糊，这客观上要求各监管机构间充分共享信息，并形成高效的监管沟通协调机制。

新的监管框架的核心目标，就是要补齐分业监管的上述短板，提高分业监管主体间的政策协调程度，并实现不同类型金融机构监管规则的一致。2017 年，国务院金融稳定发展委员会成立，其办公室设在中国人民银行。2018 年 3 月，第十三届全国人民代表大会第一次会议表决通过了关于国务院机构改革方案的决定，设立中国银行保险监督管理委员会，作为国务院直属事业单位。2018 年 4 月 8 日，中国银行保险监督管理委员会正式挂牌。此后，我国分业监管模式不断完善，形成国务院金融稳定发展委员会、中国人民银行、银保监会、证监会相互协作、共同监管金融业的"一委一行两会"的监管模式。"一委一行两会"的监管新框架有效地解决了中国金融分业监管体制导致的缺乏协同、沟通效率低下的问题，加强了金融基础设施的统筹监管和互联互通，推进了金融统计数据和信息共享；并且增强了宏观审慎管理和功能监管，实现了金融监管统一性、专业性、穿透性，弥补了单纯的机构监管的缺陷。从实际的运行情况看，国务院金融稳定发展委员会的设立有助于各金融管理部门的协调沟通，使得各部门在金融发展改革中形成合力，相关政策的出台速度明显加快，有效推动了各项金融改革和金融业的健康发展。

三、我国金融监管须解决的体制性问题

（一）相关的法律法规不健全

就目前我国的金融监管而言，其相关的法律法规建设并不健

全，尤其是当今计算机及网络技术的迅速发展，使得金融向着电子化、全球化及智能化方向改进，这对以往的实体金融下的法律法规形成了挑战之势。受到中国法律法规建设的影响，其金融市场的约束力相对匮乏，各金融主体的利益无法得到全面维护。此外，由于法律法规的不健全导致金融市场的运行过于随意，一些非公平交易由此而生，致使经济主体的权益受损。

（二）金融监管的形式、内容以及范围不科学

受到传统金融的影响，我国的金融监管往往比较注重金融机构是否合乎规范以及金融的现场监管。但是伴随着现代网络技术的发展，金融市场面临着一些前所未有的风险，如果只是利用以往的监管形式，金融风险便不会得到有效的防范，金融安全也就无从谈起。此外，在中国，传统的金融监管手段并不能与现代金融的全球化、电子化以及智能化的发展相匹配。对金融监管而言，其内容与范围应该涵盖各金融机构自市场准入、经营到退出的所有活动，但是这一过程中存在着诸多问题，例如重准入轻退出、监管中重现场轻非现场、重管制轻服务等。

（三）金融监管模式仍有待改进

对金融监管而言，其主要任务在于防范及化解金融风险，并没有对金融机构的破产予以绝对性的保障。事实上，市场的准入及退出机制能够不断实现资源的优化配置。但是，我国现行的金融监管市场准入及退出机制严重落后，不仅大幅降低了金融效率，

而且对垄断行为提供了保护伞。近年来我国金融机构混业经营现象较为普遍，随之而来的便是分业监管模式问题：一是随着混业经营的不断推进，银行、证券以及保险等部门的业务融合与渗透增强，传统的金融监管模式并不能对这种现象形成有力监控。二是伴随着我国经济的全球化发展，大量外资企业进入我国，经营方式趋于全球化，同时也更加灵活，这为我国的金融机构带来了挑战，同时也对监管机构提出了考验。

金融监管政策的特征在于强化监管政策协调、弥补分业监管漏洞、增强监管有效性，针对金融监管体系的问题不断完善金融监管政策给监管机构带来了巨大考验。下文将分析我国金融监管政策的演化历程。

四、我国当前金融监管改革的逻辑

一国金融监管架构和监管重点与该国金融结构和金融风险的特性有密切关系。金融监管改革的基本逻辑是，对金融结构进行渐进式、趋势性调整并关注由此引起的金融风险变化。当前，中国金融结构变化导致金融风险的来源发生重大变化，金融风险的性质和结构亦由此发生重要变化。同时金融创新迅猛发展，金融机构业务创新与融合不断深化，监管环境发生了重大变化，但监管机制与监管方式改革相对滞后，监管有效性面临质疑。在此背景下，监管改革面临重要的监管政策的选择。美国次贷危机爆发后，国内不同政治势力与利益群体进行了多轮博弈与较量，美国、英国与欧盟等主要经济体的金融监管改革政策已基本落地，这些政策表现出一定的趋同性，也反映出未来一段时期国际金融监管改革的主要趋势。

（一）通过设立超级金融监管机构加强对系统性风险的防范

危机爆发后，欧美等发达经济体均加强了对系统性风险的防范，并设立超级金融监管机构负责识别、防范与处置系统性金融风险，实施宏观审慎监管的职责。美国由财政部牵头，成立了包括10家监管机构成员的金融稳定监督委员会，该委员会负责监管、协调以及防范与处置系统性风险；欧盟成立了欧洲系统性风险委员会（ESRB），负责欧盟层面的宏观审慎监管，控制系统性风险；英国打破了英格兰银行、金融服务局与财政部"三权分立"的监管模式，金融服务局的监管职能由英格兰银行下属三家机构承担，英格兰银行被重新赋予了全面监管的权力。

（二）通过扩大监管范围，强化全面监管理念

危机后，各主要经济体都力求将所有金融机构纳入监管范围，弥补监管漏洞。在机构方面，美国将原来缺乏监管的对冲基金、私募基金、风险投资基金等都纳入监管范围；欧盟加强了对银行、对冲基金以及私募股权基金的风险管理；英国对对冲基金提出了更严格的信息披露要求，以及关于融资、杠杆率、投资战略、特定的投资头寸方面的信息报送要求。在金融市场与产品方面，美

国提出要加强资产证券化与场外衍生品市场监管，并将所有标准
化的衍生品纳入场内交易并通过中央对手方清算；英国强化对具
有系统重要性批发金融市场，尤其是证券和衍生品市场的监管；
欧盟则强调对高风险金融市场的规范与约束，将所有标准化场外
衍生品纳入交易所或电子交易平台，并通过中央清算所清算。

（三）加强中央银行在金融监管中的作用

金融危机之前，各主要经济体的中央银行几乎都被排除在金
融监管体系之外，而专事货币政策职能。但金融危机的爆发表明
这种制度安排不利于防范系统性风险和实施宏观审慎监管。危机
后，各主要经济体都明确了中央银行在金融体系中的位置并强化
了其监管职责。

（四）加强金融消费者的利益保护

金融危机使各国政府切实体会到金融消费者是金融稳定的基
础，主要经济体在监管体制改革中都把金融消费者保护作为改革
的重要内容。美国《多德-弗兰克法案》提出创立消费者金融保护
局，归并原来分散在除证券和期货监管机构外的消费者保护权并
保持独立性，通过改进各类金融产品信息披露要求、提高金融产
品条款设计要求，以及监督金融中介机构履行受托人责任等手段
来切实保护金融消费者利益。欧盟金融监管改革将"金融消费者
保护"列为欧洲金融监管系统（ESFS）的绝对核心任务，明确赋
予金融监管当局保护金融消费者和投资者的职责。英国新设金融

行为监管局，负责监管各类金融机构的业务行为，促进金融市场竞争，并确保金融消费者受到适当程度的保护。

（五）强调国内监管协调与国际监管合作

在国内监管协作方面，美国的金融稳定监督委员会在系统性风险防范方面承担了监管协调的职能，美国同时规定金融稳定监督委员会负责国内监管机构；欧盟将成员国相互分离的监管格局统一在泛欧监管体系框架内，无疑有助于整个欧盟层面的监管合作；英国的三家监管机构统一在英格兰银行框架下有利于减少沟通协调成本，同时在 2009 年发布的《改革金融市场》白皮书中用了大量的篇幅对监管协调机制做出了明确、细致的规定。在国际监管协作方面，包括中国在内的各主要经济体均呼吁推进国际金融监管协作，推进全球监管标准的统一，并通过 G20 会议建立定期沟通机制。

五、我国金融监管改革面临的挑战

相比过去的统一监管体制，现行的分业监管体制在防范金融风险、提升金融效率和推进金融业各子行业的改革开放等方面发挥了巨大作用，金融监管有效性大幅提升。但近年来，随着金融全球化、自由化和金融创新的迅猛发展，金融机构业务创新与交叉融合不断深化，监管环境发生了重大变化，但监管机制与监管方式改革相对滞后，明显不适应金融发展形势的要求，金融安全与金融效率均面临诸多挑战。主要表现在如下方面。

第一，跨领域的金融机构、金融业务与产品创新日益涌现，监管依然处于分业的监管状态，形成了监管体系中的潜在风险。首先，由于业务创新与产品创新，金融机构的功能边界逐渐模糊，不同类型的金融机构往往提供功能相似的金融产品与服务，按机构类型分业监管容易产生监管标准不统一与监管真空现象，引起不公平竞争与"监管套利"等问题，形成金融体系的潜在风险隐患。其次，不同类型金融机构间业务交叉与融合程度不断加深，相对分割的监管体制难以识别和有效防范金融风险跨领域的传递。对于业务交叉后是否存在损害消费者利益、是否会产生风险传递感染等问题，通过相对分割的金融监管体制难以有效识别和防范。再次，基于独立金融机构的审慎监管难以识别金融控股集团整体的风险状况。越来越多的金融控股集团拥有保险、银行、证券或信托等多个业务牌照，商业银行纷纷设立基金公司、保险公司、投资商业银行等。对金融控股集团成员的微观审慎监管能否有效防范金融集团的整体风险？系统性风险在金融控股集团内部如何传导？金融控股集团是否更易发生监管套利行为？等等。这些问题对监管颇具挑战。最后，在金融机构业务创新的过程中，直接金融与间接金融的界限也逐渐趋于模糊，但在监管方式上，信息披露与透明度要求并未随之提高，金融市场潜在道德风险与逆向选择风险突出。

第二，跨领域的金融改革创新需求与日俱增，而相对割裂的金融监管体制中形成的行政分割影响改革的持续推进。新一轮金融改革的重点将逐步转移到构建制度、完善市场、提高金融资源配置效率与金融服务实体经济的功能上来，在这个过程中，跨领域的金融改革与创新需求强烈，而相对割裂的金融监管体制所形成的行政分割增加了金融改革创新过程中的沟通协调成本，影响了金融改革的持续推进。

第三，经济社会发展对金融结构的灵活调整提出了更高的要求，而金融监管仍习惯于行政审批与准入限制等传统的监管方式，制约了金融功能的发挥与金融创新发展。在政府管制的金融监管体制下，监管部门通过市场准入限制、牌照限制、对创新业务的管制，以及对直接金融活动进行严格的行政审批等手段，影响了金融服务的有效供给，阻碍了金融结构的灵活调整，制约了金融功能的发挥。中国一直缺乏为中、小、微企业及"三农"提供金融服务的中小型金融机构，在金融机构新设审批上一直难以满足市场需求；对民营资本进行金融行业限制影响了金融机构的经营效率与活力，也制约了金融服务实体经济的深度与广度；对股票、债券等直接金融工具的发行进行严格的行政审批制约了金融功能的发挥与资本市场的发展。

第四，与发达国家不断加强宏观审慎金融监管改革形成鲜明对比的是，中国系统性金融风险防范机制建设与改革进展缓慢。

金融危机后，全球发达经济体在金融监管层面进行了大量总结和反思，彻底改变了以往的监管模式和监管架构，由片面实施旨在控制单家银行风险的微观审慎监管转向注重旨在防范和化解系统性风险的宏观审慎监管。但在我国目前"一行两会"的监管框架下，没有一家金融监管机构具备监控市场系统性风险所必需的信息与权威，各家监管部门也难以做到有效协调。因此，相对于欧美等发达市场，中国宏观审慎监管改革缓慢，目前尚无确定的责任主体与监管手段，尚未建立宏观审慎监管与微观审慎监管间的有效信息沟通与协调机制。

第五，与大量涌现出的新兴地方性金融机构与地方性金融市场相矛盾的是，中国地方金融管理部门监管法律依据空白，监管方式与手段落后，难以有效控制金融风险。近年来，中国各地村镇银行、小额贷款公司、担保公司等新型金融机构，以及各类地方性股权、大宗商品交易市场迅猛发展，很多新型金融机构实际上部分扮演了影子银行的角色，承担了地方企业与政府的融资信用中介职能，部分股权交易市场与大宗商品交易市场具备金融市场属性，但目前中央金融监管部门由于监管力量的限制，难以对众多的中小型金融机构与分散的地方性市场实施有效监管，地方金融管理部门由于法律依据的不足以及监管方式与手段的落后，重视准入环节的审批监管而轻视行为与风险监管，可能成为潜在的金融风险的累积点。

六、优化我国金融监管体系的政策建议

一是加快建立以中央银行为主导的金融监管协调机制。相比金融监管机构仅专注于个体金融机构风险和微观审慎监管，中央银行负责货币政策职能，更能根据宏观审慎原则来控制经济金融体系中的系统性风险，将宏观审慎监管和微观审慎监管相统一，并有针对性地调整微观审慎监管措施来防范金融危机的发生。从中国金融监管协调实践看，目前的金融监管联席会议制度由于缺少牵头责任部门，对各监管主体缺乏有效约束力、缺少有效争端解决以及外部监督机制等问题，在运作中难以解决金融监管与发展中的实际问题，甚至还会出现利益冲突外部化的现象。因此，当前中国迫切需要借鉴欧美发达市场经验，建立以中国人民银行为主导的金融监管协调机制。

二是加快建立适合中国实际的宏观审慎监管框架。通过立法明确宏观审慎监管责任主体以及其他金融监管部门的配合责任；通过构建逆周期监管调控机制，建立逆周期资本缓冲制度、与新增贷款超常变化相联系的动态拨备制度和差别化准备金动态调整制度，设计与经济周期变化有关的杠杆率和流动性要求；加强对系统重要性金融机构的监管，明确系统重要性金融机构的定义和标准，从附加资本要求、杠杆率、流动性、拨备等事前预防以及事后风险处置上提出针对性的监管措施和工具；强化综合化经营

下的风险隔离，坚持分业经营模式，审慎推进综合化经营试点，建立各行业之间的"防火墙"，严格管理及控制相互交叉持股、授信和担保、资产转让等内部交易，防范由业务交叉和行业渗透带来的系统性风险。

三是加快转变金融监管方式，适应金融经济发展转型需求，控制金融风险。通过放松管制，加强监管，从注重事前准入环节行政审批监管向行为监管、过程监管以及事后的惩戒相结合转变，不断提高监管有效性。通过强化对金融产品的信息披露与投资者适当性制度建设的结合，确保特定市场参与者具备相应的风险识别与承担能力，并能充分掌握金融产品的风险结构，保护投资者利益；对金融产品销售由"买者自负"向"卖者有责"转变，明确金融中介机构有责任将适当产品卖给适当的投资者，约束金融机构的不当销售行为。

四是加快构建中央与地方分层有序的金融管理体系，在确保中央金融监管系统有效性的同时，也要充分发挥地方政府的灵活性、操作性和主动性的特点，促进金融监管的有效分工与合作。加强地方政府金融管理部门与中央金融监管部门之间的协调沟通，避免垂直管理的中央金融监管体系"鞭长莫及"、不同地方金融管理部门"各自为政"的问题。

第二篇
行业监管篇

第 3 章

我国银行业监管的态势、新政与影响

陈传显

一、我国银行业发展现状

毕马威发布的《2019 年中国银行业调查报告》显示，中国金融业已形成全球最大规模的市场，服务水平、风控机制、竞争能力与营商环境均得到大幅提升和改善。2019 年，中国银行业总资产、总负债规模持续稳步增长，增幅呈现扩大趋势。在银保监会持续加强严格监管的大背景下，银行业金融机构业务逐渐回归本源，同时加大对实体经济的支持力度。商业银行以服务实体经济为主线，不断加大信贷投放力度，资产增速有所企稳。积极创新服务产品和模式，资产结构不断优化，资产质量趋于稳定，不但守住了未发生系统性金融风险的底线，还较好地服务了实体经济、实现了自身的稳健发展。

2019年，在加大服务实体经济和逆周期政策调整下，商业银行规模稳健扩张；净息差平稳提升和手续费收入显著改善等助推核心盈利能力持续向好。2019年，人民币贷款增加17万亿元，较上年多增1.1万亿元。保险资金运用余额约为18万亿元，较年初增长9.5%。民营企业贷款累计增加4.25万亿元。普惠型小微企业贷款余额为11.6万亿元，同比增长超过25%。5家大型银行普惠型小微企业贷款增长超过55%，新发放普惠型小微企业贷款综合融资成本下降超过1个百分点。在良好的基本面下，行业分化继续加剧，上市银行表现更优异（利润增速、不良率等），价值突出；同时，在上市银行内部，不同银行间的差距也在逐步扩大，"强者恒强"局面显现。随着实体经济金融需求的增加及可投资领域的拓展，商业银行服务实体经济力度进一步增强，资产结构进一步优化。进入2020年以来，新型冠状病毒肺炎（简称新冠肺炎）疫情严重冲击了实体经济，为维护产业链中供应链的稳定，银行业、保险业大力发展供应链金融，通过应收账款、订单、仓单质押方式，为产业链上下游企业提供融资支持，保障产业链资金畅通。2020年一季度末，银行业对21.8万户产业链核心企业提供日常资金周转支持，余额达21.4万亿元。

在不良资产处置方面,2019 年,银行业共处置不良贷款约 2 万亿元,商业银行逾期 90 天以上贷款全部纳入不良资产管理。我国银行业不良率如图 3-1 所示。影子银行和交叉金融风险持续收敛,三年来影子银行规模较历史峰值下降 16 万亿元。问题金融机构得到有序处置,保险领域重点风险得到缓解。网络借贷风险大幅下降,机构数量、借贷余额及参与人数连续 18 个月下降。房地产金融化、泡沫化倾向趋缓,地方政府隐性债务风险逐步化解。市场乱象存量问题持续减少,增量问题得到遏制,一批重大非法集资案件得到严厉查处。2020 年,新冠肺炎疫情对我国经济社会发展带来了前所未有的冲击,贷款逾期和违约情况增多,不良贷款有所增加,银行业仍保持较强风险抵御能力。

图 3-1 我国银行业不良率

但是目前,整体经济下行压力仍然存在,2018 年以来的严监管对市场流动性影响较大,虽然 2018 年下半年去杠杆政策改为稳杠杆，但是一方面有政策的滞后效应，另一方面由于金融机构超储率水平较低，资金面受各种因素扰动依然明显，商业银行市场风险和流动性风险的压力持续上升，金融科技继续向银行业核心业务渗透，利率市场化进程持续推进，银行利润空间进一步压缩，使得商业银行利润增速继续呈现疲软态势。

在这一系列的新形势下，中国银行业的整体环境也出现了一系列的变化。其中最主要的变化有两个：

一是监管评估渐趋严格。中国央行通过建立宏观审慎评估体系（MPA）对金融机构进行框架性的监管评价。尤其是近年来银保监会一系列的发文，曾一度使得整个中国银行业同业创新类业务停滞。参见《关于提升银行业服务实体经济质效的指导意见》（银监发〔2017〕4号，简称4号文）、《关于集中开展银行业市场乱象整治工作的通知》（银监发〔2017〕5号，简称5号文）、《关于银行业风险防控工作的指导意见》（银监发〔2017〕6号，简称6号文）及《关于切实弥补监管短板提升监管效能的通知》（银监发〔2017〕7号，简称7号文）。

二是盈利模式面临转型挑战。利率市场化下，银行收入结构在竞争中趋于多元化，净息差持续收窄；金融脱媒趋势显著，直接融资占比不断提升；非金融部门杠杆率高企，银行不良率承压；人民币入篮加速了人民币国际化进程，为正受到境内经济下行压力、盈利放缓、利率市场化推进挤压利差空间等多重因素考验的中国银行业提供了难得的新增长点，也对风险管理提出了更高的要求；资本项目开放稳步推进，境内外资本市场互动更加频繁，银行业风险管理水平将面临新的机遇和挑战。

二、我国银行业近期监管态势

2017 年以来，《关于开展商业银行"两会一层"风控责任落实情况专项检查的通知》（银监办发〔2017〕43 号，简称 43 号文）、《关于开展银行业"违法、违规、违章"行为专项治理工作的通知》（银监办发〔2017〕45 号，简称 45 号文，即"三违反"）、《关于开展银行业"监管套利、空转套利、关联套利"专项治理工作的通知》（银监办发〔2017〕46 号，简称 46 号文，即"三套利"）、《关于开展银行业"不当创新、不当交易、不当激励、不当收费"专项治理工作的通知》（银监办发〔2017〕53 号，简称 53 号文，即"四不当"）和资管新规等文件连发，银行业监管逐渐趋紧。相关文件主要针对当前的违规授信、绕监管和灰色地带做法进行总结，银行根据现行监管规则进行自查自纠。其中，46 号文和 45 号文由银保监会银行检查局起草并负责最终报告的收集，列举了近 100 种套利手法，基本覆盖了目前的同业、理财、代销等平时绕道手法，包括监管套利、空转套利、关联套利。53 号文起草和最终报告负责部门为银保监会创新部，检查要点中的第一条就是关于不当创新，相关文件对近年来银行业发展过程中的不当问题进行了纠偏。

43号文主要针对两会一层，即董事会、监事会、高管层存在的问题，包括授权体系、信息报告、履职情况的检查。

45号文要求银行自查对现有法律、法规、规章、制度的遵守情况。核心内容包括：制度建设、合规管理、风险管理、流程及系统控制、整改问责落实情况。突出的业务问题有：乱办业务、乱设机构、不当利益输送、信贷业务、票据业务、同业业务和理财业务、信用卡业务。

46号文要求银行全面自查是否存在各种套利手段，对银行假出表、调节监管指标、信贷与票据业务中的绕道监管、理财与同业的空转等问题进行了全面的覆盖。从总的原则上看，46号文的思路是交叉性金融，资金方是谁，谁就要承担风险管理责任。禁止非持牌金融机构作为合作对象。

53号文中最重要的是对不当创新、不当交易的自查，与"三套利"有所重叠，但侧重点有所差异。其中，不当创新强调银行在创业业务方面是否有完备的制度建设；而不当交易方面的内容比"三套利"更为细化，不当创新、不当激励和不当收费属于差异化内容，不当交易部分将银行和信托的自查要求分别进行列举，而"三套利"是全部纳入银行业金融机构，统一进行规范。

5号文仍然是对现有乱象的自查总结，更多从组织架构和人员管理角度切入，寻求从业务乱象的根源切除制度和人员病灶。虽然从外部看，其对业务模式的影响没有那么直接，但对其他业务模式和产品相关的监管文件的执行非常重要，尤其涉及部分监管人员自身的行为准则。行文风格其实和前面几个自查文件类似，需要提交自查报告。

6号文和7号文都是审慎规制局起草的文件，影响重大。审慎规制局负责所有非现场监管报表数据统计，目前来看，资本充足率、不良统计、集中度指标、流动性风险管理、各项指标的压力测试由审慎规制局牵头制定。所以，6号文更加体系化地提出了监管意见，主要从风险角度分别从信用风险、流动性风险、债券业务、同业业务和交叉金融、理财和代销业务、房地产调控、地方政府债务切入。

2018年4月，"一行两会一局"出台了资管新规。资管新规是指由中国人民银行、银保监会、证监会、国家外汇管理局（简称外管局）联合发布的《关于规范金融机构资产管理业务的指导意见》。这意味着开启了大资管行业的统一监管新时代。基本原则是严格切割表内和表外、去通道、去杠杆、去嵌套、破刚兑等。央行、银保监会、证监会分别出台了相关解释口径和实施细则。自美国次贷危机以来，为防范国际金融危机对我国的冲击，我国出台了一系列扩张性的财政政策和货币政策，信贷规模大幅扩张，不少信贷业务借助表外理财得以实现，银信通道业务及非标业务大幅扩张，通道业务涉及主体已经从银行理财、信托发展至券商资管、基金子公司、私募基金等资管业态，房地产、影子银行、地方政府债务泡沫快速膨胀，整个社会的宏观杠杆率超过 250%，已经成为悬在中国经济上方的"达摩克利斯之剑"。资管新规的内容涉及资管业务属性、产品分类、投资者资质划分、标准化和非标准化的界分、禁止刚性兑付、资金池管理、净值化管理、统一杠杆水平、严控嵌套和通道、独立托管、准备金管理以及信息披露等诸多方面，有利于在高杠杆背景下防范、化解金融风险，防止风险跨部门传导。

2018 年 12 月 2 日，《商业银行理财子公司管理办法》加强了对商业银行理财子公司的监督管理，依法保护投资者合法权益。《商业银行理财子公司管理办法》为理财新规的配套制度，与资管新规和理财新规共同构成理财子公司开展理财业务需要遵循的监管要求。《商业银行理财子公司管理办法》的制定主要遵循了以下原则：一是对标资管新规和理财新规。在业务规则和监管标准方面，严格遵守资管新规所确定的我国资管行业统一监管标准；以理财新规为基础，除根据子公司特点对部分规定进行适当调整外，理财新规中绝大多数监管规定适用于理财子公司。二是做好与同类机构监管制度的对照衔接。对照商业银行设立非银行金融机构监管制度，并参考其他同类资管机构的监管标准，在准入条件和程序、公司治理、风险隔离、关联交易和持续监管等方面做出了相关规定。三是强化投资者保护。强调依法保护投资者合法权益，在坚持专区销售和录音录像、风险承受能力评估、私募理财产品不得公开宣传等现行规定的前提下，进一步要求理财子公司建立投资者保护机制，配备专人专岗妥善处理投资者投诉。

三、银行业监管新政的影响

（一）刚性兑付被打破，净值化管理成为主要趋势

2017 年相关监管文件出台之后，银行业开展同业和表外业务趋于谨慎，作为监管重头戏的同业及金融市场业务受到的影响已逐步显现。存款规模增速放缓可能与货币市场利率逐步上行导致银行理财产品、货币基金的收益率上涨造成的分流有关。从存款期限来看，上半年增量存款中定期存款占比较高，多家银行的定期存款利率呈现不同程度的上浮，可能是由于市场利率上行、同业负债利率上行，银行为稳定未来负债来源加大了定期存款的营销力度。

刚性兑付已被明确打破，长期以来的刚性兑付的弊端主要表现在三个方面。一是由金融机构承担投资风险，使金融风险过度积聚于金融机构体系中，一旦遭遇经济下行，或资产端的崩塌，就极易给金融机构带来灭顶之灾，这也是引发系统性金融风险的导火索。二是刚性兑付现象扭曲了市场的定价机制，使得市场的无风险收益率水平严重失真，严重损害金融配置资源的效率。三是刚性兑付的市场会导致"劣币驱逐良币"，使得资管机构无法聚

焦于主动管理能力的提升，也无法培育出真正的合格投资者。因此，打破刚性兑付以及促使管理人回归本源已成为市场共识。在定价上，银行理财多采取成本法、摊余成本法进行估值，相较于市值法这一估值方法，成本法以及摊余成本法更为稳定、波动更小，缺陷是这些估值方法可能导致产品的估值偏离真实的市场价值，不能公平对待所有的投资者，与刚性兑付的现象也有一定的关联。对此，资管新规坚持公允价值的计量原则，鼓励使用市值法，并将摊余成本法的使用限制在一定的范围内。

（二）资金池业务严格禁止，通道业务收缩

近年来，资金池业务被严格限制，资管新规直接禁止银行理财、证券期货类资管产品、基金子公司、保险资管产品以及信托产品等开展资金池业务，统一杠杆要求，并对非标投资和通道业务进行限制，严禁多层嵌套，要求除 MOM、FOF① 资产管理产品外，不得投资其他资产管理产品。证监会在 2017 年 5 月提出全面禁止通道业务，而从银保监会监管内容来看，其列举了多项自查项目，例如，信达资产、华融资产、东方资产、长城资产四大资

---

① MOM 投资模式即管理人的管理人（Manager of Managers）基金模式，由 MOM 基金管理人通过长期跟踪、研究基金经理投资过程，挑选长期贯彻自身投资理念、投资风格稳定并取得超额回报的基金经理，以投资子账户委托形式让他们负责投资管理的一种投资模式。FOF（Fund of Funds）是一种专门投资于其他证券投资基金的基金。FOF 并不直接投资股票或债券，其投资范围仅限于其他基金，通过持有其他证券投资基金而间接持有股票、债券等证券资产，它是结合基金产品创新和销售渠道创新的基金新品种。

产管理公司以及各个地方资产管理公司（简称地方 AMC）不得充当银行不良资产假出表的通道，是否通过同业投资、票据业务等渠道充当他行资金管理"通道"等。银保监会的总体思路在于强化底层资产穿透和加强出资方即银行主动权。

从通道业务的现状来看，券商定向资管计划和基金子公司专户在 2017—2019 年收缩明显。银行通道业务的模式较为多样，但主要有两种形式。一是银行进行资本和信贷额度等监管指标腾挪，主要投资于非标类资产；二是出于交易能力和风险管理的需求，投资于债券等标准类资产，目前通道业务的底层资产主要为非标资产。从监管影响来看，出于指标腾挪的纯通道业务将无法持续，监管层鼓励的是券商和基金进行主动管理的业务，在此过程中，实行统一标准、协同监管、明确责任分割将在未来逐步细化。另外，券商基金子公司无法承接的银行非标资产可能只能走信托通道，虽然在"去通道"的大方向下，通道业务需求可能有所回落，但短期而言，未来将有一定规模的通道业务由券商、基金子公司回流到信托。此外，此次监管严禁银行信贷借道建筑业或其他行业投向限制行业，禁止借助通道业务等变相融资，房地产和政府融资平台的融资难度将会加大。且出于强烈的出表需求，私募资产证券化产品发展迅速。同时，通过私募产品承接银行信贷资产的方式也逐渐被市场认可。

（三）银行负债端压力上行，可发展平台化业务吸收低成本资金

现阶段我国商业银行经营环境面临信贷整体风险上升、居民

部门储蓄增长乏力等一系列变化。随着利率市场化深入推进和经济由高速增长转为高质量发展,企业整体业绩下滑,以存贷利差为主要来源的商业模式遭到挑战。此前银行主要通过期限错配的方式盈利,短期内商业银行可通过强化成本管理等方式消化负债端的压力,但在同业监管长期持续的背景下,为保证净息差不至于大幅收窄,长期来看银行有动机提高信贷定价以进行资产端的调整。

值得注意的是,对于股份制银行等存款核心类负债发展能力不强的中小银行来说,其对同业负债的依赖度较高,在强监管背景下负债来源受限而短期内资产无法调整到位的情况下,其面临的流动性压力可能有所上升。

(四)委外业务收缩,未来业务趋于正常化

目前,银行委外业务(简称委外)的总量在 4 万亿元左右,在委外规模受限、委外负债来源增速放缓的监管背景下,我们预计温和去杠杆是大势所趋,未来委外规模将逐步下降。一方面,此前配置较为激进的银行可能迫于监管压力主动收缩委外,由于监管规则尚未明确,对于到期的委外资金,多家银行选择不续做,看市场情况再进行配置,如果赎回,可能优先选择赎回公募基金等流动性较好且有盈利的部分,对于亏损部分则大概率会选择继续等待市场环境回暖。另一方面,很多机构委外的最终收益并不理想,甚至有部分机构委外出现亏损,与负债成本出现倒挂,一些中小银行迫于负债端的压力也可能对委外进行被动赎回。中小银行，尤其是城商行、农商行，受限于自身投资管理能力有限、团队培养成本高且时间长等因素，对委外仍有需求；而大型银行本身拥有更多的可用资金，也有动力进行委外投资，委外作为银行资金的重要投向，未来业务可能逐步趋于正常化，各行可能倾向于优化资产配置，调整产品结构，甄别表现良好的委外产品，对优秀管理人的需求也将进一步扩大。

（五）商业银行成立理财子公司是大势所趋

在理财子公司方面，各家银行纷纷试水，截至 2020 年 3 月 1 日，获批筹建及开业的理财子公司共 18 家，其中，工银理财、农银理财、中银理财、建信理财、交银理财、中邮理财、光大理财、招银理财、兴银理财、宁银理财及杭银理财 11 家已正式开业，信银理财、平银理财、徽银理财、苏银理财、南银理财、青银理财及渝农商理财 7 家已获批筹建但尚未开业，随着理财子公司悉数落地，银行理财业务机构转型将基本完成。

从实际开业情况来看，工银理财、中银理财、农银理财、交银理财等多数理财子公司选择直接在相应总行所在地开展业务，主要出于整体规划、客群基础、业务协同等考虑。在发展规划上，各行对理财子公司提升集团大资管板块整体竞争实力寄予厚望。如工行将理财子公司定位为"大资管业务的核心平台和旗舰品牌"，光大银行将把理财子公司作为光大银行打造"一流财富管理银行"战略的重要支柱，交行将理财子公司视为实现最佳财富管理银行战略的"头雁"。截至 2020 年 3 月，产品与传统理财更加接近，仍主要集中于偏固收型产品。如图 3-2 所示，工银理财发行产品数量最多（267 只）且种类（资产从固定收益到权益类投资）相对齐全，量化投资、FOF 等投资策略均有所涉及。工银理财已发售产品中，固收类产品为 197 只，占比为 73.8%；其他理财产品发行相对较少，分别为混合型 69 只和权益类 1 只。从工银理财的产品线布局来看，整体较为完备但明显集中于固收类和混合型产品上。

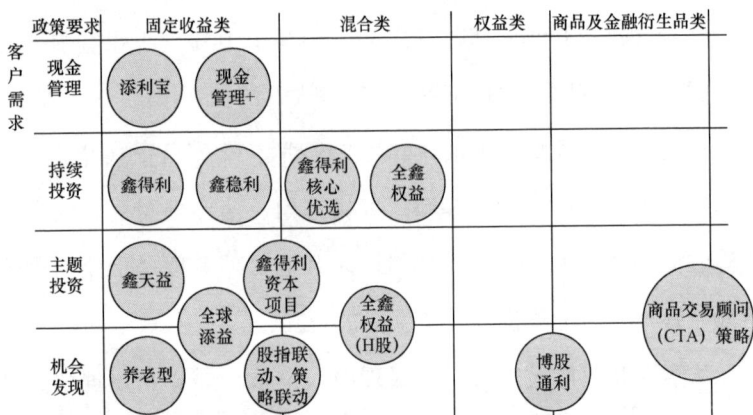

图 3-2　银行理财子公司理财产品（以工银理财为例）

资料来源：工银理财官网、光大证券研究所。

　　总的来说，商业银行设立理财子公司以开展资管业务，有利于强化银行理财业务风险隔离，推动银行理财回归资管业务本源，逐步有序打破刚性兑付，实现"卖者有责"基础上的"买者自负"。同时，也有利于优化组织管理体系，建立符合资管业务特点的风控制度和激励机制，促进理财业务规范转型。市场的信任度、母行持有的巨量流动性、母行服务平台带来的巨大流量与相对完备的市场主体相关信息均是理财子公司在运营之初就拥有的优势，只要定位清晰，战略先行，脚踏实地，银行理财子公司的前景就值得期待。银行理财子公司在债权、FOF与特色业务上存在优势与大量机遇，但也面临人才配置、转型压力、运作模式转变所带来的挑战。

第 4 章

我国保险行业监管热点问题探究

丁进进

国内保险业务快速发展，2019 年保费收入达 4.26 万亿元，保险资产达到 20.56 万亿元。自从 2017 年我国保费收入超过日本，我国已成为仅次于美国的世界第二大保险市场。伴随着保险业的快速发展，保险行业的热点话题不断，比如近几年的"险资举牌A 股""'偿二代'实施""商车险费改""香港保险热""网销车险下滑"等等。在此，我们结合热点事件的发展及监管举措，对几个热点问题进行简单探讨，希望能抛砖引玉，引起更多思考和分析，为促进保险行业的健康发展有所裨益。

一、"偿二代"对保险公司经营的影响及实施效果

在保监会"放开前端、管住后端"的思路下，自 2012 年年初

保监会启动"偿二代"建设，2013 年 5 月起陆续发布《中国第二代偿付能力监管制度体系整体框架》以及《保险公司偿付能力监管规则 1—17 号》，到 2015 年试运行，至 2016 年正式实施，中国保险业用了 4 年时间走完了银行业 10 年走过的路程，进展不可谓不快。至 2018 年底，"偿二代"正式实施已经近三年。几年来，"偿二代"依然是保险行业的热点话题，且无退温之意。下面我们结合"偿二代"可能对保险公司带来的影响以及"偿二代"实施三年来的效果，重温热点。

（一）"偿二代"与"偿一代"的主要区别

"偿二代"的全称是"中国第二代偿付能力监管制度体系"，体现中国保监会对保险公司监管以风险为导向，放开前端、管住后端的监管思路。偿付能力是指保险公司偿还债务的能力，也是衡量保险公司财务状况所必须考虑的基本指标。偿付能力监管由中国保监会负责实施，即检查保险公司偿付能力，并判断保险公司的财务状况能否保证其履行财务责任以及在长期中维持经营。

"偿二代"与"偿一代"的主要区别有以下四点：

第一，"偿二代"的框架体系更加科学，框架体系由制度特征、监管要素和监管基础三部分构成，借鉴了欧洲 Solvency Ⅱ 和美国 RBC 等监管体系的监管经验，在资本使用效率、定性监管、制度建设的适应性和动态性等方面针对新兴市场的特点取得了积极创新和突破，较"偿一代"的框架体系更加合理。"偿二代"明确了定量资本要求、定性监管要求和市场约束机制为偿付能力监管三支柱。"偿二代"的监管基础是保险公司内部偿付能力管理。

第二，"偿二代"的最低资本构成覆盖面更广。在"偿一代"监管背景下，保险公司最低资本只与保险业务相关，在计算最低资本时市场风险、信用风险等并不需要计量，仅在计算实际资本时做一定比例的扣除。而在"偿二代"监管背景下，最低资本量化需要考虑保险风险、市场风险、信用风险等风险水平；控制风险的最低资本；附加资本，包括逆周期附加资本、国内系统重要性保险机构的附加资本、国际系统重要性保险机构的附加资本等。

第三，"偿二代"的实际资本计量更加科学。在认可资产计量方面，"偿二代"下绝大部分资产以会计账面价值为认可价值，而"偿一代"需要对账面价值进行一定比例的扣减；"偿二代"还根据属性将资产分为核心资本和附属资本，再细分为一级资本和二级资本。

第四，"偿二代"对定性监管的要求更富有针对性。"偿一代"并没有系统的定性监管要求。分类监管作为"偿二代"分类监管要求的重要组成部分，对操作风险、战略风险、声誉风险和流动性风险等难以量化的风险进行评价，综合其评价结果，对保险公司的偿付能力风险进行综合评级。最低资本直接受风险管理的评估结果的影响，风险管理能力的强弱将直接决定保险公司所需的最低资本。

（二）"偿二代"对保险公司经营的影响

"偿二代"作为全新的监管体系对保险公司经营产生了深远影响，主要体现在：

第一，在资本管理方面。资本管理领域受"偿二代"影响最为直接，资产的认可方式、负债的认可方式、资本的分级管理以及最低资本的构成和计量方式在新的监管背景下均发生了较大的变化，这些调整都将影响偿付能力管理体系。资本补充方式也随着资本的分级管理而改变。

第二，在业务策略和预算方面。在"偿二代"背景下，根据风险水平来确定不同险种的最低资本要求，且不同险种的相关性在确定最低资本时也得到了充分的考虑。不同险种相关性和不同区域间的相关性在进行业务预算时得到充分考虑，以达到优化业务结构，在特定利润和保费规模目标下资本要求的最小化。业务组合优化过程是一个多维坐标下的复杂的优化过程。

第三，在风险管理方面。控制风险的最低资本要求在"偿二代"背景下得到明确，保险公司根据风险管理能力来增加或减少资本。风险管理能力强的保险公司最低资本可以降低；而风险管理能力弱的保险公司需要增加最低资本，在此背景下风险管理能力的重要性大幅提升。以此为背景，保险公司应健全风险偏好和限额体系，通过多维度的风险限额设定落实风险偏好。分别建立对保险、市场、信用、操作、战略、声誉各类风险管理制度，建立各管理部门运行机制。将风险管理融入公司经营预算、资产负债管理、资本规划与配置等核心经营决策流程中，全面提升风险管理在公司经营管理中的价值。

第四，在投资方面。在"偿二代"背景下，不同的投资资产被赋予不同的风险因子。股票、上市股权等权益类资本占用被大幅提高，同一投资资产计价方式不同，风险资本要求也不同。在进行战略性资产配置和收益率测算的同时要考虑资本占用情况，同时也要考虑其他相关性情况。在资产配置时要合理利用这一点，以达到优化最低资本要求的目的。"偿二代"背景下通过股指期货套期保值效果来减少权益价格风险的资本要求，以鼓励保险公司运用衍生工具来进行风险对冲。

第五，在再保险领域。在以风险为导向的"偿二代"体系中，再保险对尾部风险的管理功能定位更加清晰，从而有利于进一步发挥再保险的风险管理价值。在"偿二代"背景下，根据再保险交易对手的偿付能力状况、境内外属性、有无第三方担保等来确定对应收再保险款项的资本要求。特别需要说明的是，境外再保险人对应的应收再保险款项资本要求明显高于境内再保险人，这也是进行再保险安排时需要予以重视的因素。

第六，在绩效考核方面。"偿二代"明确风险管理执行情况和效果为公司绩效考核体系的一部分，同时明确了各类部门和分管领导的风险管理相关指标考核权重。对于一类保险公司，在投资、精算等职能部门及分管领导的考核指标中，风险管理相关指标的权重不应低于30%；在风险管理部门及分管领导的考核指标中，风险管理相关指标的权重不应低于60%；其他职能部门及分管领导的考核指标中，风险管理相关指标的权重不应低于20%。二类保险公司可结合公司自身管理实际情况设置符合公司风险管理需要的风险指标权重，但不得为零。这种要求体现了风险管理三道防线的基本理念，强调风险管理的全员责任，产品销售、产品管理、投资、精算和风险管理等相关部门都应承担风险管理的职责，相应的绩效评价因素也在各部门的关键指标考核中得到体现。

（三）"偿二代"正式实施三年的效果

2016年6月29日保监会下发《关于开展2016年度SARMRA监管评估有关事项的通知》（SARMRA评估，即保险公司偿付能力风险管理能力评估），标志着"偿二代"三个支柱（定量资本要求、定性监管要求、市场约束机制）所有监管标准全面实施。在此之际，普华永道对当时时点的76家保险公司的风险管理能力等方面做了一次全行业的针对性调查。调查报告显示，已有超过80%的保险公司初步建立了风险管理框架，但行业整体离精细化风险管理还有很大差距；超过一半保险公司已经任命了独立的首席风险官（CRO），超过 60% 的保险公司设立了独立的风险管理部门；现阶段风险管理专业人才的缺乏是保险行业实施"偿二代"和建立风险管理体系的重大制约因素；保险公司风险偏好体系建设的推进，仍然受制于公司内部董事会和高管层的理解和接受程度；资产负债管理、流动性风险管理和操作风险管理领域总体还处于初期阶段；寿险公司"偿二代"风险管理能力在大多数领域内优于产险公司。

早在 2015 年，"偿一代"与"偿二代"并行期间，监管部门就曾组织保险行业按照"偿二代"的有关规则进行了一次 SARM-RA 试评估工作，结果显示，参评的 72 家产险公司，平均得分68.95 分；72 家寿险公司，平均得分 73.32 分；再保险公司 11家，平均得分 69.11 分。

2017 年初，保监会得出 2016 年度 SARMRA 监管评估结果。在此次评估中，共 82 家产险公司纳入 SARMRA 评估范围，平均得分 70.72 分；77 家寿险公司纳入 SARMRA 评估范围，平均得分 76.35 分；13 家再保险公司纳入 SARMRA 评估范围，平均得分 81.96 分。相较于 2015 年度的试评估结果，2016 年度 SARM-RA 评估结果显示，无论是寿险，还是产险、再保险，得分均有一定程度上升，显示 2016 年"偿二代"正式实施后，险企的偿付能力和风险管理能力都有一定程度的改善。

大多数险企的 SARMRA 评估结果都低于 80 分，按照"偿二代"的有关规则，这意味着这些险企的控制风险最低资本要求应有所提升，在不考虑其他变量的情况下，将间接导致其偿付能力充足率出现一定程度的下滑。粗略估计，此次评估中，所有险企的平均得分在 74 分左右，这意味着险企控制风险最低资本将出现 3% 左右的上浮。

而 2017 年度 SARMRA 评估结果显示，82 家产险公司，平均得分 72.84 分；77 家寿险公司，平均得分 77.34 分；13 家再保险公司，平均得分 80.76 分，相较于 2016 年度的评估结果有显著的改善，险企偿付能力和风险管理能力普遍提升。

2018 年度 SARMRA 评估为抽样评估，评估保险公司数量较少，仅抽选了 35 家保险公司。从公司分布看，基本都是 2017 年"免检"公司以及新成立不久的公司。其中，产险公司 6 家（4 家新成立），寿险公司 21 家（8 家新成立），再保险公司 8 家。未参加本年度 SARMRA 评估的保险公司，继续参照上年度评估结果计算控制风险最低资本。

2018 年度评估结果中，21 家寿险公司参加评估，有 13 家老公司，其中 7 家评分下降；8 家新公司评分普遍较低，除了招商人和、爱心人寿在 70 分以上，其他 6 家都是 60 多分。6 家产险公司参加评估，老公司得分也在降低，新成立的公司得分更低，黄河财险甚至仅有 54.57 分，而粤电自保公司仍未披露偿付能力报告。8 家再保险公司的评分都是直线下降。

从 2018 年整体评分看，一年没有接受检查对于各家保险公司来说不一定是好事。各公司也应该自觉加强自身风险管理能力的自评估，及时调整、加强不足之处。同时，也能看出，要想维持在 80 分以上的风险管理水平也不容易。

保险公司 2017、2018 年度 SARMRA 评估得分情况见表 4-1、表 4-2、表 4-3：

不过，从 2017、2018 两个年度评估得分情况看，大多数险企的得分仍然都在 80 分以下，2018 年低于 80 分的更少，尤其再保险公司。这也就意味着，在不考虑其他变量的情况下，大多数险企在计算偿付能力充足率的时候都会受到一定的负面影响。

在评估初期，险企普遍得分低于 80 其实是一种可以理解的现象。国内的保险"偿二代"第一支柱中只包含三种风险：保险、市场和信用，并不包含操作风险。"偿二代"在第一支柱外，增加了 SARMRA 评估，并将其与险企的控制风险最低资本相关联，等于在第一支柱的基础上增加了最低资本要求，所以评估初期得分会偏低，但也因此，使国内的保险业"偿二代"与国际其他偿付能力监管制度有了更多的可比性。随着时间的推移，险企得分情况有望得到改善。

2016—2018 年近 3 年来，从相继披露的偿付能力报告来看，虽然 2018 年偿付能力略有下降，但总体来看，"偿二代"运行以来，行业整体偿付能力充足率保持在合理区间。这就确保了保险企业的市场创新整体上不会突破风险底线，安全可控。当然，当前外部市场经济环境更加复杂严峻，保险业仍然面临不少风险挑战。

表 4-1 寿险公司 SARMRA 评分比较表

排名	公司名称	2018 年	2017 年	变动
1	中信保诚	85.75	85.75	
2	平安人寿	85.58	85.58	
3	中国人寿	84.94	85.81	−0.87
4	中英人寿	84.51	84.78	−0.27
5	泰康人寿	84.32	84.32	
6	太平人寿	83.29	85.22	−1.93
7	友邦保险	83.07	83.07	
8	太保寿险	83.03	83.03	
9	华泰人寿	82.76	82.15	0.61
10	北大方正	82.28	82.28	
11	平安养老	82.26	82.26	
12	工银安盛	82.12	81.77	0.35
13	太平养老	81.96	82.11	−0.15
14	平安健康	81.87	81.87	
15	中美联泰	81.82	80.03	1.79
16	长生人寿	81.49	81.49	
17	阳光人寿	81.20	80.00	1.20
18	新华保险	81.10	80.11	0.99
19	建信人寿	80.59	80.59	
20	德华安顾	80.58	80.04	0.54
21	大安人寿	80.39	80.39	

续表

排名	公司名称	2018 年	2017 年	变动
22	人保寿险	80.35	80.35	
23	中德安联	80.20	80.56	−0.36
24	泰康养老	80.12	80.12	
25	和谐健康	80.04	80.04	
26	安邦人寿	79.67	79.67	
27	人保健康	79.52	79.52	
28	恒安标准	79.51	79.51	
29	利安人寿	79.29	80.55	−1.26
30	合众人寿	79.27	79.27	
31	中韩人寿	79.10	79.10	
32	陆家嘴国泰	79.02	79.02	
33	太保安联	78.96	78.96	
34	安邦养老	78.60	78.60	
35	幸福人寿	78.38	78.38	
36	中荷人寿	78.38	78.38	
37	广大永明	78.36	78.36	
38	复星保德信	78.33	78.33	
39	同方全球	78.32	78.32	
40	上海人寿	78.04	78.04	
41	中华人寿	77.85	77.85	
42	招商信诺	77.81	77.81	
43	昆仑健康	77.68	77.68	
44	国华人寿	77.51	77.51	
45	农银人寿	77.48	77.48	
46	英大人寿	77.43	77.43	

续表

排名	公司名称	2018 年	2017 年	变动
47	中宏人寿	77.27	77.27	
48	民生人寿	77.24	77.24	
49	交银康联	76.86	76.86	
50	汇丰人寿	76.74	76.74	
51	中意人寿	76.64	80.16	-3.52
52	中银三星	76.47	76.47	
53	国联人寿	76.22	76.22	
54	华夏人寿	75.86	75.86	
55	中邮人寿	75.76	75.76	
56	君康人寿	75.72	75.72	
57	吉祥人寿	75.72	75.72	
58	百年人寿	75.70	75.70	
59	弘康人寿	75.43	75.43	
60	信泰人寿	74.91	74.91	
61	长城人寿	73.48	73.48	
62	复星联合	73.15	73.15	
63	珠江人寿	72.75	72.75	
64	中法人寿	72.65	72.65	
65	东吴人寿	72.14	72.14	
66	横琴人寿	72.11	72.11	
67	前海人寿	71.81	71.81	
68	招商仁和	71.41		不适用
69	和泰人寿	70.77	70.77	
70	爱心人寿	70.58		不适用
71	君龙人寿	70.22	70.22	

续表

排名	公司名称	2018 年	2017 年	变动
72	新光海航	70.14	70.14	
73	中融人寿	70.02	70.02	
74	国宝人寿	69.48		不适用
75	恒大人寿	69.20	69.20	
76	渤海人寿	68.98	68.98	
77	瑞华健康	68.31		不适用
78	国富人寿	66.67		不适用
79	海保人寿	65.87		不适用
80	华贵人寿	65.22	65.22	
81	信美人寿	63.93	63.93	
82	瑞泰人寿	63.45	63.45	
83	北京人寿	63.07		不适用
84	华汇人寿	62.90	62.90	
85	三峡人寿	60.41		不适用

表 4-2　产险公司 SARMRA 评分比较表

排名	公司名称	2018 年	2017 年	变动
1	平安产险	84.10	84.10	
2	太保产险	82.88	81.82	1.06
3	阳光产险	82.52	82.52	
4	人寿产险	81.65	81.65	
5	华泰产险	81.27	81.27	
6	国寿产险	80.59	80.59	
7	三井住友	80.39	80.39	
8	大地产险	80.31	80.31	

续表

排名	公司名称	2018 年	2017 年	变动
9	太平产险	80.15	80.15	
10	长安责任	70.02	70.02	
11	苏黎世	70.02	70.02	
12	鑫安汽车	78.94	78.94	
13	信利保险	78.90	78.90	
14	劳合社	78.70	78.70	
15	中华联合	78.05	78.05	
16	富邦产险	77.93	80.01	−2.08
17	永城保险	77.16	77.16	
18	国元农险	77.01	77.01	
19	众诚保险	76.94	76.94	
20	英大产险	76.82	76.82	
21	安信农险	76.69	76.69	
22	天安产险	76.68	76.68	
23	三星产险	76.27	76.27	
24	中银保险	76.14	76.14	
25	日本产险	76.14	76.14	
26	众安产险	76.11	76.11	
27	中煤产险	75.82	75.82	
28	北部湾产险	75.66	75.66	
29	安达保险	75.59	75.59	
30	建信产险	75.05	75.05	
31	安诚产险	74.88	74.88	
32	东京海上	74.73	74.73	
33	乐爱金	74.62	74.62	

续表

排名	公司名称	2018 年	2017 年	变动
34	都邦产险	74.57	74.57	
35	安心产险	74.32	74.32	
36	鼎和产险	74.27	74.27	
37	安华农业	74.26	74.26	
38	燕赵产险	74.04	74.04	
39	泰山产险	73.88	73.88	
40	国任财险	73.61	73.61	
41	珠峰财险	73.56	73.56	
42	美亚保险	72.94	72.94	
43	华海产险	72.80	72.80	
44	渤海产险	72.78	72.78	
45	锦泰产险	72.66	72.66	
46	中路产险	72.60	72.60	
47	华安产险	72.39	72.39	
48	合众产险	72.03	72.03	
49	爱和谊	71.78	71.78	
50	京东安联	71.36	71.36	
51	海峡金桥	71.16	71.16	
52	富德产险	71.12	71.12	
53	中原农险	70.92	70.92	
54	东海航运	70.78	70.78	
55	国泰产险	70.33	70.33	
56	浙商产险	70.24	70.24	
57	史带产险	70.07	70.07	
58	阳光渝融	70.03	70.03	

续表

排名	公司名称	2018 年	2017 年	变动
59	安盛天平	70.03	70.03	
60	泰康在线	69.87	69.87	
61	亚太财险	69.69	69.69	
62	紫金财险	69.68	69.68	
63	太平科技	69.10		不适用
64	易安财险	68.94	68.94	
65	中意财险	68.80	68.80	
66	前海联合	68.55	68.55	
67	长江产险	67.02	67.02	
68	铁路自保	67.02	67.02	
69	华农财险	67.01	67.01	
70	中远海自保	66.57	66.57	
71	永安财险	66.47	66.47	
72	中石油自保	66.30	66.30	
73	中航安盟	66.00	66.00	
74	久隆财险	65.97	65.97	
75	利宝互助	64.84	64.84	
76	恒邦财险	64.12	64.12	
77	阳光农险	63.87	63.87	
78	诚泰财险	63.77	63.77	
79	瑞再企商	62.53	62.53	
80	汇友互助	61.94		不适用
81	日本兴亚	61.52	61.52	
82	现代财险	55.20	55.20	
83	黄河财险	54.57		不适用

续表

排名	公司名称	2018 年	2017 年	变动
84	众惠相互	52.90	52.90	—
85	粤电自保	—	—	—

表 4-3　再保险公司 SARMRA 评分比较表

排名	公司名称	2018 年	2017 年	变动
1	法国再保险	82.93	85.60	−2.67
2	太平再保险	81.71	81.71	
3	前海再保险	80.07	80.07	
4	德国通用再保险	79.07	81.18	−2.11
5	瑞士再保险	78.22	85.57	−7.35
6	汉诺威再保险	77.89	84.12	−6.23
7	RGA 美国再保险	77.18	80.54	−3.36
8	慕尼黑再保险	76.01	76.01	
9	人保再保险	74.36	74.36	
10	中国财产再	暂未披露	81.54	
11	中国再保险	暂未披露	80.02	
12	中国人寿再	暂未披露	80.43	

二、险资举牌是一个旧时代的谢幕暨一个新时代的降临

险资在 A 股市场举牌多年来一直存在，但是在 2015—2016年，随着"万宝之争""血洗南玻 A""恒大买而不举"等事件的发酵，险资被人侧目而视为"野蛮人"，并在一系列争论中持续发酵，最终在监管部门一系列的整顿举措下渐渐尘埃落定。从此以后，险资虽然在 A 股市场仍有举牌，但次数和金额已是锐减，不

足以再成为社会热点。

（一）险资举牌事件回顾

2016 年 A 股最吸引人眼球的戏码除了年初的熔断，那就莫过于险资举牌了。2016 年可以称作险资举牌年，保险资金在二级市场屡掀波澜、频频举牌上市公司，从万科到南玻，再到中国建筑和格力电器，险资所到之处引发市场震动。据不完全统计，全年险资举牌投资上市公司不低于 120 家。

各路险资争相抢镜，尤其是 2016 年下半年以来，伴随着资产荒和利率水平下滑，险资对于股权类资产配置比例持续上行。其中，以七大保险系举牌最为活跃，分别为恒大系、宝能系、安邦系、生命系、阳光保险系、国华人寿系和华夏人寿系。所到之处，相关股票升势凌厉，其"快进快出"的投资风格颠覆了险资低调保守的形象，其典型案例有万科股权之争、南玻 A 管理层集体出走等。

面对险资在股市"快进快出"的投机行为，以及举牌乱象背后的杠杆收购，监管层措辞严厉，出台了一系列针对性措施。

以下简单举几个险资举牌的典型案例：

1. 万科与宝能之争

自 2015 年 7 月到 2015 年 12 月底，宝能系经过 4 次举牌（每增持 5% 需要公告披露一次），整个宝能系合计持有万科 24.26% 股份，位列第一大股东。宝能系增持万科股票过程依次为：

2015 年 7 月初，宝能系前海人寿斥资 79.45 亿元，买入 5.53 亿股万科股票，持股比例 5%；

2015 年 7 月底，宝能系钜盛华斥资 80.87 亿元，买入万科 5% 股份，宝能系持股 10%；

2015 年 8 月底，宝能集团又购入万科 5.04% 股份，耗资 77.93 亿元，宝能系持股 15.04%；

2015 年 11 月 27 日开始，宝能系通过南方资本等资管渠道，陆续增持 5.49 亿股（占比 4.965%）万科股份，耗资 96.52 亿元，宝能系持股约 20.01%；

2015 年 12 月，宝能系相关一致行动人陆续增持万科股份 4.25%，宝能系持股 24.26%。

截至 2015 年 12 月底，宝能系持股万科比例超过原第一大股东华润，成为万科第一大股东。之后，宝能要大举控制万科，所发生之事大家已经耳熟能详。

最后，深圳地铁于 2017 年 1 月接盘华润，6 月接盘恒大人寿，成为万科第一大股东（持股近 30%）。2017 年 6 月底，万科董事会改选落定，王石退休。姚振华被禁入保险行业 10 年，前海人寿被保监会停止开展万能险新业务。历时整整两年的"宝万之争"几经跌宕后，在多方力量博弈之下，由国企深圳地铁集团出面终结。"宝万之争"最大的两个主角——宝能与万科之间，唯一的联系，仅剩下 25% 的股权。

2. 宝能系夺权南玻 A

截至 2016 年 9 月 30 日，在南玻 A 的前十大股东名单中，有四家被姚振华控制，分别是前海人寿的两个产品（持股分别为 15.45％和 3.92％）、前海人寿自有资金（持股 2.15％）、深圳市钜盛华股份有限公司（持股 2.87％），总持股比例为 24.39％。

这起管理层大面积辞职事件发端于与大股东宝能方面的矛盾激化。2016 年 11 月 16 日的南玻 A 临时董事会上，陈琳、王健、叶伟青、程细宝 4 位董事提出，要求对公司"十三五"发展战略规划、员工聘用、董事会对总经理授权等事项做出调整，并认为董事长曾南因身体原因在外治疗，提议通过由陈琳代为履行董事长职权。2016 年 11 月 17 日，包括董事长曾南在内的 8 名高管提出集体离职，引起监管层和市场的高度关注。

3. 宝能大举买入格力电器

在 2016 年下半年里，格力可谓经历了惊心动魄的一幕，对珠海银隆收购未果、员工持股计划终止之后，格力又被"野蛮人"攻到门前。在"野蛮人"的入侵行为遭到各界"痛斥"之后，格力终于在 2016 年底解除了这一危机。

从 2016 年 11 月 17 日格力电器复牌至 2016 年 11 月 28 日的 8 个交易日内，前海人寿大量购入格力电器股票，持股比例从 2016 年三季度末的 0.99％上升至 4.13％，持股排名由公司第六大股东上升至第三大股东，距 5％的举牌线仅一步之遥。2016 年 12 月 2

日，前海人寿此一系列动作受到深交所关注。同时，深交所向前海人寿发函问询相关事宜。

4. 恒大系举牌万科 A、廊坊发展

恒大集团凭借杀入万科股权争斗之举，引发了 A 股市场对恒大概念股的追捧。2016 年 8 月 8 日，恒大附属公司以一致行动人的身份正式举牌万科 A，购入股数增至 5.52 亿股，成交额扩大为 99.68 亿元。2016 年 8 月 16 日，万科 A 再度公告，截至 2016 年 8 月 15 日，中国恒大通过其附属公司在市场上共收购公司股票 7.53 亿股，约占总股本的 6.82%，收购总代价约为 145.70 亿元。

2016 年，恒大系除了举牌万科外，还大手笔扫货廊坊发展。2016 年 8 月 7 日晚间，廊坊发展发布公告称，根据恒大发来的权益变动相关资料显示，恒大于 2016 年 8 月 4 日在二级市场合计增持廊坊发展股票 1 900.76 万股，占廊坊发展总股本 5.00%。本次权益变动完成后，恒大持有廊坊发展 5 702.46 万股，占廊坊发展总股本 15.00%，成为廊坊发展第一大股东。

（二）保监会监管举措

随着险资举牌事件的发酵，保监会进一步加大举措力度，制止野蛮举牌行为。保监会下发监管函，针对万能险业务经营存在问题，并且整改不到位的前海人寿采取停止开展万能险新业务的监管措施。对恒大人寿在股票投资中的"快进快出"行为，约谈了恒大人寿主要负责人，明确表态不支持保险资金短期大量频繁炒作股票。

针对险资举牌问题，保监会于 2016 年 12 月 13 日召开会议，会议内容主要包括三点：一是强化对于举牌行为的监管，二是规范万能险发展，三是强化公司治理。会议提出要全面落实"保险业姓保、保监会姓监"要求。

在 2017 年 2 月 22 日国务院新闻办公厅举办的新闻发布会上，保监会负责人强调，要下决心处置保险资金运用方面的潜在风险点，对个别浑水摸鱼、火中取栗且不收敛、不收手的机构，依法依规采取顶格处罚，坚决采取停止新业务、处罚高管人员直至吊销牌照等监管措施，绝不能把保险办成富豪俱乐部，更不容许保险被金融大鳄所借道和藏身。

随后，2017 年 2 月 24 日下午，保监会在官网公布对于前海人寿的处罚结果：前海人寿董事长姚振华被撤职并禁入保险业 10 年。2017 年 2 月 25 日，保监会公布了对于恒大人寿的处罚结果：恒大人寿被保监会限制股票投资一年，两名责任人分别行业禁入 5 年和 3 年。

在监管趋严的大环境下，2017 年上半年险资在 A 股市场举牌几乎绝迹。

（三）险资举牌带来的险资运用的思考

2016 年引起轩然大波的险资举牌无论是险资运用问题，还是万能险问题，其出现的直接原因都是保险公司的发展战略、发展策略出了问题，而要解决保险公司的发展道路问题，最根本的还是要解决公司的治理问题。比如，个别保险公司一股独大，使得股东之间缺少有效制衡，大股东完全掌握了保险公司运作，可能导致各种激进行为的发生。从 2017 年 7 月在保监会官网第二次公开征求《保险公司股权管理办法》意见的稿件中对股东分类的修改，以及各类股东持股比例的变化，就能感受到监管部门也在亟待保险公司解决内部治理在此方面的缺陷和不足。

另外，从历史来看，过去保险资金规模较小，再加上对资金运用的管制较为严厉，保险资金对实体产业发挥作用通常要经过银行中介，因此影响力有限，也不太引人注目。

随着保险业近年来的迅猛发展，保险资金规模飞速增长，保险资金运用已经愈发成为保险业发展的第一推动力。正因为资本市场如此重要，所以保险监管不能任意扩大打击面，一竿子打翻一船人，大部分险企资金运用是好的，少数的需要约束规范。保险资金体量很大，像悄无声息地搂草打兔子，短期炒高作年报，都是不正之风。保监会对恒大人寿和前海人寿的谈话、处罚，也是为了正风气。保监会在针对恒大人寿的表态中就讲得很清楚，"秉承价值投资、长期投资和稳健投资原则……稳健审慎开展投资运作，防范投资风险"。

当中国进入经济发展新常态后，实体经济的结构调整和转型升级迫切需要保险资金在资本市场中发挥更大作用。

（四）2017 年后，二级市场险资举牌情况

2017 年后，保险资金进入 A 股市场，无论从被举牌次数，还是涉及金额，均大幅度下降。例如，2015—2016 年，上市公司 273 家举牌公告中，有 68 家是保险公司，耗资超过 1 700 亿元。从 2016 年下半年开始，随着监管措施密集出台，保险公司举牌次数和涉及资金均锐减，到 2017 年上半年几乎绝迹。后延到 2019 年，在整个二级市场，保险公司举牌次数、涉及资金额度均大幅锐减。

整个 2017 年二级市场仅 8 次保险公司举牌，耗资 300 亿元：中国人寿 3 次（京能电力、青岛港 H 股、中国联通），中国平安 5 次（旭辉控股、工商银行 H 股、日本株式会社津村、万国数据、汇丰控股）。

2018 年二级市场 8 次保险公司举牌，耗资 185 亿元：平安人寿 3 次（久远银海、中国中药、华夏幸福），天安人寿 1 次（奥马电器），华安财险 1 次（铜陵精达），华夏人寿 1 次（凯撒旅游），百年人寿 1 次（嘉泽新能），国寿资管 1 次（通威股份）。

2019 年二级市场 8 次保险公司举牌，耗资近 160 亿元：国寿股份 4 次（中广核电力、万达信息 2 次、中国太保），平安人寿 2 次（华夏幸福、中国金茂），国寿集团 1 次（申万宏源），太保寿险 1 次（上海临港）。

三、商车费改，谁是获益者

从 2015 年 4 月开始试点商车费改至今，我国已经推行了三次商车费改。第一次是 2015 年 4 月从黑龙江等 6 个地区试点为起点；第二次是 2017 年 6 月，保监会进一步扩大保险公司自主定价权，下调商车险费率浮动系数；第三次是 2018 年 8 月，从广西、青海、陕西试点完全自主定价开始。至今走完了五年多的历程。从商改的效果看，既有获益者，又有受损者。商车费改的效果有没有达到费改的初衷呢？下面我们通过五年来商车费改带来的变化来探讨费改的效果。

（一）受益者与受损者

任何改革都会有受益者和受损者，商车费改也不例外。我们先来梳理一下受益者。

首先，最大的受益者是消费者。车均保费下降，霸王条款不再，交通安全改善，对消费者来说是最大的利好。有数据显示，费改后车均保费较改革前下降超过 5％。更重要的是，新的定价体系中，消费者风险状况与保费的关联性更强，消费者的驾驶习惯因此悄然改变，行业车损险的出险频率大幅下降，交通安全改善带来的社会效益也不容忽视。

抛开商车费改的种种是与非，此轮改革最重要的目的显然已经达到：让利于消费者，解决高保低赔、无责不赔等霸王条款问题，为未来费率全面放开奠定制度框架。

其次，大型保险公司是受益者。数据显示，在三次费改的历程中，大型保险公司车险市场份额稳中有升，车险利润占了行业的半壁江山。车险行业本就是一个高集中度的行业，商车费改进一步放大费用、加大价格自主空间以及要求"报行合一"（指保险公司报给银保监会的手续费用计划需要与实际使用的费用保持一致），让大型保险公司在品牌、服务、风险管控以及经验数据等方面的优势进一步凸显。近两年的数据显示，车险市场"老大"（人保）和"老二"（平安）的市场份额陆续提升——两家公司占据车险市场半壁江山。另外，从近两年车险行业的承保利润来看，人保和平安撑起了行业的利润表，两家公司承保利润超过其他所有公司总和。

最后，传统中介渠道也是受益者。如今，随着网电销投保礼的禁送，而传统渠道市场费用仍可以合理列支，网电销渠道将处于明显价格劣势。

我们再来梳理一下受损者。

首先，中小保险公司是受损者。对中小保险公司而言，相对于大型保险公司的品牌、规模经济、服务和管理等方面的优势，其在车险市场除了拼费用还是拼费用。整个车险市场，财险"老大"和"老二"市场份额稳中有升，而"老三"到"老十"的市场份额两年间下降了 1.7%；承保利润方面，60 多家经营车险业务的公司也仅有十几家实现盈利，且利润总和还不如"老大"和"老二"两家的利润高。所以经营车险业务的中小保险公司困境重重，尤其是小型保险公司更是举步维艰。第三次费改，要求车险费率和手续费的"报行合一"，在车险业务模式没有变化的前提下，则进一步增加了小型保险公司的运营难度。

商车费改致使强者恒强，而弱者还是弱小。小型保险公司的困境由来已久。商车费改之后，险企费用空间普遍放大，小型保险公司除了拼费用再无他法，痛点进一步被放大。长期来看，小型保险公司通过价格和费用竞争的手段最终还会被证明是没有出路的，只有通过商业模式创新才能有所发展。

其次，网电销平台是受损者。对于保险公司的各个渠道而言，二次费改最大的一个变化就是网电销渠道15％的价格优惠不再，其与传统渠道产品价格趋于一致，这导致网电销渠道保费收入的大幅下滑。另外，保监会2017年7月6日印发的《关于整治机动车辆保险市场乱象的通知》明确指向不具备保险中介合法资格的第三方网络平台，许多流量大户都在其中，包括支付宝、腾讯以及诸多互联网车险创业平台等。虽然在此之后一些大流量平台均积极应对，斥资获得了相应的资质牌照，平台上的互联网车险逐步符合监管要求，但是其对于整个互联网车险保费收入的负面影响也是可想而知的。

（二）商车费改的监管目的及过程

商车费改前，市场费用竞争日趋激烈，吃尽改革红利，这绝对不是监管者想要看到的局面。车险行业高保低赔、无责不赔等霸王条款问题备受质疑。通过这三次商车费改，将原来依据新车购置价定价，改为依据车型定价，彻底解决了高保低赔的问题；也通过条款的修订，彻底解决了无责不赔的问题，于市场而言，霸王条款已经是过去时，随着时间的推移，车险或许能逐步获得真正的自主定价权。所以，商车费改的终极目的就是挤压费用空间，让利消费者的同时，将定价权更多地交还保险公司，倒逼其全面提升风险定价能力。就此而言，三次商车费改的目的部分已经达到，部分会随着时间的推移逐步达到。

另外，面对不断攀升的市场费用，行业一边叫苦连连，一边顶着承保亏损的压力加大费用投放力度，市场竞争愈加白热化。监管部门显然不会坐视不管，任由改革的红利为过度市场竞争所侵蚀。于是在 2017 年 7 月 6 日，保监会正式印发《关于整治机动车辆保险市场乱象的通知》，几乎对车险行业各种常见的违法违规行为都进行了汇总，并做出了明确的禁止性规定，包括恶性竞争、虚列费用、数据造假、违规赠礼，乃至与不具备资质的第三方互联网平台进行合作等等，几乎刀刀都击中要害。2018 年 6 月 29 日银保监会制定的《中国银保监会办公厅关于商业车险费率监管有关要求的通知》规定车险产品、费率实行"报行合一"，进一步严格控制费用无序竞争的乱象。同时，监管机构一直保持严监管态度，2019 年前 9 个月，就对 87 家保险机构及个人罚款超过 2 200

万元，叫停 111 个机构的车险业务。这说明监管部门已经将严格治理车险市场乱象提升到了前所未有的高度，表面看来是为了保障商车费改顺利进行，深层次来看则是发出了明确的信号：切勿心存幻想，转型势在必行。对于行业来说，已经到了彻底放弃旧有的费用竞争手段的时候，过多观望和挖空心思寻找旁门左道显然是条不归路。

（三）商车费改带来的思考

首先，改革五年，险企综合成本率基本未变，费用竞争吃尽了改革红利。

商车费改的目标是通过赔付率的上涨，挤压费用率空间，引导行业理性经营。遗憾的是，阶段性的报表结果有违初衷。目前，车险综合费用率将近 40%，综合赔付率近 59%，与商车费改正式实施前的 2015 年前 6 月相比，分别上升和下降了 2 个点。综合赔付率的降幅完全被市场竞争带来的费用率抬升所吞噬，综合成本率与之前没有明显差异。

行业报表"被平均"的成分很大，实际远比看上去更惨烈。2017 年和 2018 年，60 多家经营车险的公司中，费用率低于行业水平的仅有十几家，以规模大和"亲爹牛"的公司为主；费用率超过 50% 的公司有近 30 家。这就意味着，行业仅有不足六成的车险保费最终通过赔款的形式返还给消费者，而最希望挤压的中介行业则在短期内的确分得了改革红利，不仅喝到了汤，更是吃到了肉。

其次，中小险企困境难变，小型保险公司举步维艰，商车费改只是倒逼其思考和转型。

困境的根源在于股东对份额的追求和管理者唯大独尊的思想，使得小型保险公司基本单纯复制大型保险公司的运营模式，缺乏专注经营的定力和特色化经营的思想。而出路在哪里？规避竞争，打造细分领域的垄断能力。总之，商车费改并没有解决小型保险公司的困境，只是将小型保险公司放入市场旋涡中，倒逼其思考和转型。但是，转型不是一句口号，需要大量的战略性投入、新科技运用的敏捷性、强大的客户及资源协同能力。

从上面的事实中我们不难推断出，此轮商车费改大考之后，管理能力不及格的主体将逐步退出车险市场，行业洗牌在所难免。

再进一步推断，需要警惕资本的溢出效应，车险费改落幕后，退出的主体必将遍体鳞伤地杀入非车险领域，想必又是一番血雨腥风。会不会按下葫芦浮起瓢？治理好车险市场，会不会发现非车险已是一片红海？

四、香港保险为何而热

近些年，内地人士购买香港人寿保险的热潮曾一路飙升。但最近两年，在内地监管部门的打压下，已经收敛了不少。数据显示，2010年香港地区新增保费收入587亿港元，来自内地的保费

44 亿港元，占比 7.5%，此后逐年快速增长，到 2016 年已高达 727 亿港元。然后在内地监管部门的压制下，自 2017 年开始，内地人士购买香港保险势头有所收敛，2017 年金额为 508 亿港元，2018 年为 476 亿港元。为何内地人士如此倾心于香港保险呢？

（一）香港保险的由来

香港保险其实并不是一个近些年才出现的概念，早在 20 世纪 90 年代初，一些在港澳地区注册的保险公司就开始私自进入内地，非法从事寿险业务推销活动，这种销售活动违反了内地《保险法》《外资保险公司管理条例》等法律、法规，具有服务走私性质，因此被称为地下保单或地下保险。当时，对于这种违法行为，监管部门予以了严厉的打击。

香港自由行开通后，内地人去香港买保险已经相对容易，而香港人也可以在内地买保险，但这并不属于地下保单的范畴。因此可以说地下保单自 2004 年之后，基本绝迹。

但前几年，随着内地人购买香港保险的资金量越来越大，香港保险的问题再度引发业界关注。虽然不是在内地签单，而是在香港签单，但实际销售的过程基本都是在内地完成，而这在很多业内人士来看，仍然不符合法律规定。

（二）内地监管部门对香港保险的态度

从提醒"内地居民购买香港保单不受内地法律、监管保护"，再到如今的"将持续关注境内非法销售、非法代理香港保险产品行为"，内地监管当局对于非法销售、代理香港保险的行为态度明确，"一经发现，将坚决查处，绝不姑息"，对于违规销售香港保险的打击进入新的高潮。具体监管文件及举措如下：

2016 年 4 月，保监会发布《关于内地居民赴港购买保险的风险提示》，警示内地人士赴港投保有可能存在多种风险问题。

2016 年 5 月，保监会发布《关于加强对非法销售境外保险产品行为监管工作的通知》，明确以各种名义宣传、推介境外保险机构保险产品的行为，或者安排有意投保境外保险产品者赴境外投保的行为，构成促成交易而开展宣传、招徕的销售境外保险产品的行为，要求各保监局应依法予以查实、取缔和处罚。

紧接着，保监会以及北京保监局在部分保险公司以及中介公司调研北京地区非法销售境外保险产品情况。

2016 年底，监管部门更是在公安机关和网信部门的支持下开展专项行动，打击非法销售、非法代理香港保险产品行为专项行动。

2017 年 6 月 16 日，保监会发文称，自 2016 年底以来保监会在上海、广东、深圳等 10 个省市开展了打击非法销售、非法代理香港保险产品行为专项行动。已有 1 家公司被注销，35 个网站或微信公众号被关闭，27 个网站或微信公众号采取整改措施。

2019 年 5 月 21 日，上海银保监局向上海奋威保险代理有限公司予以警告，并开出 1 万元罚单。原因是，其宣传推介境外保险产品。

（三）香港保险热销的原因

一边是严厉的打击，一边是保费规模依旧巨大，香港保险因何受到内地居民追捧？笔者尝试从多个角度剖析香港保险吸引内地居民的原因所在。

1. 香港保险历史悠久，且排名前几的都是国际知名大公司

保险业是香港经济中最老的行业之一。从1841年香港开埠以来到现在，保险业在香港经济中占据举足轻重的地位。香港如今已成为亚洲第一、世界前十的国际保险中心，其行业自律与政府监管都已经相当完善和成熟。而内地保险业真正的发展也就是从20世纪90年代初开始，不到30年时间，虽然发展迅速，行业监管规范也在不断完善，但与境外保险业发达的地区相比还有不小的差距。

香港排名靠前的保险公司基本都是国际上的百年老店，如英国保诚、美国友邦、法国安盛、加拿大宏利等。

2. 香港保险口碑较好

从2014年的一个投诉率数据比较上看，2014年香港保费收入2 703.5亿元人民币，投诉案件603件，每亿元投诉0.22件；而同年北京地区保费收入1 207.2亿元人民币，投诉案件5 089件，每亿元投诉4.22件。至少从投诉率这一指标来看，香港保险的口碑要好于内地保险。

3. 香港保险产品设计优势明显

（1）费率低，保额高。前几年，同样的保障内容，在香港购买的保费只是内地购买保费的 1/3，甚至 1/2。

（2）保障范围更广。香港地区保障型保险产品的保障范围通常都比较广泛。以重疾险为例，内地保险公司一般提供 30 多种重大疾病保障，而香港重疾险可以保障 50 多种，另外还提供原位癌等 60 多种早期或非严重疾病的保障，总共能够提供 120 种左右疾病保障。

（3）预期收益更高。除了保障范围更广外，香港保险的预期收益也比内地更高。香港地区储蓄型保险收益大多提供 5%～10% 的年复合收益率（基于相近价值计算）。除此之外，还有每年保证的或者非保证的现金红利或复利。

（4）条款设置更加人性化。首先，能够给消费者提供一个不可争议的条款，规定香港保险公司不能以任何理由宣布生效两年以上的寿险保单作废。比如，保险公司以投保人隐瞒、漏报、误告等理由予以抗辩的期限是两年，超过两年保险公司便不得以此为由拒付赔偿金。其次，在国内投保人寿保险，有免赔责任、免赔条款，由于天灾、地震、暴乱、示威等不是或者不一定是被保险人故意参与而导致自己死亡的事故，保险公司会拒赔。而香港的人寿保险，保单没有免赔责任、免赔条款，保障不会因为被保险人搬迁、移民、转职业等而改变，各保险公司只在自杀理赔时有时间规定。

（5）投保流程简单，核保相对宽松。例如，在香港投保人寿保险或重疾险保额在 300 万港元以内，都是免体检。若需体检，费用由保险公司支付。如果保额在 50 万美元以内，只需简单申报财务状况。

最近两年随着国内保险公司增加且市场竞争的激烈，一些中小型保险公司的产品在价格、保障范围、投保简便等方面，也不逊于香港保险，甚至还有过之。

4. 香港保险销售佣金高

香港保险与内地保险相比优势不少，从营销层面看，香港保险销售佣金高是主要因素之一。

在内地，根据保监会 2011 年发布的《关于规范人身保险业务经营有关问题的通知》，个人寿险保单支付的直接佣金标准：趸缴保费的直接佣金占保费的比例不得超过 4%；期缴保费的直接佣金总额占保费总额的比例不得超过 5%，其中，首年佣金最高不得超过 40%。

但在香港地区，奉行更加市场化的监管规则，监管部门对于营销员佣金支付比例并没有规定，因此首年佣金支付比例要高于内地保险业，其中纯风险保障型的产品，包括终身寿险、定期寿险都可以达到 80% 左右，而重大疾病保险也可以达到 50%。趸缴方面，香港地区佣金支出约占总保费的 5%～7%，也普遍高于内地。当然，较高的佣金支付比例导致很多香港地区的保单，前两年现金价值都为 0。

对于内地的保险代理人而言，他销售自己公司的产品，同样的保费，可能最多能拿 30％～35％的佣金，可如果是销售香港保险，最多能拿到 80％～100％的佣金。

有人曾在保险营销员中做过小范围的调研，发现佣金才是营销员销售产品的首要动力，营销员最乐于销售的产品一定是佣金支付比例高的产品。

据悉，1992 年友邦保险引进保险代理人制度之后，实际上并没有立刻引发市场大的改变，直到 1995 年、1996 年才开始真正爆发，很重要的一个原因就是在那个时点，佣金制度得到了确立。这跟当时失业人员增加有一定关系，但本质原因还是佣金。那时候，营销员的收入是相当高的，也因此，保险公司召开创业说明会几乎是一呼百应。

近两年，国内的中小型保险公司的不少长期险产品，佣金也是一路飙升，甚至首期佣金达到 100％的也屡见不鲜。

5. 保险公司及股东的让利

同为华人社会，香港地区风险保障与长期储蓄型保险产品占据绝对优势，这对于理财型产品长期占据主流地位、如今已经确定"保险姓保"的内地保险业来说也具有很大的借鉴意义。

但是保险从业人员基本都知道，保障型产品销售难度比较大，佣金方面又没有显著优势，所以营销员不愿意销售，且之前往往销售惯了理财型大单，转变起来本身就存在一定困难，只有通过提高佣金比例去引导，营销员才会有动力。

但是有不少业内人士认为，如果提高现有保障型产品佣金比例，则将直接增加消费者的负担，因为"羊毛出在羊身上"。但是香港保险中同类产品为什么在费率不提高的前提下，会有高比例佣金呢？其原因就是保险公司及公司股东的让利，使保险产品在拥有高佣金比例的情况下，费率不会提高。

6. 高素质的营销员队伍

此外，内地保险营销员素质普遍偏低也被认为是造成大量高端客户选择赴港投保的重要原因之一。收入低则被认为是长期以来无法有效提高营销员素质的最根本原因，这同样指向现有的佣金制度。

相对而言，成熟的香港保险市场的代理人队伍素质普遍更高，经验也更为丰富。尤其是在内地赴港投保的热潮之下，在相对较高的佣金刺激下，越来越多的赴港求学者加入保险营销员队伍。不言而喻，这批来自内地的留港工作的年轻人，整体素质高，其中不乏各地状元级考生。

7. 离岸资产保护，以及对资产的全球配置

这一点也是香港保险的重大优势之一。通过香港保险，可以将人民币资产转化为美元资产或者港元资产。同时，内地高中产

家庭越来越多，寻求资产全球配置的需求越来越迫切，通过香港保险可以对资产进行全球配置。另外，人民币贬值预期及经济下行的趋势导致资本寻求更多的出路。

当然，香港保险除了上述优势外，还有不少弊端，在此不再一一列举。虽然很多人士对香港保险论断不同、观点不同，但是，香港地区作为亚洲经济发达地区，其保险业发展历程对于内地保险业来说，的确具有很强的借鉴意义。

五、网销车险保费持续下滑，互联网车险路在何方

从 2012 年至 2019 年，互联网财产保险经历了 7 年的发展，整个过程经历像坐过山车，2012—2015 年保费规模高速上升，又从 2016 年开始下滑，接着又开始回暖。究其原因，主要是车险费改的影响，车险费改导致网销优势荡然无存，互联网车险保费 2016 年下降 44%，除了 2018 年有点回光返照外，一直到 2019 年，互联网车险的大趋势是一路下滑。互联网财产保险的回暖主要是因为非车险的高速增长，截至 2019 年上半年，互联网财险非车险保费规模达到 233.86 亿元，第一次超过互联网车险（147.66 亿元）。因为篇幅和主题原因，本文只讨论互联网车险。在监管政策的影响下，互联网车险保费规模持续下滑，互联网保险的发展也受到重大影响。在现阶段，互联网车险发展道路还不明确，受车险费改影响较大的环境下，互联网车险的发展之路又在哪里呢？

（一）互联网保险与车险

互联网保险始终绕不开两个课题：一个是车险，另一个就是保险代理人。车险是财产险市场中最大的细分险种；标准化程度高，适合在互联网渠道销售。而保险代理人群体的重要性也毋庸置疑，超过 800 万的存量，是任何保险公司都无法忽视的主流销售渠道。在这里我们主要探讨一下互联网车险。

从互联网保险概念兴起，车险领域就涌入了大量的创业者，作为一种标准化的，与人们生活密切相关的，且体量足够大、使用频率较高的保险产品，车险几乎是所有保险产品中最适合通过互联网销售的保险产品。

随着互联网保险的大热，大多数财产险公司陆续开展了互联网保险业务，据中国保险行业协会数据显示，截至 2019 年上半年，71 家开展互联网财险业务的公司中有 60 多家开展了互联网车险业务。除众安、国泰、易安、安心等少数几家公司外，其他公司网销车险占比较大。

互联网车险的最大渠道已经由开始几年的第三方网络车险平台变为保险公司自用移动端。根据中国保险协会数据显示，截至 2019 年上半年，互联网车险业务贡献度最大的是保险公司的自营移动端，达到 67.62%；前几年最大的渠道第三方网络平台贡献度已经滑落到 8.36%。

根据中国保险协会数据显示，2015 年互联网车险保费达到最大规模 716 亿元，随后就是下滑趋势，到 2019 年上半年互联网车险保费收入为 147.66 亿元，并且第一次被互联网财险非车险超越（互联网非车险保费规模 233.86 亿元）。

（二）监管政策对互联网车险的影响

早在二次商车费改推行前，《中国保监会关于整治机动车辆保险市场乱象的通知》（以下简称《通知》）征求意见稿在行业流传，互联网车险领域就已经是一片风声鹤唳，正式《通知》下发后，相较征求意见稿有过之而无不及，互联网车险领域更是深陷迷茫。

《通知》明确指出：财产保险公司可以委托第三方网络平台提供网页链接服务，但不得委托或允许不具备保险中介合法资格的第三方网络平台在其网页上开展保费试算、报价比价、业务推介、资金支付等保险销售活动。

细致的规定几乎堵死了各种"变通"的可能，堪称针对互联网车险的史上最严规定。当时各第三方网络平台包括支付宝、腾讯在内，只能选择规避锋芒，进入冬眠状态，甚至干脆下架车险产品。后来支付宝、腾讯等大流量平台通过其他方式获取相关资质，陆续满足了监管要求。

其实，《通知》并不是单单针对互联网车险业务，但从实际效果来看，互联网车险却是受影响最大的业务领域。

从 2015 年 6 月开始推行新一轮商车费改以来，由于网销渠道15％的渠道优惠空间不再，其保费收入已经出现了明显下滑。数据显示，2015 年保费规模达到高峰 719 亿元，2016 年下滑到 307 亿元，到 2019 年上半年保费规模为 147.66 亿元，2019 年全年不超过 300 亿元。

当然，互联网车险之所以受到严格监管，也与互联网车险中的乱象分不开。伴随着互联网车险如火如荼地开展，车险线下常见的恶性竞争、销售误导、套取费用等也开始在线上加剧，甚至还出现了不给客户开具发票、保费直接收取净费等现象。不少平台只是换了一种方式违规，并不是真正的互联网车险，也缺少真正意义的创新。一直以来互联网车险领域的费用竞争现象也被监管部门所关注。例如，2016 年 12 月，滴滴发起的车险"双 12 促销活动"被监管叫停，平安财险、太保财险、国寿财险、阳光财险及众安保险先后宣布停止类似合作。

随着《通知》的下发实施，商车费改效应使互联网销售渠道失去了优势，尤其网销价格优势消失，以及后续监管部门加大对保险公司和互联网车险平台业务的审查，互联网车险中的违规操作业务受到抑制。上述多种因素导致互联网车险业务规模的大幅下降。

（三）互联网车险路在何方

在互联网保险如火如荼高速发展阶段，许多互联网公司和投资人（甚至不少保险业内人士）都将互联网当作工具，仅发挥着销售渠道的作用，将车险、航意险等标准化、刚性强的产品作为流量的突破口。然而，这既不是互联网的本质，也不是保险的本质，互联网应该回归互联网擅长的效率、分享、匹配、规模化的本质，保险应该回归保险对用户提供风险保障的本质。

下面梳理审视一下互联网车险市场的状况。

首先，已经存在的 60 多家经营车险的保险公司没有形成差异化的产品和思维，车险条款依然是传统的行业协会条款，基本是千家一面；产品定价基础都是一样的，车险询价就能发现，十几家保险公司的报价几乎一分不差；整个投保流程，就是把线下流程挪到线上的互联网化。本来应该在产品和服务上的竞争，一直以来却是在渠道费用上的竞争，客户的流量走向随着中介费用和返还价值的高低飘忽不定。

其次，互联网车险的网销平台主要来自三个方面，一是保险公司自建，如人保、平安等，大的传统保险公司依然占据互联网车险绝大部分市场份额；二是类似淘宝车险、网易车险、京东车险等综合型流量平台；三是那些声势浩大的创业平台，如最惠保、车车车险、OK 车险、优保联等。对于人保、平安及综合型流量平台等渠道，凭借品牌、服务、理赔等优势，可以将渠道费用返还给客户或者增加保险公司的利润。而对于互联网创业平台来说，风险投资、A 轮、B 轮融资款的补贴往往是大头，想靠"羊毛出在猪身上"的思路，不靠车险本身挣钱，而是通过形成产业链生态圈来获得另外方的广告或补贴，但是事实证明，至少在现阶段甚至未来几年，单纯靠费用补贴无法建立起竞争优势，甚至还可能成为自己的掘墓人。在互联网车险领域，大的公司更容易形成垄断，越大的公司成本分摊和理赔费用的控制越好，其综合成本率相对于中小公司具有 5～10 个点的优势。

最后，从整个车险市场来看，互联网车险并没有带来车险市场的增量部分，而只是常规存量部分的一个再分配。更具体到实操领域，产品创新、定价模型、理赔服务几乎跟互联网没有关系，互联网平台作为渠道，把现有的客户推介给现有的保险公司、拿走佣金，基本就结束流程了，属于一次性交易，在后期服务尤其是理赔上基本没有关联，少数平台有些通用的通告或者链接。显然，现阶段的互联网平台和其他车险中介渠道一样，并没有增加行业整体的福利，并不比传统渠道优越。

虽然互联网车险现状如此，我们还是看好互联网车险未来的发展，而未来在哪里呢？

互联网车险的发展必须等到新思路、新技术能够解决车险的内在问题。说到新思路、新技术，行业内外一直未停止探索和实践的脚步。比如，多家保险公司及保险科技公司正在研发的 UBI 保险（对车主的驾驶行为进行模型验证，并在此基础上开发的车联网保险产品，即 usage base insurance，简称 UBI）。UBI 保险是一种新型的车险，前几年已经在欧美兴起，国内也有不少公司在开发此类产品，甚至已经有了雏形。众安保险正在开发的产品就有 UBI 的影子。众安保险以合作共保形式联手，依靠众安和平安的大数据资源，以 OBD（车载诊断系统）、ADAS（高级驾驶辅助系统）、多通道场景式理赔服务体系等创新技术为驱动，力图将差异化定价和精准服务等未来车险概念变为现实。虽然现状不够理想，但是随着车联网技术的发展，将大大提升 UBI 车险推广的可能性。

再往远看，互联网车险应该和其他互联网保险一样，都将会场景化，将与新的场景完全融合。例如，将来无人驾驶汽车普及后，汽车的风险、出险后的处理方式、相关责任的界定、责任人都会发生很大的变化。那时候的车险可能会与现在的车险完全不一样，已经与场景水乳交融，是一整套风险管理方案，在客户的不知不觉中就完成了所有环节和服务。

互联网车险发展之路虽然漫长修远，但有志之士求索不断。

第 5 章

近年我国证券业发展的突出问题与监管对策

罗　刚

一、我国证券业发展的现状和主要问题概览

从 1990 年上海证券交易所和深圳证券交易所相继成立至今，中国证券市场已经经历了 30 年的风风雨雨，从无到有，取得了巨大的成就。除股票市场外，期货市场、债券市场和其他衍生品市场等也获得了长足的发展。证券市场为资源的优化配置和实体经济的发展做出了重大的贡献。

从收入和利润来看，根据中国证券业协会的数据，2019 年 133 家券商合计实现营业收入 3 604.83 亿元，同比增长 35.37%，合计实现净利润 1 230.95 亿元，同比大幅增长 84.77%（见图

5-1）。2019 年证券行业的净利润率回升至 34.1% 的正常水平，较 2018 年的 25.0% 提升了 9.1 个百分点。但可以看出当前证券行业的净利润率距离 2015 年的 42.6% 的历史最高点仍有较大差距。

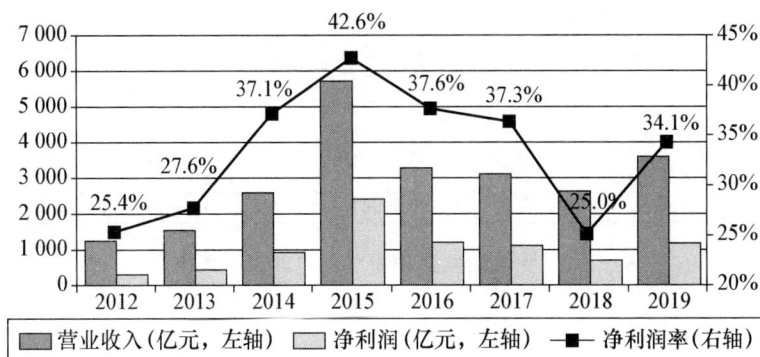

图 5-1　我国证券业营业收入与利润情况（2012—2019 年）

资料来源：Wind，中国证券业协会。

如图 5-2 所示，从 ROE 水平来看，2019 年证券行业 ROE 为 6.30%，较 2018 年提升 2.74 个百分点，回归近年来的正常水平。但不难看出，随着各家券商纷纷补充资本金以及行业重资产化趋势之下，行业整体 ROE 水平呈现下降趋势。

如图 5-3 所示，从业务结构上看，2019 年，各主营业务全线增长，其中信用、自营、投行、经纪、资管业务收入同比增速分别为 116%、53%、30%、26%、0.1%；业务收入结构变化明显，自营业务、经纪业务、投行业务、信用业务与资管业务收入占比分别达到 34％、22％、13％、13％、8％。

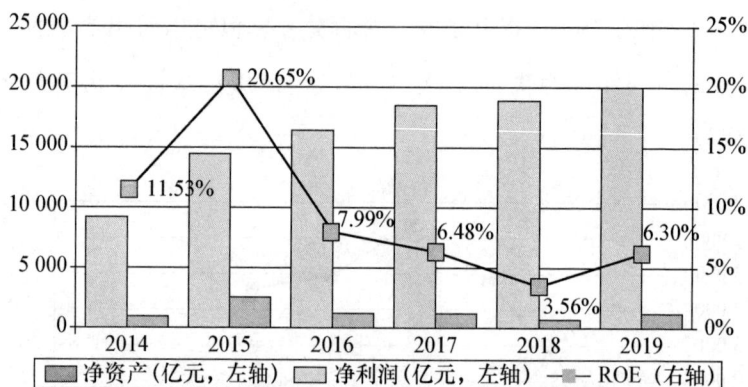

图 5-2 我国证券业 ROE 情况（2014—2019 年）

资料来源：Wind，中国证券业协会。

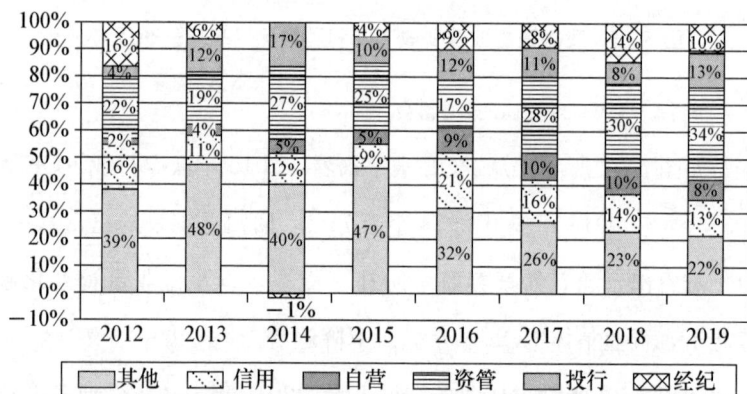

图 5-3 我国证券业各项收入占比情况（2012—2019 年）

资料来源：Wind，中国证券业协会。

　　信用业务方面，2019 年，在多重利好催化之下全市场两融余额持续攀升，由年初的 7 557 亿元提升至年末的 10 193 亿元，累计增加 34.88％。2019 年全行业股权承销金额达 15 330 亿元，同比增长 19.07％，其中 IPO 金额达 2 533 亿元，同比大幅增加 84.19％，创下近 8 年新高。债权承销方面，2019 年证券行业公司债、企业债、ABS 承销规模达 4.68 万亿元，同比大幅增加 30.14％，超越 2016 年 4.06 万亿元创下历史最高规模。2019 年全部 133 家券商合计实现经纪业务净收入 787.63 亿元，同比增长 26.34％。行业佣金率呈持续下滑趋势，历史上首次跌破万三（2019 年全年佣金率万分之 2.88，H2 佣金率已降至万分之 2.74），致使经纪业务收入贡献度进一步下滑，已经由 2015 年高点的 46.79％下滑至 2018 年的 21.85％。

　　但是，由于多方面的原因，证券市场在扩张的过程中也出现了许多问题，并且在旧的问题逐步得到解决的同时，新的问题也不断涌现，比如证券公司挪用客户保证金问题、股权分置问题以及股权分置改革过程中伴随的权证炒作问题等。与此同时，也有一些问题长期存在，例如股票价格操纵、内部交易、证券发行和交易过程中的利益输送问题等。

　　从 2012 年开始，中国证券业突出强调创新，开启了证券业的大扩张之路。为了促进证券业的创新，监管部门开始推动证券发行、资管产品注册等业务过程中的核准制向注册制转变，允许证券公司成立专业子公司进行传统业务以外的投资（如成立 PE 子公司、另类投资子公司等），允许券商资产管理计划、基金子公司专项资产管理计划等投资非标资产等。这一系列的政策转变配合整个金融行业金融脱媒和利率市场化的大背景，使得证券业的业务规模大幅上升，证券公司逐步平台化，下属的分公司、子公司、事业部等成为开展业务的主体力量。反过来，由于证券公司下属分公司、子公司、事业部等的业务高度积极性，又促成了整个金融行业的大扩张，具体表现在企业债务融资规模大幅扩张、券商资产管理业务规模大幅上升、金融机构同业资产急剧膨胀等各个方面。这就造成了整个金融体系都具有非常高的杠杆率，各类金融机构的分业经营和分业监管又使得通道业务盛行，金融体系对实体经济的支撑呈现结构化失衡（部分企业融资过度、部分企业始终融资难），甚至相当一部分资金在金融体系内空转，对实体经济并没有太大的帮助。

单就证券业而言，当前国内证券业面临的突出问题主要在于高杠杆、通道化以及违法违规现象依旧盛行三个方面。此外，作为主要的承销商和投资人，债券市场和非标市场的信用风险不容忽视。2016 年以来，监管部门将去杠杆列为当前金融治理工作的重中之重，伴随而来的则是对通道业务的调整以及对本身违法违规情况的治理。

中国企业加杠杆始于 2008 年，并自 2013 年以来呈现出加速态势，证券业在其中亦起到了不可忽视的作用，而以监管套利为主要特征的通道业务也获得了巨大的发展。从大的方面来讲，在整个金融体系去杠杆的大背景下，证券业的整个业务体系及其发展方向均需要调整，债务融资大幅扩张的势头亟须扭转，或者直接遏制，通道业务需要整治；从小的方面来讲，证券业大发展的过程中不可避免地出现了较多违规行为，需要从监管政策上进行梳理、调整，甚至拟定并出台新的监管政策对其进行规范和整治。

二、国内证券业的高杠杆问题及监管措施

（一）国内证券行业的高杠杆问题

次贷危机爆发之后，为提振经济，中央政府于 2008 年末推出四万亿投资计划并大幅降息降准，推动了一轮债券牛市，进而带来了地方政府融资平台（城投公司）的大发展，各地方城投公司发行的债券成为资本市场极为重要的投资标的。2008 年以前，政府融资平台还是新鲜事物，进入资本市场融资的也不多；2008 年以来，各类政府融资平台如雨后春笋般出现并进入资本市场发债融资。地方政府平台公司的融资途径包括银行贷款、信托贷款、企业债券、公司债券甚至是融资租赁等多种形式。目前，在金融市场整体负债率攀升的情况下，地方政府融资平台的资产规模和负债规模都在不断攀升。最近五年的债务扩张其实质是由以城投公司为载体的政府购买所推动的，杠杆基本都用在了"铁公基"

上面。

　　证券业在这一轮加杠杆过程中的业务发展也完全体现了加杠杆的思路。首先是债务融资业务的大规模发展。中国非金融企业债券融资主要由发改委、央行、证监会三个部门管理：发改委负责审批企业债，主要由证券公司承销；2005 年央行发文重启短期融资券，2007 年银行间市场交易商协会成立并开始主导短期融资券、中期票据、非金融企业定向债务融资工具（PPN）等的发行；2007 年，证券公司启动公司债的发行，07 长电债成为第一只在证券交易所市场发行的公司债，2015 年证监会推动非上市公司发行公司债。证券公司在证券发行过程中承担的是中介职能，但证券公司的尽调责任也是无法推却的，特别是少数证券公司在发行过程中还存在诱导或误导投资者等问题。债券违约有一个逐步常态化的过程，证券公司能否安然度过这个过程，是否会对金融体系造成较大的冲击，都是整个社会极为关注的问题。

　　证券业加杠杆的另一个表现在于资产管理业务的大发展。近年来资产管理业务快速发展，规模不断攀升，对促进直接融资市场发展、拓宽居民投资渠道、改进金融机构经营模式、支持实体经济融资需求发挥了积极作用。但是，规则差异、产品嵌套等问题也逐渐显现，市场秩序有待规范。资产管理业务发展中需要关注五方面的主要问题：资金池操作存在流动性风险隐患；产品多层嵌套导致风险传递；影子银行面临监管不足；刚性兑付使风险仍停留在金融体系；部分非金融机构无序开展资产管理业务。随着资管新规过渡期行将结束，其对于证券行业资管规模的影响日益深入。全行业资产管理规模由 2017 年第一季度的 18.77 万亿元快速下滑至 2019 年第四季度的 10.83 万亿元，三年间累计下滑幅度达到 42.30％。按照资管新规的要求，各家券商主动压缩通道类资产管理规模。

总的来看，证券行业过去几年盈利模式的转型主要依靠信用业务发展来实现利息收入的增长，然而当前信用业务的发展也遇到了天花板，证券业转型又一次走到新的十字路口；同时，资管业务自 2018 年以来成为监管重点，去通道、提升主动管理能力成为共识与努力的方向，资产管理业务成为证券行业转型新阶段的重要突破口。

（二）针对高杠杆问题的监管对策

1. 自 2016 年以来去杠杆成为金融业的重点任务

本轮金融去杠杆主要针对同业加杠杆投资的业务模式，在实际操作中同业链条嵌套层级可能更多，例如 A 银行发行同业存单、再购买 B 银行同业理财/同业存单，B 银行再进行委外甚至再次嵌套，这种多层嵌套的同业模式才是本轮金融去杠杆的首要着眼点。

2. 监管更加注意金融去杠杆和宏观经济平稳运行的相互协调

本轮金融去杠杆过程中，一方面，监管更加重视区分金融市场和实体经济，在加强同业监管和资产挤泡沫的过程中，努力呵护实体经济，政策选择和预期管理方面注重减少对实体经济的负面影响。另一方面，监管对于经济数据小幅回落的容忍度增加。

3. 本轮金融去杠杆的目标更加多元化

2016—2019年的金融监管主要落脚点在于非标资产及影子银行的快速增长，央行在本轮金融去杠杆过程中推行MPA宏观审慎监管，并多次在重要报告中对资产管理行业发展中存在的问题及未来监管思路进行阐述，说明本轮金融去杠杆央行的参与深度和广度较此前明显扩大，其监管协调的角色也更加重要。本轮金融去杠杆不仅是针对同业业务链条，而是要全面弥补监管制度的短板。在监管思路上也不仅是对于同业链条的资产端或负债端加强管理，而是对整个同业业务模式都进行限制。

三、证券业牌照租赁与通道化问题及监管措施

证券公司的牌照租赁在相当长一段时间内成为证券市场的一个突出问题。所谓牌照租赁是指：由于证券公司业务牌照的稀缺性，部分无牌机构为拓展自身业务便产生了借用券商牌照的需求，导致证券业务名义上是持有牌照的证券公司完成的，而实际业务则发生在第三方机构。这一现象使得牌照本身具备了较高的价值。由于监管机构对证券公司持牌资质的许可比较难以获得，牌照租赁成为证券行业一个比较典型的通道化现象，并出现了一定的寻租行为。证券公司的牌照租赁主要集中在投资银行业务和资产管

理业务两个领域。

（一）投资银行业务中的牌照租赁

随着资本市场的大发展，当证券公司在承销保荐业务中具有更大的自主权之后，券商的牌照在一定程度上成为稀缺资源。具体来说，不具备承销保荐资格的机构要完成该项业务，就只能担任财务顾问等角色，持牌券商仅仅在其中提供一个通道，而所有的材料制作等与发行上市密切相关的事项都由财务顾问来完成且财务顾问拿走大部分收入。如果该财务顾问本身就担任发行人高管、承销商高管或是主管部门关键岗位人员的关联人，此行为就涉嫌违法犯罪。另一种情况则是比较普遍的，目前券商大多采用多事业部制，即前端（承揽承做）放开而后端（风控合规）统一管理，前端往往采用业绩及费用包干制等做法。实际上相当于前端各个事业部租用了证券公司的投资银行牌照从事投资银行业务，尽管风控合规上要统一管理，但是团队之间的竞争使得公司投行业务风控标准不断下降，客观上是一种"劣币同化良币"的态势。换句话说，证券公司在这里仅相当于承担了合规风控任务的通道。

（二）资产管理业务中的牌照租赁

证券资产管理业务大规模兴起于2012年，原因在于通道业务大行其道。而通道业务之所以能够大行其道，根本原因在于信托收益权、财产收益权等非标资产能够纳入证券公司资产管理计划的投资范围。由于商业银行的资产出表和其他规避监管方面的要求，以及银信合作受到一定的抑制，银证合作（包括与基金子公司的合作）立即呈现出井喷态势。由于通道业务普遍被认为是没有风险的，最初的时候也基本不占用风险资本，因此证券公司和基金子公司相当于凭借自身的资产管理牌照躺着挣钱，银行、信托等委托机构则相当于向证券公司或基金子公司租借了相应的牌照以便完成自身的业务。资产管理牌照租赁的另一个模式也是事业部制，与投资银行的牌照租赁相类似。目前，大多数券商的资产管理部或者资产管理子公司都是多个事业部共用一个资管牌照，事业部负责承揽承做，风控、合规等由公司统一管理。资产管理事业部与投资银行事业部一样，最后都存在着事业部的业务压力和后台部门的风险规避要求的强烈冲突，且最终往往是风控合规部门让步。投资银行和资产管理业务的多事业部牌照租赁制度带来的往往是业务部门的急功近利造成风险严重累积，对最近几年的加杠杆起到了推波助澜的作用。特别是在货币政策宽松的情况下，投行部门积极发债，资管部门积极募集资金买债。极端情况下，企业将发行债券募集到的资金存到银行，银行找到券商委托投资，投资标的可能就是企业发行的债券。这种情况下券商必须加杠杆才有可能达到业绩比较基准。期限错配的情况下，资管部门要么面临巨大的流动性风险，要么为了追求高收益而面临巨大的信用风险。

目前，监管部门比较重视投资银行业务和资产管理业务中第一种模式的牌照租赁风险，第二种模式牌照租赁的风险则并没有引起足够重视。对于第一种模式牌照租赁尤其是通道业务的风险，监管部门已经采取了严厉的净资本管理措施，并已明确"通道业务迟早要消亡"，只是存在一个逐步的过程而已。

但对牌照租赁和通道业务等现象的取缔也绝不是一个平和的过程。首先，"前台承揽放开，多事业部承做，后台统一管理"这种模式存在一定的合理性，对证券类机构加强自身业务有促进作用；其次，从生存的角度来讲，近几年券商大规模扩招的专门从事此类业务的人员不可能一次性离开岗位，而这部分人仍然存在着做业务的需求；最后一点也是最重要的是，部分券商可能确实没有相应的业务开拓能力和管理能力，也没有相应的投后管理能力，需要前台团队进行善后处理。特别是银行、信托等机构的资产出表等非标业务，由于无法提前结束，也有一个逐步结束的过程。

四、股票市场违法违规问题及监管措施

尽管中国证券市场发展迅速、成就巨大，但在发展的过程中还是出现了诸多问题。早期比较著名的如 1995 年 "327 国债期货事件"、2000 年前后证券公司挪用客户保证金事件、2012 年爆出的基金黑幕事件、2007—2008 年的权证炒作事件、2013 年以来的债券市场打黑事件等，无一不深刻影响着中国证券市场的发展方

向。就当前的国内证券市场而言，突出的问题主要表现在一级市场利益输送、二级市场内幕交易及价格操纵、投资者教育程度不够等。

（一）股票市场一级发行定价及利益输送问题

股票市场的一级发行包括首次公开发行和增发两方面，增发又分为公开增发和定向增发。无论是首次公开发行（IPO）还是增发，都存在一定的定价偏差以及利益输送等问题。

1. 新股定价

新股溢价是各国金融市场普遍存在的问题，学术界称之为新股溢价之谜，各类研究文章也很多，但是一直都没有非常有效的解释。所谓新股溢价，指的是新股发行上市的价格（以 PE/PB 等指标衡量）要明显高出同类型股票的价格，经过一段时间后回到市场普遍水平。而在中国，新股溢价的效应更加明显，市场火爆的时候新股上市常常迎来连续多日的持续涨停，这也导致市场上"打新"产品层出不穷。新股炒作对投资者的损害是不言而喻的，相当多的新股在经历了最初几个工作日的涨停之后，往往进入持续的阴跌过程。这实际上是一个原有股东高位套现，新进机构投资人（以指数基金为主）和投机者（散户为主）接盘的过程。为了防止原有股东的高位套现，证监会在相关法规中规定：除了线上申购成功的投资者外，其他上市前的原有股东至少有半年的限售期。尽管堵住了这些股东及时套现的口子，但由于筹码被锁定，股票更易被炒作至高价，价格波动更加剧烈。投资者对新股的追捧导致发行人更倾向于高价发行。在发行 PE 受到限制的情况下，发行人往往会通过财务手段（在监管许可的范围内）做高每股收益，甚至出现了发行人进行财务造假的情况。其目的都是希望将股票以更高的价格卖给投资者。在经历了最初几天的炒作之后，股票价格多数情况下一路下跌，投资者常常会蒙受一定的损失。

2. 突击入股

新股发行市场的利益输送主要表现在 IPO 之前的突击入股等问题上面。掌握了 IPO 审批信息的机构或人员以突击入股的方式成为拟 IPO 公司的股东，或者股份本身成为寻租筹码。

3. 定向增发

定向增发更是成为利益输送的重灾区。目前，能够参与定向增发的机构包括各类企业（含证券公司）的自营账户、公募基金、基金专户、证券公司资产管理计划、信托计划等，其中大部分机构投资人所使用的都是募集来的资金。无论是自有资金还是募集资金，一般情况下参与定向增发的目的首先当然是获得利润，机构投资人往往会要求发行人给予一定的价格保障措施。发行人也往往选择在市场比较低迷的时候进行定向增发。在定向增发过程中，由于基金专户、券商资管计划、信托计划等类型的机构投资者的资金来自多个个人，而监管机构、管理人以及中介机构都很难对投资人进行彻底的穿透，因而这里面又出现了较大的寻租空间。

（二）股票市场信息披露问题

在最近几年的监管处罚案例中，信息披露错误或不及时的情况屡见不鲜。《公司法》和《证券法》对上市公司和拟上市公司的信息披露都做了严格、细致的规定，证监会对上市公司的信息披露亦制定了详细的规章制度。总的来说，证券信息披露的要求包括真实、准确、完整、及时、公平等五个方面。证监会以及证券业协会、基金业协会对上市公司和拟上市公司的信息披露工作也非常关注。对于信息披露违规尤其是造成市场不公平等严重后果的情况，监管部门应该从重处罚。

（三）财务造假与财务欺诈问题

财务造假与财务欺诈在国内外证券市场均屡见不鲜。美国证券市场的安然财务造假事件和世通财务造假事件轰动全球，并导致了安达信会计师事务所的倒闭。纵观中国证券市场的各类案例，尽管监管越来越严格，但是财务造假和财务欺诈问题依旧很严重。例如早期的蓝田股份、银广夏等事件，近年的天风节能、万福生科、康美药业、康得新、东旭光电等均是轰动市场的大案。部分上市公司热衷于财务造假和财务欺诈，其基本原因主要在于两个方面：（1）财务造假和财务欺诈的利益巨大。例如在 IPO 阶段，发行人采用虚构经济业务型财务造假的目的十分明确，就是为了符合发行条件顺利实现 IPO。（2）财务造假和财务欺诈的监管难度较高。财务造假和财务欺诈对投资者尤其是中小投资者的利益造成了严重危害。买到财务造假爆雷的投资者损失惨重，投资过程不堪回首。中小投资者面对上市公司的财务造假和财务欺诈，维权难度非常大。这也是当前证券业监管所面临的一个突出问题。

抑制上市企业财务造假与欺诈，要加强对发行上市企业的自律监管，将发行企业的财务核算系统的风险评估纳入监管范围，建立企业法人财务造假的责任追究追溯制度；加强对保荐机构核查的力度，建立健全证券监管机构和社会公众参与的核查机制，加大对中介机构过失的惩罚力度；加大对投资者的损害赔偿力度，改变以往处罚公司而再转嫁给投资者的情况，对数额较大构成犯罪的，要追究责任人的刑事责任，大幅度提高违法成本，彻底改变违法所得与付出严重不匹配的现状。

（四）内幕交易问题

内幕交易指的是内幕信息知情人利用尚未公开的信息获取不正当利益，典型的情况是上市公司董监高或发审委成员提前布局即将发布有利信息（如业绩大幅增长）的股票，待信息公布股票价格大涨之后卖出。内幕交易隐蔽性较强，是整个证券市场的顽疾。任何一个上市公司或拟上市公司本身的未公开信息一旦公开都有可能对证券价格造成影响，所有了解相关信息的人员都有可能从中获利。

（五）证券市场价格操纵问题

证券市场价格操纵主要是指某些机构或个人利用自身的资金和信息优势，通过人为主导证券价格以谋取不正当利益或减少损失的行为。《刑法》第182条列举的操纵证券价格主要包括利用资金或信息优势集中交易某只证券，与他人串通并以事先约定好的时间、价格和方式进行证券交易从而影响到证券价格和交易量的，在自己实际控制的账户之间交易等情形。2007年，中国证监会制定了《证券市场操纵行为认定指引（试行）》，认定了八种证券价格操纵方式，即除了连续买卖、约定交易、自买自卖三种操纵行为外，还有蛊惑交易、抢先交易、虚假申报、特定价格交易、特定时段交易等。针对机构及从业人员的违法违规行为，监管部门主要从事前防范和事后处罚两个角度进行防范和打击。

五、新时期我国证券业监管将向何处去？

1999年7月1日起正式实施的《证券法》以法律形式确认了证券市场的地位，奠定了我国证券市场基本的法律框架，使我国证券市场的法制建设进入了一个新的历史阶段。2020年3月1日起实施的新《证券法》，则标志着中国证券市场进入新阶段。新《证券法》以上海证券交易所科创板试点注册制为基础，明确了《证券法》规范的基本范畴，确立了以注册制为核心的多层次资本市场体系；建立了以持续经营能力判断企业发行上市条件的基本原则；规定保荐机构、承销机构及直接责任人、证券服务机构、发行人控股股东、实际控制人、董监高及直接责任人员与发行人因虚假上市对投资人承担过错连带赔偿责任并进行严惩；引入代表人诉讼制度加强对中小投资者的保护；引入奖励举报制度和高额惩罚机制规制和净化资本市场环境；引入长臂管辖制度规范资本市场全球化带来的证券市场失当行为；规范违法超比例举牌上市公司行为，限制超比例部分 36 个月不得行使表决权，解决了恶意举牌上市公司的难题；对证券市场交易结果恒定原则做了例外规定，解决了光大乌龙指等程序化交易事件引发的证券市场风险；严惩内幕交易、操纵证券市场行为。总的来看，新《证券法》对于本文中分析的证券业广泛存在的诸多问题都有比较明确的解释，新《证券法》必将成为中国资本市场改革的重要里程碑。

与此同时，随着国家金融稳定委员会和银保监会的成立，我国金融监管格局由"一行三会"转变为"一委一行两会"，金融监管秩序发生重大变化，分业监管的格局被初步打破，混业监管成为未来金融监管的大趋势。但不同于之前的各种猜测，当前三会并没有完全合并，证监会仍然继续负责证券业的监管，并继续负责对证券行业实施审慎高效监管。展望未来，证券业作为金融行业的重要组成部分，丰富企业直接融资途径、降低企业直接融资成本、加强投资者资金安全和利益保障将成为证监会监管改革的重要方向。证券行业新一轮改革开放已经拉开序幕，例如，科创板等一系列新业务蓄势待发，我国的金融开放正在不断加速、中国证券市场正在与国际快速接轨，一大批具有先进管理理念和风险控制措施的外资控股证券公司将不断进入中国，证券业也将迎来新一轮的持续、健康、高质量发展。

第 6 章

我国私募基金行业发展的现状、问题与监管

尹国燕　　柏二元　　顾绍桐

一、我国私募基金行业的监管现状与问题

我国的私募投资基金（以下简称"私募基金"），是指在中华人民共和国境内，以非公开方式向合格投资者募集资金，由基金管理人管理的私募证券投资基金和私募股权投资基金。

私募基金自出现之日起就对我国经济发展起到了积极作用，对于解决中小企业融资难、促进创新创业、支持企业重组、加速产业转型升级有重要作用，即私募基金能使资金配置更加合理，推动国民经济发展。现阶段，私募资金在我国社会中发展较快，但是在其发展过程中也存在许多问题。因此，针对私募基金现存

的问题采取一定的解决措施是十分必要的。私募基金的监管一直是市场关注的重点。由于不同国家私募基金行业的发展历程不同，其监管制度和内容也体现出不同的理念和原则。大致来说，金融自由化程度高、金融体系发展完善的经济体，私募基金监管相对宽松，更注重的是发展效率；而金融自由化程度低、金融体系发展不完善的经济体，私募基金监管方面更体现出安全原则。

私募基金投资包括证券及其衍生品种、有限责任公司股权、基金份额，以及国务院证券监督管理机构规定的其他投资品种。但是，私募基金从事除证券、股权之外的其他投资，尤其是以非标债权为投资标的时，涉及复杂的金融监管要求。诸多非标债权资产的投资可能不符合甚至违反债权类业务的金融监管要求，涉嫌影子银行，也容易因固定收益的业务模式形成募资端"保底保息"的安排或暗示，引发非法集资，因此加强对私募基金的分类监管尤为重要。

（一）我国私募基金行业的监管机构

目前，我国私募基金监管体系以中国证券监督管理委员会私募部为监督主管部门，中国证监会及其派出机构依法对私募基金管理人、私募基金托管人、私募基金销售机构及其他私募基金服务机构开展私募基金业务情况进行统计监测和检查；中国证券投资基金业协会为行业自律组织，两者共同组成了我国私募基金行业上级监督与自律监管的具有中国特色的私募基金监管体系。

1. 证监会私募部

2014 年 10 月，依据最新的《证券投资基金法》，中国证监会正式新设立私募部，机构职能包括：拟订监管私募投资基金的规则、实施细则；拟订私募投资基金合格投资者标准、信息披露规则等；负责私募投资基金的信息统计和风险监测工作；组织对私募投资基金开展监督检查；牵头负责私募投资基金风险处置工作；指导协会和会管机构开展备案和服务工作；负责私募投资基金的投资者教育保护、国际交往合作等工作。

2. 中国证券投资基金业协会

中国证券投资基金业协会成立于 2012 年 6 月 6 日，是依据《证券投资基金法》和《社会团体登记管理条例》，经国务院批准，在国家民政部登记的社会团体法人，是证券投资基金行业的自律性组织，接受中国证监会和国家民政部的业务指导和监督管理。根据《证券投资基金法》，基金管理人、基金托管人应当加入协会，基金服务机构可以加入协会。协会的主要职责包括：教育和组织会员遵守有关证券投资的法律、行政法规，维护投资人合法权益；依法维护会员的合法权益，反映会员的建议和要求；制定和实施行业自律规则，监督、检查会员及其从业人员的执业行为，对违反自律规则和协会章程的，按照规定给予纪律处分；制定行业执业标准和业务规范，组织基金从业人员的从业考试、资质管理和业务培训；提供会员服务，组织行业交流，推动行业创新，开展行业宣传和投资人教育活动；对会员之间、会员与客户之间发生的基金业务纠纷进行调解；依法办理非公开募集基金的登记、备案；协会章程规定的其他职责。

（二）我国私募基金行业的监管发展历程

私募基金的监管发展历程大体可以分为四个阶段。

1. 萌芽期（1985—2004 年）

科技系统对创业投资基金做了最早的探索。1985 年 3 月，国家科委牵头有关部委起草的《中共中央关于科学技术体制改革的决定》首次明确指出，"对于变化迅速、风险较大的高技术开发工作，可以设立创业投资给以支持"。随后，1985 年 9 月，经国务院批准，国家科委出资 10 亿元人民币成立了中国新技术创业投资公司。

国家财政部门也对产业投资基金进行了探索。1993 年 8 月，为支持淄博作为全国农村经济改革试点示范区的乡镇企业改革，国家经济体制改革委员会（以下简称"国家体改委"）和中国人民银行支持中国农村发展信托投资公司率先成立了淄博乡镇企业投资基金，并在上海证券交易所上市，这是我国第一只公司型创业投资基金。

2. 发展期（2005—2012 年）

2005 年 11 月 15 日，发改委、科技部、财政部等多部门联合发布《创业投资企业管理暂行办法》，定义了创业投资企业，并对其首提备案要求。同时，对创业投资企业提供一定的政策扶持：可享受国税总局的税收优惠政策。

2010 年，中国投资协会股权和创业投资专业委员会（以下简称"中国创投委"）经发改委批准成立，是国内首个经政府主管部门正式审批注册的全国性股权和创业投资行业协会组织，旨在宣传贯彻政策法规、推进理论研究和推动行业发展。

2011 年 11 月，发改委发布《关于促进股权投资企业规范发展的通知》，简单规范了股权投资企业的设立、资本募集与投资领域，并要求股权投资企业至国家发改委或省级备案管理部门备案。

2012 年 5 月，在发改委召开的全国股权投资备案管理工作会议上明确要求，各省级备案管理部门应在同年 10 月底以前，完成本地区股权投资企业备案管理规则的立法程序。

2012 年 6 月 6 日，中国证券投资基金业协会（以下简称"中基协"）经国务院批准后成立，是证券投资基金行业的自律性组织，接受证监会和民政部的业务指导和监督管理。

3. 壮大期（2013—2015 年）

2013 年 2 月，证监会公布《资产管理机构开展公募证券投资基金管理业务暂行规定》：符合条件的 PE 机构可从 2013 年 6 月 1 日起开展公募基金管理业务。

2013 年 3 月 18 日，发改委公布《关于进一步做好股权投资企业备案管理工作的通知》，要求各地抓紧推进股权投资企业备案管理制度建设、尽快出台地方性股权投资企业备案管理规则。各地方股权投资企业发起或管理公募或私募证券投资基金、投资金融衍生品、发放贷款将被认定为违规行为。

2013年6月修订颁发的《证券投资基金法》，在市场准入、投资范围、业务运作等多方面优化了行业业态，还将非公开募集基金纳入法律调整范围，拓展了行业的发展空间。

对于私募基金行业而言，2013年的基金法修订是个里程碑式的事件，正式将非公开募集基金纳入监管范畴，相当于给了私募基金正式法律身份。

2013年6月27日，中央机构编制委员会办公室（以下简称"中央编办"）下发《关于私募股权基金管理职责分工的通知》，明确将私募基金划归证监会管理，由证监会实行适度监管，保护投资者权益；发改委则负责组织拟订政策措施，两部门协调配合。

2014年1月17日，中基协下发《私募投资基金管理人登记和基金备案办法（试行）》，证监会正式接替发改委监管私募行业。

2014年2月7日，中基协私募登记备案工作开启第一个时期：初始探索期。这一时期，私募基金登记备案性质定位较为模糊，缺乏规则，属于登记备案的探索期，平均每月有765家机构申请登记，1 563只产品申请备案。

2014年5月，《国务院关于进一步促进资本市场健康发展的若干意见》为私募基金的发展方向定调：明确应建立健全私募发行制度、规范募集行为。对私募发行不设行政审批,并提出发展私募投资基金。按照功能监管、适度监管的原则,完善股权投资基金、私募资产管理计划、私募集合理财产品、集合资金信托计划等各类私募投资产品的监管标准。

2014 年 8 月 21 日,证监会发布《私募投资基金监督管理暂行办法》,从整体上规范私募投资基金活动,保护投资者及相关当事人的合法权益,促进私募投资基金行业健康发展。

2014 年 12 月 22 日,中基协私募登记备案工作开启第二个时期:全口径登记备案期。为摸清行业底数,响应商事改革和"双创"要求,该时期的登记备案不设门槛,大量背景各异、主业模糊或无明确展业目标的机构纷纷申请登记,登记数呈爆发式增长,行业良莠不齐、风险积聚。这一时期,平均每月有 2 016 家机构申请登记,2 294 只产品申请备案。

4. 回归本源期(2016 年至今)

从 2016 年初开始至今,证监会与中基协持续细化私募监管体系。尤其是进入 2017 年后,监管力度与深度持续增长。

2016 年 2 月 5 日,中基协私募登记备案工作开启第三个时期:底线审核和信用约束期。以《关于进一步规范私募基金管理人登记若干事项的公告》的发布为标志,中基协从登记备案源头开始,全面规范展业秩序和信用环境。

2016 年 7 月 14 日,证监会发布新八条底线《证券期货经营机构私募资产管理业务运作管理暂行规定》。

2016年12月30日，发改委下发《政府出资产业投资基金管理暂行办法》，自2017年4月1日起施行。该办法明确了政府出资产业基金的定义及范畴，并确立了管理体制，要求此类管理人在相关信用信息登记系统登记。此外，明确管理人实收资本不低于1 000万元，产品应委托商业银行托管。在投资范围上，该办法也明确规定此类基金应当以未上市企业股权投资为主，禁止明股实债等变相增加政府债务的行为。

2017年2月13日，中基协发布《证券期货经营机构私募资产管理计划备案管理规范第4号》，限制私募基金投向不符合国家相关产业政策的领域。

2017年2月21日，证监会发布《证券期货投资者适当性管理办法》，将投资者分为专业投资者和普通投资者，私募基金行业也在调整范围之内。

2017年3月1日，中基协《私募投资基金服务业务管理办法（试行）》规范了基金募集、投资顾问、份额登记、估值核算、信息技术系统等服务业务。此外，规定申请机构应当根据《私募投资基金服务机构登记法律意见书指引》的要求，在登记系统中上传法律意见书。

2017年3月31日，中基协发布《私募基金登记备案相关问题解答（十三）》，进一步提高了对私募基金管理人专业化管理的要求，规定同一私募基金管理人不可兼营多种类型的私募基金管理业务，明确私募基金管理人在申请登记时仅选择一类机构及业务类型进行登记，且只可备案与本机构已登记业务类型相符的私募基金，不允许此前所谓的全牌照、多牌照私募基金管理人的存在。对于此前已登记多类业务类型、兼营多类私募基金管理业务的私募基金管理人，该文件要求整改以落实相关要求，应当从已登记的多类业务类型中仅选择一类业务类型作为展业范围，确认自身机构类型。

2017 年 4 月 4 日，中基协发布《关于"资产管理业务综合报送平台"第二阶段上线运行与私募基金信息报送相关事项的通知》，资产管理业务综合报送平台第二阶段上线运行，明确要求管理人上传运营风险控制制度等 8 类制度，并且不再提示"退回补正超过 5 次，机构申请将会被锁定 3 个月"。同时全面启动私募基金从业人员注册管理功能。

2017 年 4 月 10 日，发改委印发《政府出资产业投资基金信用信息登记指引（试行）》，"政府出资产业投资基金信用信息登记系统"正式上线。根据《政府出资产业投资基金管理暂行办法》，中央各部门及其直属机构出资设立的产业投资基金募集完毕后二十个工作日内，应在全国政府出资产业投资基金信用信息登记系统登记。地方政府或所属部门、直属机构出资设立的产业投资基金募集完毕后二十个工作日内，应在本区域政府出资产业投资基金信用信息登记子系统登记。发展改革部门应于报送材料齐备后五个工作日内予以登记。

2017年6月28日，中基协发布《基金募集机构投资者适当性管理实施指引（试行）》，规范了基金募集机构销售行为，以使投资者适当性管理得到有效落实。该指引明确将投资者适当性匹配作为募集程序的必备环节，并规定了投资者分类、产品风险分级；以及投资者与产品风险匹配等内容，核心要求是将适当的产品或者服务销售或者提供给适合的投资者。指引于2017年7月1日起实施。

2017年8月30日，国务院法制办发布《私募投资基金管理暂行条例（征求意见稿）》，公开征求意见。条例的出台对完善私募基金的法律基础具有重大意义。征求意见稿首次对私募基金管理人股东/合伙人提出财务标准，规定了严格的董监高、执行事务合伙人及委派代表任职要求。征求意见稿还对私募基金的范围、私募管理人以及托管人的职责、投资者适当性管理等方面均作了明确的要求。此外，为贯彻相关规定，征求意见稿还对33类行为明确规定了处罚措施。

2017年10月，其他类私募零登记，其他类私募管理人登记数量零增加。实际上自2017年伊始，中基协就逐步收紧该类私募机构的登记。据统计，2017年8月1日至2017年10月27日，其他类私募管理人共新增13家，远低于此前每月的平均水平。

2017年11月3日，《私募基金登记备案相关问题解答（十四）》发布，明确了六种不予办理登记的情形。该解答明确中基协将定期对外公示不予办理登记的申请机构名称及不予登记原因，同时公示为该机构出具法律意见书的律师事务所及经办律师名单。此外，在该解答中，明确要求申请私募基金管理人登记的机构应当书面承诺：在完成首只私募基金备案前，不进行法定代表人、实际控制人或控股股东的重大事项变更。

2017 年 12 月 2 日，中基协会长洪磊在第四届中国私募投资基金峰会上做了《防范利益冲突 完善内部治理 推动私募基金行业专业化发展》的发言，提出任何基金产品都不能对投资者保底保收益，不能搞名股实债或明基实贷。

2017 年 12 月 20 日，中基协官网首次根据《私募基金登记备案相关问题解答（十四）》，正式开始披露不予登记的申请机构及所涉律师事务所、律师情况。

2018 年 4 月 27 日，经国务院同意，《关于规范金融机构资产管理业务的指导意见》正式发布，规范了非标准化债权类资产投资、产品净值化管理，要求消除多层产品嵌套、统一杠杆水平、取消刚性兑付等。

2018 年 11 月，中基协下发《私募投资基金命名指引》，其中提到，私募投资基金名称不得含有虚假记载和误导性陈述，不得对投资业绩进行预测，不得在未提供客观证据的情况下使用"最佳业绩""最大规模""名列前茅""最强""500 倍"等夸大或误导基金业绩的字样。

2019 年 12 月,中基协更新《私募投资基金备案须知》,系统性覆盖了私募基金的募、投、管、退全流程的备案要求和原则。

2020 年 3 月,中基协发布《基金经营机构及其工作人员廉洁从业实施细则》,规定基金经营机构及其工作人员在开展基金募集、投资交易、份额登记、估值核算业务时,不得输送或谋取不正当利益;不得干扰或者唆使、协助他人干扰自律管理工作(中基协进行的会员管理、机构登记和产品备案、组织资格考试、从业人员资格管理、制定自律规则、自律检查和纪律处分,以及法律法规规定的、证监会或中基协会员代表大会授予的其他自律管理职责);在信息技术服务外包、物品和服务采购、项目招投标、人员招聘等业务活动中,应建立严格的内部监督管理机制,不得违反公平公正原则,防范工作人员输送或者谋取不正当利益。

2020 年 10 月,中基协发布《私募投资基金电子合同业务管理办法(试行)》,明确了基金当事人及电子合同业务服务机构法律关系、各方权利义务,电子合同含义、法律效力及基本业务范围,规范了电子合同业务服务机构系统评测与认证、运营技术、数据管理等,并规定了中基协自律管理及过渡期安排等要求。

(三)我国私募基金行业的监管体系中存在的问题

1. 监管主体不明确,多头监管

我国金融业不断发展,对于混业经营等情况,在具体的监管过程中,就会出现监管主体不明确、多头监管等情况,很难实现有针对性的监管。如面临银行、保险公司等金融机构涉入基金行业，出现违法行为时，具体是由证监会、银保监会中的哪一家作为监管主体进行监管追责；同时在监管活动中，主要的监管单位之间沟通联系较少，被监管单位的信息没有互相通报，这也是造成目前中国私募基金业监管不力的一个重要因素。

2. 风险的监管不到位

中国证券投资基金业协会于 2012 年成立，在此之前没有一个实体的行业自律监管协会，都是由中国证券业协会代为管理，所以在私募基金领域也就长期没有对私募基金产品的设立进行备案，形成了许多僵尸基金，2016 年 2 月中国证券投资基金业协会公布《关于进一步规范私募基金管理人登记若干事项的公告》时做出的统计表明，目前中国有多达 69％的私募基金为僵尸机构；同时，私募基金由于其没有严格的信息披露监管要求，对于其具体的经营情况、基金净值、基金收益率等问题难以具体知悉，基金内部也缺乏专业的合规风控人员，对于专业的市场风险、行业风险、投资风险没有完整的内审制度，很容易出现市场风险和操作风险。目前我国私募基金的风险防范意识不到位，防范的机制不完善，虽有相关的规章制度，但相关的规章制度缺乏系统性，不能很好地衔接、配套。

3. 行业自律组织的建设仍需深入推进

和银行业、证券业、保险业一样，基金行业也成立了自己的行业自律组织来规范本行业的发展，协调本行业内部各参与企业的利益关系，维护行业的公平竞争和正当利益，促进行业发展，但是毕竟成立时间较短，实际操作经验较少，中基协影响力不够，很难预知到出台的文件、通知能否适应中国的实际，起到预期的效果。

二、我国私募基金行业监管改革仍在路上

（一）我国私募基金行业监管改革面临的挑战

1. 近几年来私募基金行业的发展乱象丛生

近些年来，我国私募基金行业发展迅猛，截至 2020 年 11 月末，在中国证券投资基金业协会登记的私募基金管理人数量达到 24 611 家，已备案私募基金实缴规模达到 15.91 万亿元（见图 6-1）。

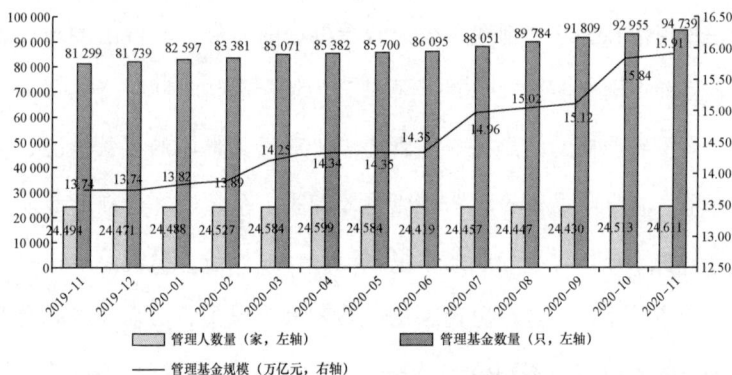

图 6-1　2020 年私募基金数量和规模

高速的发展也带来了许多比较严重的问题：从事违法违规行为，滥用官方登记备案信息，非法增信，长期未开展私募基金管理业务甚至根本没有展业意愿，机构内控制度不健全，自身缺

乏合规意识，私募基金信息报告业务不能按照规定持续履行等。2020 年上半年，中基协、证监会、各地证监局网站公开信息显示，共有 42 家私募违规实例，既涉及私募基金管理人，也涉及部分私募基金产品。高频违规情形包括保本保收益、向非合格投资者募集、未如实披露投资信息、侵占挪用基金资产等。这些问题已经严重影响到私募基金行业的形象和声誉，十分不利于私募基金行业的长远发展。

2. 私募基金来源少、规模小

我国私募基金行业目前发展还很不成熟，资金的来源稀少且规模有限，法律只是允许少量的保险机构和银行在允许的数额范围内参与私募基金的组织管理。造成我国私募基金来源少、规模小的原因还包括我国私募基金的私人投资者较少，且投资品类单一。2019 年，我国私募基金规模达到 14.08 万亿元，占同年 GDP 的比重为 14.3%，但美国等发达国家的私募基金管理规模超过中国 10 倍之多，GDP 的占比也远远高于中国。此外，和世界的平均水平相比，我国私募基金占国民经济的比例很小，没有对国家的经济发展做出应有的贡献。

3. 基金退出机制不完善、对冲工具受限制

当前我国的基金退出方式主要有股权转让和回购、清算首次公开发行等，但是后者的限制条件较多，且门槛高、成本高，一般的企业达不到这种要求，即使达到这种要求，所需要的承销费、

律师费和审计费用等各种费用也很高。同时，我国的新三板也存在一些问题，首次公开发行与回购、清算以及股权转让等这些方式相比收益率太低，因此许多私募基金都不以这种方式退出。此外，私募基金可运用的对冲工具相对较少，在经历了2015年的股灾之后，利用股指期货对冲限制较多，期权等诸多衍生品对冲工具较少，所以在私募监管方面，我国还有很长的路要走。

4. 大量非金融机构无序开展类资管业务

目前，市场上有大量的无资质的非金融机构开展类资管业务，例如将线下发行的资产管理产品通过线上分拆向非特定公众销售；向不具有风险识别能力的投资者推介产品；开展虚假宣传，误导社会公众；明资管产品，实非法集资等。如若不能对这些问题进行有效的监管，容易造成社会混乱。

5. 发育不成熟的二级市场资本流动性较差

私募基金是对被投资企业的中长期持有股权，因而资本流动性差是私募基金的一个主要特征，其追求的是在不流动的资本中获得投资收益。这个特征是一个不利的因素，国外私募基金发展成熟的国家都有和私募基金相同份额的市场，即专门为有限合伙人（LP）可以转让手中出资额的市场，私募基金的二级市场能够有效发挥出市场对私募基金的定价作用，进而推动私募基金市场的稳定发展。但是在我国的私募基金产业中尚未出现二级市场，加之私募基金存在流动性差的问题，这也是造成我国私募监管困难的原因之一。

（二）当前私募基金行业监管改革的发展趋势

近年来，私募基金行业发展势如破竹，行业规模大增。一方面，私募基金对产业转型升级作用巨大，对新产业、新技术的发展提供了足够的支持，在促进间接融资转向直接融资、多层次资本市场健康发展方面已经成为不可或缺的力量。另一方面，私募基金管理人鱼龙混杂、从业人员自律合规意识薄弱、一系列违规和风险事件频发以及监管空白等问题始终存在。政策上鼓励私募基金的政策没有发生变化，但伴随资管新规落地，私募基金行业的规范管理引起了监管层的高度重视，监管从严是大势所趋。

1. 监管日趋从严

据媒体报道，2016 年监管层制定了"7＋2"监管体系，从私募机构产品募集、登记备案、信息披露、投顾业务、从业人员资质等方面实行监管。2017 年以来，私募基金行业的严监管态度始终未变。2017 年 2 月，为了防止跨行业风险传播，实现经营业务分类监管，中基协对原有的私募管理人系统进行迁移和升级。2017 年 3 月，中基协发布了《私募投资基金服务业务管理办法（试行）》，对申请开展私募基金业务机构门槛、基金份额登记服务业务、基金估值核算服务业务、信息技术系统服务业务等诸多问题进行规范。由此，服务机构不得将已承诺的私募基金服务业务转包或变相转包。

截至 2020 年底，已有 978 家机构的私募基金管理人登记注销，其中主动注销 423 家、协会注销 541 家和依公告注销 12 家（见图 6 - 2）。

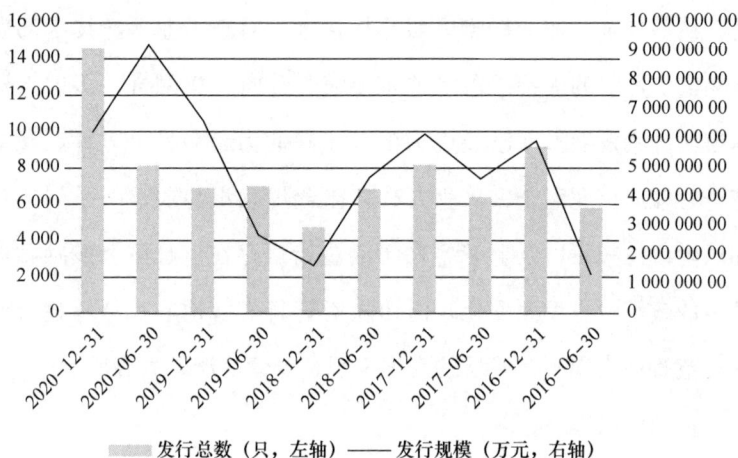

发行总数（只，左轴）　——　发行规模（万元，右轴）

图 6 - 2　私募基金行业的产品数量和发行规模

资料来源：私募排排网、同花顺 iFinD。
说明：发行规模统计基于实际公开的数据进行，但部分私募基金不公布该数据，所以统计值比实际值低。

在监管体系方面，考虑到私募基金监管涉及面较广，发改委、证监会、人民银行、商务部、财政部、外管局等多个部门都需要参与到监管工作中来。在现行的监管格局下，基于没有一个明确统一的部门来进行系统监管，相关政府部门的监管职能也无法明确划分，监管职责交叉或不清成为突出问题。因此，监管改革势必将逐步整合各部门，强化各部门间的信息互通机制，从而加强监管的协调配合，形成更具系统性和透明性的监管系统，明确对应的监管职责。

随着私募基金的法律体系越来越完善，监管层势必对私募基金提出更为严格的运营管理要求，而监管思路可能将趋向于为私募基金提供一个透明、公开、开放的市场环境，对具体业务模式的影响主要存在于资金来源和资金投向端，同时会进一步强化信息披露和合规审查。在一定程度上会对私募基金适度引导，尤其在配合国家战略层面，一定会存在政策鼓励。另外，监管改革在消除隐形的国资与民资的私募基金不平等方面仍会作出更多努力，充分激发民间资本的活力。

2. 解决信息不对称问题

近两年，中国私募基金行业突飞猛进，使得越来越多的高净值客户更倾向于把资金交给有专业投资能力的机构打理。根据瑞士信贷《2019 全球财富报告》，截至 2019 年年中，中国有 1 亿人财富名列全球前 10%，首次超过美国，后者为 9 900 万人。600 万～1 000 万元是达标的门槛，约六成高净值家庭的可投资资产位于这一区间。可投资资产在 1 000 万元以上，则呈现财富量级和人群数量的指数级分布。可投资资产在 1 000 万～3 000 万元的人群占比 27.9%；3 000 万～1 亿元的人群占比 9.8%；1 亿元以上的人群占比 2.7%。但由于国内投资者对私募基金的了解有限，在投资私募产品的过程中，信息不对称的情况常常出现，而投资者往往处于劣势地位。从保护投资者利益的角度出发，监管改革的发展势必将出台更多相关法律来提升信息披露要求以解决私募基金与投资者之间信息不对称的问题。

倘若没有强有力的外在监管与约束机制，私募基金与公司串谋，进行内幕交易、操纵股价等违法行为的概率将会大大提升。这是由资本逐利的本质决定的。基于欧美及新加坡等地对私募基金行业的监管经验，监管层势必将对私募基金的信息披露提出更严格的要求，从而控制相应风险。同时基于科技革新，监管层势必将广泛运用金融科技手段，利用大数据、云计算、人工智能等信息化手段来促进监管的智能化、精准化和科学化，加大对违法违规行为的行政处罚力度，最终有效减少目前存在的诸多信息不对称问题。

3. 进一步完善退出机制

私募基金投资的最终目的是从投资中获得回报，而回报以"适时、适地"的退出来实现。尽管近几年我国私募基金行业获得了爆发式增长，但是国内目前私募基金退出的方式比较单一，运营操作也不够规范，私募基金的退出机制尚不健全，退出渠道依旧比较狭窄。依据政府工作报告提出的关于"支持优质创新型企业上市融资，深化多层次资本市场改革"内容，监管改革方面仍将按照政府工作思路，进一步完善有关拓宽私募股权投资基金退出渠道的相关制度建设。同时在现在私募基金相对成熟的退出模式中深化改革，进一步简化手续，缩短周期，从外部环境方面促进私募基金提升效率，推动经济高质量发展。

此外，在配合资本流通循环的过程中，良好的中介服务机构的作用也不可替代。监管改革在规范和引导中介机构向私募基金行业提供服务方面将会有更多的相关细则出台，强化其服务职能，这样有助于加快资金周转速度，提升资金利用效率，在提升私募基金行业发展速度的同时也促进了其他有关行业的发展。

4. 合理制定行业门槛

在从业人员方面，基金管理人的个人操守难以衡量，如果管理人不遵守合同，并且存在违法违规行为就会给投资人和市场带来巨大危害。除了出台更适应市场的监管制度外，监管改革的方向最终应落在正确地引导市场主体行为和培养市场参与主体的合法合规意识上。在这方面，笔者认为监管改革的发展将提升基金管理人资格认定的标准，这样有助于培养大量高素质专业人才，从而避免大量的道德风险，改善基金运营效率，最终实现保护投资者利益和维护市场"三公"原则的根本目标。

在合格投资者方面，资管新规的出台一方面使得合格投资者的门槛大幅提高，另一方面也对合格投资者的规定作出了完善。私募基金行业的监管改革通过抬高准入门槛来规范私募市场健康发展，淘汰虚假私募和空壳私募，从而维护私募基金的市场秩序。由资管新规带来的降杠杆、除嵌套等诸多限制可能对私募基金的资金来源造成不小的压力，笔者认为在引入民间资金、国际资金方面，也将会有更多细则出台来支持私募基金的发展。

三、私募基金监管应有"松"有"放"

借鉴海外私募基金监管的经验及其最新发展，结合我国文化特点、个人理财能力及习惯和风险承受水平，必须在严控私募基金引起的潜在社会风险的基础上，对私募基金监管有"松"有"放"。

目前，从世界范围来看，私募基金的监管主要分为两类，一是以美国为代表的形成相对完备的法律监管体系模式，二是以英国为代表的行业自律为主、政府监管为辅的模式。美国以严厉的条款和严格的市场准入制度，实现监管目标，主要从投资人数限制、投资者资格限制、发行限制和信息披露等四个方面对私募基金进行规范，把监管重点放在私募基金投资人资格和销售渠道管理上，不允许没有自我保护能力和风险承受能力的投资者参与私募基金，控制单个私募基金风险所波及的投资者数量和分布面，避免投资亏损引发社会风险。而英国对于私募基金的监管更多地体现在信息披露和传播分享上，由此达到自律监管的目的。

参照国外私募基金发展、监管经验，并且结合我国私募基金实际发展状况，我们认为加强法律规范和市场化监督的结合更适合我国私募基金的发展。即给予私募基金合法地位、在市场准入方面严格法律限制，而在基金管理、投资、退出等方面发挥市场机制作用。原因有以下四方面：一是私募基金法律地位的确立可以让市场参与者及政府监管有法可依；二是对私募基金采取严格的市场准入制度，对投资者、发起人及管理人等进行严格的限制规范，可以增强私募基金市场的成熟度、风险认知度及风险防范意识；三是依据私募基金的运行机制，若政府在管理、投资及退出方面过度监管，可能压缩其自由发展空间，造成效率低下；四是随着市场参与者日臻成熟及国际金融资本的参与，市场参与者已逐步学会自我保护，并建立了行业自律组织。因此，我国私募基金监管的发展应该侧重于建立市场化的监管框架，尊重市场规律，把法律规范和市场化运作作为其监管的重点。

总的来说，中国证券投资基金业协会及证监会私募部目前出台了一系列的规范性文件和法规，有意将市场与监管部门的博弈向由市场各主体间的博弈转变，通过在注册登记标准、行业行为准则和事中事后监测处罚多方面透明公开化，从登记备案、从业资格、合格投资者确认、资金募集、募集主体、募集程序、账户监督、冷静期、回访确认、投资运作、信息披露、内部控制、投后管理、风险管理、募集机构和人员法律责任等多方面来维护市场各主体间的秩序，加强诚信建设和行业自律监管，从而实现行业可持续发展。

第7章

我国信托业发展面临的主要问题和监管对策

付　伟

一、以史为鉴——国内信托业和信托业监管发展历史回顾

信托，作为地地道道的舶来品，在我国漫长的社会经济历史中存在时间不长，直到 1921 年 8 月，在上海成立了通商信托公司，才正式标志着我国信托业的开始，再到 1935 年中央信托局的成立，才宣告了官方第一次有意识地把信托公司和信托制度纳入社会经济活动的管理中来。遗憾的是，伴随着战火与社会动荡，信托行业快速发展的基础并不存在，直至中华人民共和国成立前都没有获得实质性的发展。中华人民共和国成立后，在"一边倒"的政治格局下，政府牵头的高度集中化计划经济体制建立和实施，

信托作为市场经济的组成部分失去了其存在的客观条件，致使我国信托行业的发展陷入了停滞状态，各家信托公司陆续停办。

（一）改革开放后国内信托业快速发展，但监管缺乏整体性，各类案件频出

20 世纪 70 年代末，以实践为根本的经济结构转型调整逐步深入人心，随着经济改革的一步步深入，要求有与之相适应的灵活融资方式来改善当时金融体系结构的不合理状况，国务院、中国人民银行先后颁布了一系列文件和规定鼓励信托业的发展。从 20 世纪 80 年代中期开始，各家银行、地方政府等主体纷纷设立了信托公司，使其成为掌握大量金融资产的一类综合金融机构，并且在经济生活中发挥着较为重要的作用。但由于信托监管体系和法律法规的缺失，信托行业和信托公司缺乏明显的功能定位和有效的法律约束，我国信托业的发展严重偏离轨道。信托公司的存在更多带有补充体系活性的特征，我国信托公司在成立伊始就带有明显的银行化趋势（这个特征和 20 世纪 30 年代信托雏形阶段有相似的表征），在信托公司体系下形成了银行、证券、基金和期货等多品种全牌照的混业经营模式，真正发挥信托制度优势的特色业务比例很小。在那个时期，信托公司的主要业务是信贷业务，但缺乏有效的监管和完善的公司治理机制，管理混乱造成了较大的经济损失，我国对其进行了一系列的整顿。第一次是 1982 年，主要内容是将计划外的信托投资业务统一纳入国家信贷计划和固

定资产投资计划，进行综合平衡；第二次是 1985 年，主要内容是清理整顿信托公司现有业务并停止审批新的信托贷款和信托投资；第三次是 1988 年，主要是严格信托业务规范并对各主办单位下的信托公司进行大量撤并；第四次是 1993 年，主要是停止所有银行向各类非银行金融机构的资金拆借，开始"银信分离"。海南国际信托的破产作为这轮畸形发展的一个阶段性高潮，规模之大、案件影响之广泛以至于影响了国家正常的经济秩序。从前四次信托行业爆发系统性问题并进行监管整顿的历史看，信托行业监管突出在监管的窗口指导或者称之为行政性命令上，监管在体制的构建上缺乏系统性的安排，主要特征是没有立法的支持，整顿停留在"头痛医头脚痛医脚"的状态，常常出现"按下葫芦浮起瓢"的现象，监管效果非常不明显。信托业作为金融行业的一个另类，在成立伊始就以一个"坏小子"的形象出现在公众的视野中，信托行业发展的历史也是信托行业监管发展的历史，信托行业监管的发展又在促进着信托行业的良性发展，可以说我国信托行业和信托行业监管的发展相辅相成，这种相互关联的紧密程度在国际金融行业的发展历史中也是非常罕见的。

（二）第五次信托业整顿开始了信托行业的监管重构，以《信托法》为基础构建了信托系统的顶层架构，目前的信托监管格局出现

在这种情形下，金融管理当局从 1995 年起开始清理整顿信托

投资机构，从 1999 年开始的第五次信托业整顿也迎来了新一轮的信托行业立法高潮，正式明确了境内金融行业分业经营的格局特征，这也是和国际金融市场的主流观点相适应的一种举措。

基于《商业银行法》和《证券法》的定位和前期铺垫，我国分别于 2001 年 4 月和 2002 年 6 月颁布了《信托法》和《信托投资公司管理办法》，对加强信托投资公司的监督管理、规范信托投资公司的经营行为，从而促进信托业的健康发展起到了重要作用。伴随着监管办法的出台和各种问题的清查整改，各家信托投资公司的业务陷入了缓慢发展的阶段，信托行业在金融体系的重要性一落千丈。2007 年《信托公司管理办法》的推出，使我国信托业发展进入了新的阶段，各家信托公司在甩掉历史包袱以后，进入了加速发展期。2010 年《信托公司净资本管理办法》的颁布，为信托公司的阶段性整改画上了一个相对完整的句号。信托行业和信托公司的发展进入了有法可依、法条自洽的阶段，信托公司的内部制度创新和外部业务升级也有条不紊地开展起来。伴随着2012 年以后银行体系表外业务的发展，信托公司也经历了中国金融史上史无前例的一轮高速发展。

进入 2015 年以后，信托行业的规模超过 10 万亿元，信托行业在金融各个子行业中排名稳居第二，行业影响力日益提升，信托行业的监管架构也不断完善和丰富，截至目前形成了银保监会信托部为主导，信托业协会、信托登记公司和信托业保障基金为辅的监管格局。在此，我们也回顾一下这四个监管主体的发展历程：

（1）2015年3月，中国银监会内部监管架构变革，正式成立信托监督管理部（之前由非银部管理），信托行业被正式独立出来进行监管，体现了监管对于信托行业的高度重视。

（2）中国信托业协会成立于2005年5月，是信托业的自律组织，于2015年推出《信托公司行业评级指引（试行）》，简称"短剑"体系（CRIS），包括资本实力指标、风险管理能力指标、增值能力指标和社会责任指标四个方面。该评级体系与银监会的《信托公司监管评级与分类监管指引》（2014年8月修订）相互补充。信托业协会试图通过评级体系来规范引导信托公司的良性健康发展，但从目前实务的角度看，影响力相对有限，特别是评级体系的部分指标设定合理性存疑，需要在实际运作中不断调整与磨合，这项工作任重道远。

（3）中国信托登记公司（以下简称"中信登"）于2016年12月26日正式揭牌成立，其中中债登持股51%，中信信托、重庆信托、中融信托、建信信托、上海信托、民生信托、中航信托、平安信托等8家信托公司分别持股3.33%，中国信托业协会和中国信托业保障基金分别持股0.33%和2%。中信登的业务范围包括：信托产品、受益权信息及其变动情况登记，信托受益权账户设立和管理，信托产品发行、交易、清算、结算、估值、信息披露、

查询、咨询和培训等服务以及部分监管职能。中信登的成立标志
着过去银监会信托备案体系的一个阶段性终结，中信登在承接备
案机制以后更远的目标是加强信托产品的有序流动，促进信托产
品的二级市场流动，但截至 2018 年并未有根本性的进展。信托产
品的标准化发展需要的不仅仅是监管牵头，更多的是信托公司基
于顶层设计的努力，在产品结构设计层面、信托合同标准、信息
披露等方面投入更多的精力和关注度，才有可能真正达到委托人
和监管期望的状态。我相信，这也是中信登将 8 家信托公司纳入
股东范围的一个重要理由。

（4）中国信托业保障基金于 2014 年 12 月 12 日成立，是主要
由信托业市场参与者共同筹集，用于化解和处置信托业风险的行
业互助基金。以中信信托、平安信托为代表的 13 家信托公司和信
托业协会联合出资，截至 2017 年 6 月 30 日，信托业保障基金规
模突破 1 100 亿元人民币，规模初显，在目前信托行业坏账率相对
较低的情况下，对于委托人（投资人）起到了一定程度保驾护航
的作用。

（5）2018 年 4 月 27 日，央行、银保监会、证监会、外汇局联
合发布《关于规范金融机构资产管理业务的指导意见》（简称资管
新规），后续银行理财新规和证券新规也陆续出台。资管新规推出
的背景是当前同类资管业务的监管规则和标准不一致，以及由此
导致的部分业务发展不规范、监管套利、产品多层嵌套、刚性兑

付、规避金融监管等问题，资管新规的主要目的在于规范金融机构资产管理业务、统一同类资产管理产品监管标准、有效防范和控制金融风险、引导社会资金流向实体经济，更好地支持经济结构调整和转型升级。资管新规的推出，是我国金融监管特别是信托行业监管的一个里程碑事件，这是我国金融历史上第一次大范围的跨行业监管实践，标志着监管套利时代的终结，对于信托行业的合规、规范发展起到了至关重要的作用。

（三）信托立法和信托监管对于国内信托行业的发展具有重要作用

目前信托监管的顶层架构已经初具雏形，未来需要从信托实务着眼，进一步完善监管体系，才可以为信托行业的良性发展起到保驾护航的作用。

回顾信托行业和信托公司在我国的发展历史，可以清晰地看到，信托作为金融行业的一个重要组成部分，监管体系和制度体系的建设关系其根本性的发展。新一法两规的出台构建了信托行业相对完整的顶层架构设计，让信托行业告别过去野蛮生长（发展—整顿—再发展—再整顿）的阶段，彻底根除历史上"一放就乱，一管就死"的行业弊病。而资管新规的推出则标志着我国金融监管的联动性进一步增强，"头痛医头脚痛医脚"的现象也成为历史，监管具有更强的体系性和针对性。伴随着资管新规的落地，信托回归本源将成为大概率事件，信托也将继续在我国金融体系和经济生活中发挥极大的影响力。

　　回到本章所想重点探讨的内容，我认为，无论是从历史经验，还是行业现状看，完善的监管体系和法律体系对于信托行业的健康有序发展具有根本性的作用。信托是一项舶来品，但在国内的落地生根却走出了一条独特的道路：一项法律制度演化为一个金融细分子行业，而信托公司凭借信托制度和贷款资格在金融行业中形成了自己的比较优势，在"四万亿"和"大资管"两波历史洪流中，被造就为一个规模达 20 万亿元的行业。在这个规模不断膨胀的过程中，国内的信托行业和信托公司距离在经济和社会生活中发挥重要制度优势的定位已经出现了较大的偏离，影子银行等称谓一方面反映了其次级信贷的作用，另一方面也昭示了其监管套利属性对于国家财政货币政策执行的穿透。站在新的大形势下，人口红利慢慢消退，以城镇化进程为主要推动力的经济增长模式到了必须要转型的关口，在"脱虚向实"和"回归本源"的背景下，监管作为那只"看得见的手"，在此时必须要有进一步的动作。从 2018 年开始落地的资管新规和后续以 2019 年银保监会下发的《中国银保监会信托部关于进一步做好下半年信托监管工作的通知》（简称 64 号文）为代表的监管政策出台，正是暗合了这样的逻辑主线。

　　从目前的实务来看，现有的监管设计依然是不足的：一方面，严控以监管套利为主的银信合作，是一项长期的工作，以银行和信托公司资金池清理为主要特征的这项工作任重道远，大量的底层资产在不影响经济、金融和投资者的情况下，以何种方式进行重新排布调整，需要金融机构与监管部门的协作和智慧，这个颇具难度的变化与调整不应是"一刀切"的命令式推进，而更应体现监管的艺术；另一方面，框架性的顶层设计虽然构建了一个相对完整的监管外延，但在具体的许多制度设计上依然存在可以继续完善的空间，让信托公司成为一种具有特点、回归其本源的公司类型，需要监管在制度上进行长周期的谋篇布局。脱离贷款资格，信托公司依托于其强大的 SPV 属性，又有哪些好文章可以做？值得我们期待。展望未来的信托行业发展方向以及潜在的监管对策，我认为应该下沉到信托行业和信托公司（例如《信托公司股权管理暂行办法》）乃至很多信托制度的周延中来（例如慈善领域的相关立法和慈善信托），从具体实务中着力，从工作中挖掘信托行业和信托公司的不足，展望未来潜在的政策调整空间，进一步完善信托体制，使得这个舶来品在中国经济的发展中发挥更为关键的作用。

二、国内信托行业短板在哪里？——依赖监管套利，核心竞争力不足

信托行业在近 15 年内快速发展，具体表现是信托公司的资产管理规模和盈利能力大幅度提升。2002 年底，我国信托资产余额

仅有 7 000 亿元人民币，2008 年全球爆发金融危机时信托行业规模尚不足 1.5 万亿元，伴随着四万亿的宏观宽松政策，信托作为金融体系中银行的重要补充，信托公司管理资产规模进入了高速增长的通道。作为大资管元年的 2012 年，信托资产规模突破 5 万亿元。3 年增加了 2 倍有余，10 年时间增长了 6 倍左右。2012 年之后，我国信托业开始快速发展，2017 年底信托资产余额达到 26.25 万亿元。大资管的最初五年，信托资产实现超过 5 倍的增长，信托行业稳居国内金融行业第二名。但是在喜人的数据背后，可以很清晰地看到，信托行业规模的快速增长受益于信托公司与银行的深度合作，信托具有的破产隔离等先天性的制度优势体现极其不明显，信托资产管理规模中超过 60% 的比例是事务管理类业务，其余能够体现信托公司主动管理特征的业务更是有限（相当一部分主动管理的集合信托业务仍有事务管理特征，比如信托同保险资管合作的类通道业务，信托合同表现为集合主动管理产品，信托向银监会备案或在中信登预登记也体现为主动管理，仅在合同的部分细节上通过发生风险事件时召开受益人大会等形式确定其通道特征），更多的是利用监管赋予的贷款资格和不穿透的监管空间，作为银行的影子进行套利。一句话概括下来，信托公司虽大不强，资金资产经常两头在外，核心竞争力不足。

值得关注的是，尽管近年来信托监管反复提及加强信托公司的主动管理能力，但实际效果并不尽如人意。从数据上看，在金融监管加强的 2017 年，信托业仍然一枝独秀保持快速增长，特别是在其他通道（如基金子公司、券商资管等）规模明显压缩的情况下，信托资产余额全年反而大幅增长了 6 万亿元，规模从 20.22 万亿元大幅增长至 26.25 万亿元。

进入 2018 年，监管重点由银行转移至信托，资管新规等政策细节逐步落地，并且监管开始查缺补漏，信托业规模面临萎缩。如图 7-1 所示，2018 年第一季度，信托资产余额规模下降 0.64 万亿元，这是 15 年以来的第二次下降（第一次为 2015 年第三季度下降 0.25 万亿元），不得不引起警惕。截至 2020 年初，信托行业的资产余额持续下滑，从监管层面喊了多年的"狼"终于要来了。

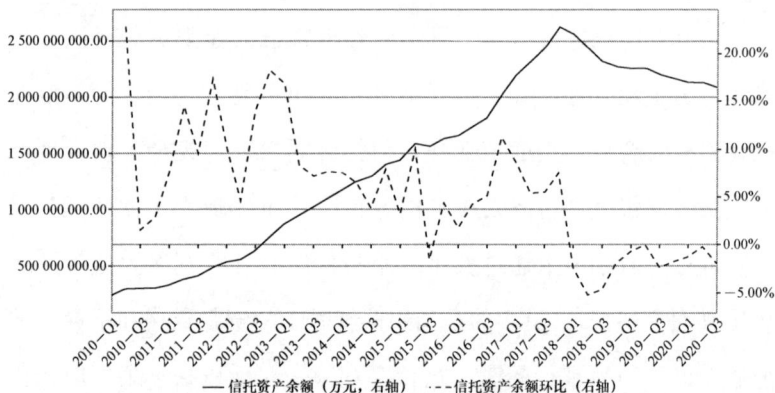

——信托资产余额（万元，右轴） ---信托资产余额环比（右轴）

图 7-1 信托公司管理资产余额与环比变化

结合信托公司的实务来看，我认为信托公司的核心竞争力不足主要体现在以下两个方面：

一是信托公司资产管理规模扩张严重依赖银行的通道业务，信托资产中通道业务占比过大，信托公司沦为银行的影子。

2007 年至 2008 年上半年，为了应对国内过热的经济与通货膨胀，央行开始限制银行贷款规模的增长，包括加息、提高准备金率、直接控制信贷规模等。为了突破贷款限制的束缚，银行便借道信托公司发放贷款，银信合作也由此迎来了第一个春天。2008 年金融危机爆发后，央行货币政策进入宽松周期，中央也推出四万亿投资计划，市场流动性极为宽松，地方政府为筹集基础设施建设资金而产生了强烈的融资需求，而工商企业扩张产能也急需资金，这再次为银信合作业务的爆发式发展提供了千载难逢的机遇。2008 年 12 月 4 日，银监会印发了《银行与信托公司业务合作指引》，对银信合作业务进行一定程度的规范，也意味着银行理财资金通过信托通道发放贷款这一银信合作模式得到了监管部门的许可。如图 7-2 所示，对于银行而言，银信合作使得银行可以通过信托绕道为企业放贷，规避监管；对于企业而言，房地产公司、融资平台公司等具有强烈的融资冲动；对于信托公司而言，信托是当时唯一的通道。信托很好地充当了银行和企业间的通道，信托资产规模也迅速膨胀。2006 年信托资产仅 3 361.51 亿元，2008 年即突破万亿元大关，2010 年达到 3.04 万亿元，首次超过基金管理的基金资产规模。而在这 3 年的规模爆炸式增长中，银信合作的贡献超过 50%，这个阶段的银信合作奠定了信托业快速发展的基础，也成为之后大资管行业其他业务创新的鼻祖。

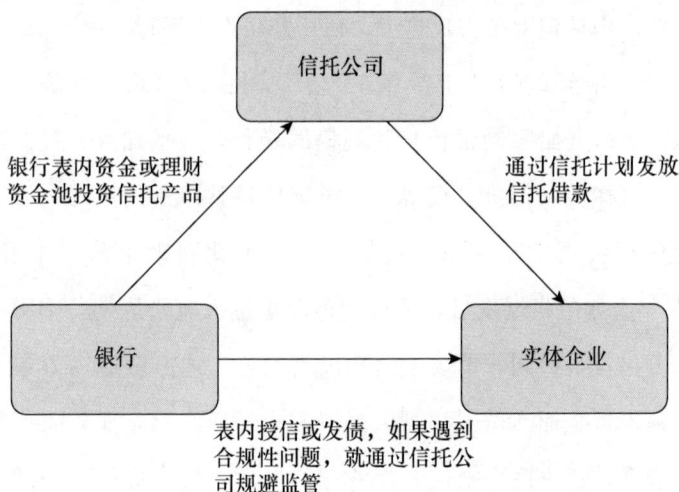

银行表内资金或理财资金池投资信托产品

通过信托计划发放信托借款

银行

实体企业

表内授信或发债，如果遇到合规性问题，就通过信托公司规避监管

图 7 - 2　银行、信托公司与实体企业的关系

通过图 7 - 3 可以看出，从 2010 年开始，单一资金信托占比便开始大幅攀升，不仅规模大幅增长，在信托资产余额中的比重也不断升高。2017 年 11 月资管新规征求意见稿的推出，通过监管的统一合力，基本将银信合作水平控制在历史的范畴中，信托行业的单一资金信托产品占比慢慢下降。在资管新规征求意见稿的推动下，截至 2018 年一季度，单一资金信托占比略有下降，监管效应已经在发挥作用。截至 2020 年三季度底，单一资金信托的规模大幅下降，监管成效明显。

我认为，信托公司的事务管理类产品（特别是银信合作）占比过大主要来源于以下两个方面：

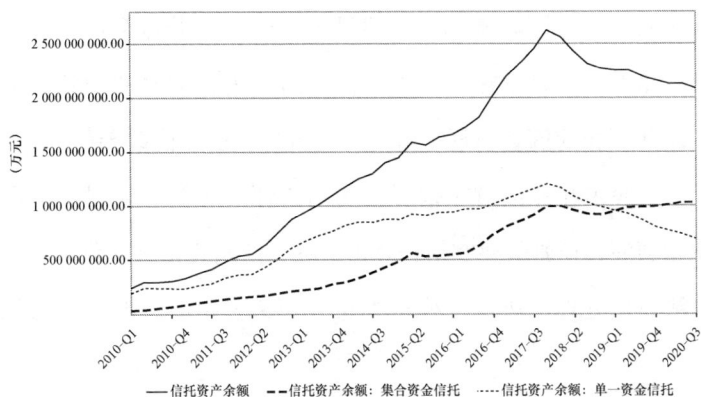

图 7-3　信托资产余额和结构

（1）银行、信托、证券和保险均处于不同的监管维度，监管层面缺乏有效统一的合力进行有针对性的安排。金融稳定委员会的成立和资管新规的出台对于多头监管低效率的问题作出了决定性的改善。

我国金融行业分业监管的格局下，各个监管机构存在各自为政的情况，监管文件的严厉程度不断升级，但很快就被各种穿透，从财政部的 463 号文以来，大多数文件都是高高举起、轻轻落下，对于限制行业的不合理发展缺乏有效的制约机制。以银信合作为例，监管层面对于高速增长的合作规模，总是试图通过信托监管进行约束，对于多层嵌套（主要体现为银证信的 SOT 模式）、银行理财资金池等根本性问题却一直忽视，导致口号喊得多，合作规模却不断增长。

2017 年以来，政府高层层面形成了明确的意志，在顶层设计上有所修订，在原有基础上，架设了金融稳定委员会，从统一的监管视角对于金融过热、实体空转的问题进行彻底的根治，并出台了环环相扣的资管新规，这一问题得到了明显的改善。

（2）股东和外部对于信托公司的考评过于简单粗暴，集中于规模和利润。监管需要在信托公司评级、信托公司公众化等事项上进行精细化处理，让信托公司更像是一家公司，而不是追求规模至上。

从业内对于一家信托公司的关注度来看，主要停留在规模和利润两个核心指标上，规模大则名气大，利润高则对得起股东。在这种简单思维下，对于信托公司内部，这两个指标也是管理层制定经营规划的主要考量。

在实务中，管理层习惯于用银信合作扩大规模，通过承接一些高风险的项目获取超额利润，这对于他们而言是最为熟稔的，也是最容易达成的方式方法。这种导向直接的结果就是，信托公司无暇在体现主动管理能力和制度优势的业务上进行人员和精力投入。

从这个角度看，我建议，监管对信托公司加强评级指标的细化，既要关注规模、利润等常规指标，也要对 ROE、ROA 甚至创新能力给予关注，对信托公司进行有序引导。此外，应该加强上市公司公众化的进程，通过资本化的方式，由公众对信托公司进行监督和投票，改善管理层之前的唯规模论的情结，让信托公司更像是一家正常的公司，更具有长久的生命力。值得关注的是，除了早先上市的陕国投、安信信托，山东信托、昆仑信托、江苏信托、五矿信托等信托公司也通过各种方式间接地登陆资本市场，这对于信托公司长期的良性发展具有极大的正面意义。

但相比于其他金融行业，信托公司的报表更具有自身的特点，单纯以集合、单一（或主动管理、事务管理）为维度进行业务划分，难以体现其底层资产的真实情况，并且在报表层面对于融资类重点客户合作情况的披露少之甚少，容易被管理层或实际控制人操控。以近期持续发酵的安信信托事件为例，其作为上市公司，从利润总额排名行业前列到亏损第一，也仅仅经过了一个报表年度。我认为，把信托公司推上市，依托公众监管来规范行业，是一件非常有意义的事情。近期华电资本（华鑫信托的大股东）、中化资本（中国对外经济贸易信托的大股东）都在筹备混改事项，为上市做准备，信托公司上市已经渐渐成为潮流。但信托层面的监管应该对于信托公司在容易隐藏较大风险的资金池业务、传统主动管理类信托的信息披露方面，有更多、更强的约束，才能更为有效地发挥公众监管的作用，依托于用脚投票的制度优化行业，为经济、金融的有序发展和投资人起到保驾护航的作用。

二是信托行业的专业人才缺乏。

资管新规的出台，终结了银信合作的历史。从监管促发展的角度看，我认为这个变化是值得信托公司积极认识与看待的，甩掉过往陈旧的历史业务,在激烈的竞争环境中寻找方向,有意识地提升自己的核心竞争力,是信托监管的核心诉求。针对提升信托行业和信托公司的核心竞争力,我认为监管层面应该在人员建设方面给予更多的梳理和指导。

针对国内信托公司普遍存在的人才建设短板,监管层面应该在制度建设上给予信托公司更多的支持与放权,为外资引入、员工持股、管理层并购等操作做好制度性铺垫,同时更积极地鼓励信托公司下设专业子公司,通过股权等激励方式,促进人才引入。信托行业和信托公司高速扩张,在业务发展过程中,庞杂的业务种类使得其对专业的员工有着很大的需求,大量银行、证券、审计和律师从业人员进入了这个行业,但也有很多没有相关专业素养的人员进入了信托机构。在信托公司过去十年的发展过程中,对于诸如此类的问题,管理层更多秉承的是"干中学"的观点,房地产信托业务不会做,那就和外部机构一起学习,甚至是依靠自身的学习来实现自我发展。这种相对比较自发的人才培养机制,锻造了信托行业和信托公司的野蛮生长,与信托行业过去十几年的高速发展相匹配。但当业务发展到一定阶段,**传统的人力结构已经开始力所不及**。信托监管和信托公司也缺乏比较系统的培训和认证体系提升从业人员的素质。

信托公司目前应该从以下几方面加强人才补充和完善人才培养机制:

（1）信托公司需要加强专业销售团队的建设。

信托公司依赖通道业务，造成资金资产两头在外，最近几年部分信托公司加强了资产端客户的开拓与维护，形成了比较鲜明的大客户战略，关注构建信托公司自有的资产池等概念。但资金端的建设依然是乏善可陈，大部分信托公司习惯于过去依赖银行特别是银行资金池等期限错配产品带来的红利，新渠道和新资源的建设与开拓工作严重滞后。

在资管新规后，由于监管穿透、多层嵌套以及期限错配等问题被监管直接控制，银信合作走到了终点，传统依赖于机构资金（特别是银行资金）的信托资金经营模式也趋于式微，各家信托公司开始了自建财富中心的尝试。但从 2018 年上半年的数据看，除了外贸信托、平安信托和长安信托等几家长期坚持私人财富业务的公司外，其余各家信托公司的财富中心规模和人员都相对较小，大部分信托公司高净值客户的产品销售量在每年 200 亿元以内，对于满足信托公司主动管理的资金落地，依然存在较大的差距。我认为部分走在前列的信托公司已经在这个过程中受益，以外贸信托为例，其总经理做了一个非常精妙的比喻，资管新规的出台恍如一场大梦，醒来以后却发现什么都没有变。原因就在于外贸信托长期注重私人财富业务的体系搭建，已经初步获得承销，摆脱了传统依赖银行理财和其他金融机构资金的弊端，在监管趋严的背景下反而获得了更大的比较优势。截至 2020 年，虽然很多信托公司在资管新规后大力发展了财富管理业务，财富管理中心的建设初具规模，但在产品销售实务中，依然是以刚性兑付为主要说辞，融资类的房地产信托是主要方向，一方面是和国家大的经济发展与监管政策相背离，另一方面，单一产品的销售所蕴含的低技术含量，无法应对未来金融行业深化发展后更为复杂多变的产品格局。

另外，信托公司针对上市公司等非金非银机构的销售团队，特别是针对 ABS、ABN 等标准产品的销售专业人才，相对证券公司、银行来说，依然存在着较大的不足，销售团队对于机构的覆盖面狭窄，沟通频率低和维护方式陈旧，亟待改善。

我认为，培养一支强大的销售团队是信托公司未来发展的根本，这不仅仅需要信托公司在人员安排、激励制度等方面进行大胆的改革，另一方面也需要在顶层设计上进行安排，比如业内的五矿信托等，设立财富管理子公司，或者通过其他制度的设定，调整了用工结构和激励方式，这既是响应信托监管的号召，也是从团队激励上为业务的未来发展进行谋划。借鉴信托业务团队的准合伙人制度，让销售团队成为股东，分享自己辛勤工作带来的成果，这才是销售团队长期稳定发展的有效基础。

（2）信托公司需要加强各类专业技术人员的培养。

信托行业各个细分子行业的专业技术人员缺失，"盲人骑瞎马"的现象屡见不鲜。信托监管层面应该通过制度设计，强化专业融资领域的第三方参与，将外部专业评估公司、律师、会计师和投资公司纳入信托业务中来，一方面强化产品设计的风险控制措施，另一方面强制信托公司加强对各种专业业务的学习。

最近十年，随着经济的发展，信托公司设计的创新信托产品所涉及的领域不断扩大，从相对传统的房地产、能源、基础设施到医疗卫生、农业和文化产业，甚至艺术品和贵金属。信托资金投向覆盖了资本市场、货币市场、实体经济领域，成了唯一横跨三大领域的金融子行业，信托行业的高速发展促进了我国实体经济的发展。可以说，信托公司的这种业务创新发挥了金融试验田的作用，但这种试验的背后也带有一些"盲人骑瞎马"的特色。

以艺术品信托为例，信托公司普遍缺乏对于艺术品有鉴赏能力、对于艺术品市场有一定了解的专业人士，信托公司在这类产品的设计过程中，更多依赖于主体信用和抵质押品，缺乏对于第一还款来源的分析和认知。前期虽然艺术品信托获得了来自行业内外的关注，其相对较高的收益率也获得了委托人的认可，但经过前期的热闹后，都处于一地鸡毛的状态。

相对普通的房地产信托也存在类似的状况，不少信托公司为了追求放款效率，弱化了评估公司、会计师和律师的相关作用，造成了潜在风险。我认为应该在信托监管措施中适当加入对于外部专业机构介入的强制性要求，才能为信托行业的稳定发展起到保驾护航的作用。

三、国内信托业基于顶层设计的法规建设需要完善

就如同在本章一开始所描述的，国内信托行业的兴起和发展是具有历史背景的，在信托本源以外，信托行业和信托公司承担了改善金融活性的重要使命，其在金融监管下的特殊地位来源于改革开放的历史进程。我们不能抹杀信托行业和信托公司在过去对于改革开放甚至是中国经济持续发展所带来的积极作用，但也不能因为其成就，回避信托行业和信托公司对于现在金融乱象造成的助力。

从这个角度看，在目前这个经济转型的关键时间点，国内信托业的监管框架是特别需要顶层设计的，一方面监管要努力让信托行业和信托公司回归本源，另一方面又要考虑信托行业在金融体系乃至整个经济体系下的影响力，在打扫房间的同时，不要伤及房屋的结构和其中的房客。这种"既要""又要"是导致国内信托行业监管顶层设计艰难的根本。

回顾历史，我们可以看到，我国信托行业法律的订立起步晚，处于业务先行而监管后至的状态，信托监管的每一次调整都存在着较大的滞后性，缺乏统一的顶层设计，也使得监管条例的更新与下达不能发挥真实的效用。而在所有的问题中，最重要的问题表现在以下三个方面：

（1）信托公司的经营范围没有明确界定与定义。这导致信托公司没有自己的专属领域，而在实际业务中凭借自身的贷款资格，

成了银行业务的补充与附庸，从一项具有特色且优质的法律制度变成了监管套利的窗口。但事实上，在国内信托行业回归本源的过程中，仅仅明确信托的本源业务是行不通的，不放弃那些高收益的制度套利机会，信托行业和信托公司是无法踏踏实实挣"辛苦钱"的。2018 年的资管新规是杜绝信托公司套利行为的开始，2019 年银保监会 64 号文则严格控制了各家信托公司开展高收益的房地产业务的上限，而 2020 年 5 月的《信托公司资金信托管理暂行办法（征求意见稿）》中明确规定了信托公司从事集合融资类信托（非标准化资产）的比例为全部集合信托计划的 50%，这些政策的推出一方面约束了信托公司无节制开展贷款类业务（特别是房地产信贷）的可能性，另一方面为信托公司回归真正的本源起到了关键的转向作用。

（2）没有明确有关信托业的监管制度和市场准入制度。现今，我国仅有《信托法》，而没有《信托业法》，《信托法》缺乏落地的依据；此外，我国现有的信托牌照（68＋3 家）存在垄断优势，监管层面应该逐步放开信托公司的发起设立，并加强对于信托公司股东资产能力的认定，以及股东参与公司经营规范性的要求，让更多的资本主体和有识之士加入这个行业中来，为这个行业的发展添砖加瓦。

（3）信托行业的外部关联政策仍有待完善，比如信托登记制度、慈善法和慈善税务减免、信托税务（特别是增值税的具体征收标准和方法）等等。在近几年，我们看到诸如《慈善法》（2016年）、《慈善信托管理办法》（2017 年）陆续推出，信托监管也在有意识地同行业以外的行政管理部门和法律法规制定部门进行联动，不断地完善信托制度的周延，使其在未来服务实体经济的过程中可以发挥更大的作用。

除此以外，我认为，政府和监管机构应加大信托业的营销和宣传力度，加强潜在委托人对信托业的认识，特别是信托的破产隔离等特殊效果，以及由此派生的家族信托、慈善信托等产品，更是应该重点宣传的。物权的确立是经济发展的基石，而信托作为物权保障的一种重要制度安排，更应该在经济生活中得到普及。必须加大相关方面的宣传，提高人们的信托意识，才能丰富信托市场的参与主体，信托市场的相关机制才有建立和发展的可能。

四、国内信托公司的公司治理存在较大改善空间

信托监管应该明确信托公司应建立完善的内部治理体系，并通过资本化或引入其他机构投资者的方式，使其内部治理体系更加透明化。国内各家信托公司都不同程度地存在治理结构问题，主要表现如下：

（1）经营方面受大股东控制，而这些股东只把信托公司当作自己公司的一个融资平台，缺乏对于信托公司长远发展的打算与安排。2020 年开始，陆续出现兑付问题的安信信托、四川信托和

华信信托，都普遍存在着信托公司大股东或实际控制人，利用资金池业务进行不规范融资的行为，既扰乱了正常的金融秩序，又损害了委托人的切身利益。

（2）部分信托公司股东不作为或者股权结构不清晰，大股东或者委派的股东代表没有有效行使监督权，大部分信托公司又缺乏外部董事对于公司内部决策机制的参与，管理层形成了一个内部人控制的局面，董事会授权、董事会限额审批等机制形同虚设。董事会对于信托公司的真实运作情况不了解，部分管理层利用内部人更为熟悉的便利，伺机渔利，影响信托公司的正常经营和稳定发展。

（3）部分信托公司大股东存疑或长期缺失，信托公司的净资产得不到有效的增长，信托公司仅仅靠未分配利润缓慢增长，信托公司的资本能力较弱，创新性业务受到极大的限制。特别是银监会《关于信托公司风险监管的指导意见》的下达，强调了信托公司股东的义务，我认为信托监管应该加强对于在信托公司持股超过 5% 的重要性股东的实质性监管，一方面要掌握实际情况，另一方面要穿透到实际控制人，避免马甲公司。

我认为，完善信托公司的治理结构对于信托行业的长期稳定发展具有较大的作用，既要避免一股独大的现象（国内有实证证明，信托公司股权的分散度和业务发展有比较明显的正相关关系），也要避免僵尸股东的不作为，对于管理层控制的管理命题进行有效的控制。

对于信托监管而言，我认为应该加强信托公司股权的流动，特别是通过资本市场的方式，一方面让股权有了明确的定价标准，另一方面，公开市场所带来的监督效果要大于监管机构的现场检查，让监管存在于信托公司的日常经营中，而不是流于形式。

但从最近两年的信托公司经营实务看，伴随着资管新规的落地，信托公司经营逐步规范化，信托行业管理的资产规模和信托公司的盈利能力持续走低，反映信托行业经营能力的资本利润率指标（ROE）持续下滑（见图7-4），以追逐超额利润和股东自融为目的的资本集团对于信托牌照的渴求度也在慢慢降低，行业的出清正在缓慢进行中，对于监管政策的调整起到了较好的内生动力作用，也为信托公司层面新的监管制度建设提供了好的机遇。

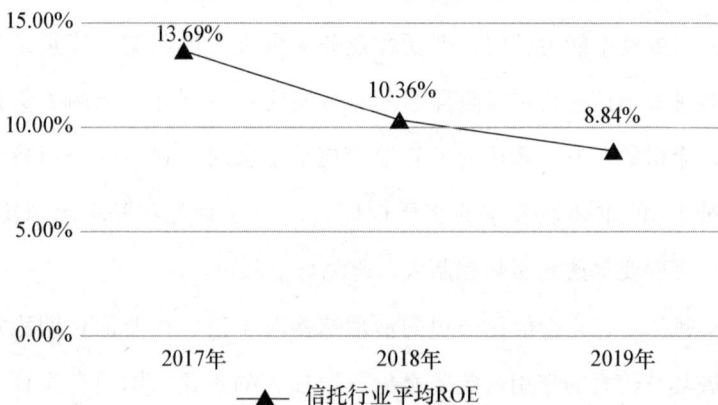

图 7-4 信托行业平均 ROE

资料来源：云南信托研究部。

五、资管新规的正式推出具有划时代的意义

资管新规的推出一方面解决了多头监管带来的顾此失彼现象，另一方面体现了监管层对于整治金融乱象、严格去杠杆的决心与信心，对于引导信托行业和信托公司规范经营具有长期决定性的重要意义。

如果说 2012 年是大资管行业的元年，正式拉开了金融机构表外业务快速扩张的序幕，那么资管行业中的信托就是打开这个潘多拉魔盒的钥匙。2017 年 11 月公布的资管新规征求意见稿明确将资金信托纳入资产管理产品范围，从定义、合格投资者、公募与私募产品的投资要求、信息披露与透明度等方面，对资管业务存在的多层嵌套、刚性兑付、资金池、通道等问题进行了全面的规范，这些监管要求已经触及了前述信托业务的根本问题。2018 年 4 月 27 日，央行、银保监会、证监会、外管局联合发布《关于规范金融机构资产管理业务的指导意见》，资管新规终于落地，相较征求意见稿在部分细节上有所放松，但是监管的基本原则未变。

资管新规的发布从根本上扭转了信托行业和信托公司的陈年重疴，第一次以全监管的口径进行联合行动，体现了监管的决心，也标志着信托行业监管进入了一个新的时代。

资管新规的推出在落地上，对于信托行业有以下三方面比较重大的影响：

一是可配置信托的机构和非机构资金大幅下降，信托行业全面收缩，去杠杆同时调结构，为信托行业的长期发展赢得了空间。

信托产品作为一种不披露的私募产品，凭借其贷款资格在过去的十多年中享受到了丰厚的制度红利。但本轮资管新规明确了穿透管理原则，向上穿透至投资者，向下穿透至底层资产。对于公募类银行理财产品来说，投资具有私募属性的信托计划、基金专户等产品将受限，而这些产品又是非标项目的重要载体，因此资管新规将极大限制非标项目资金的来源。由于很多非标项目的底层资产属于房地产、两高一剩等行业，因此底层资产穿透后非标项目的供给也会减少。关于非标产品的期限错配问题，对于资管产品而言，要么发行期限更长，这会导致资管产品发行难度上升，要么投资短期限的非标资产，这会影响非标产品的需求。

二是资管新规根除了多层嵌套和通道，对于信托公司强化主动管理、培养自身的资产和资金能力，具有很强的现实意义。

消除多层嵌套意味着以银证信的 SOT 合作模式作为基础的监管套利类通道业务的彻底终结，金融机构的通道业务体量将逐渐收缩。通道业务的大规模发展主要源于金融机构规避各种监管要求和风控要求，包括流行性、杠杆、监管指标、投资范围限制、投资者适当性限制等。资管新规强调金融机构不得为其他金融机构的资产管理产品提供规避投资范围、杠杆约束等监管要求的通道服务。从监管角度看，信托制度叠加监管套利所形成的不透明所带来的监管难题被一次性解决，伴随着后续的窗口指导，信托公司通道业务的衰竭意味着影子银行时代的彻底结束。对于信托公司来说，简单又挣钱的通道业务结束了，不管是集合还是单一信托，信托公司必须加强主动投资和管理能力，从非标准化债权的舒适空间中走出来，加大对于二级市场和股权投资的关注和投入，以适应新形势的要求。

三是资管新规强调打破刚性兑付，进一步强化信托公司的主动管理职责。

为了方便信托产品销售，国内信托公司通常向投资者承诺，信托产品到期之后，信托公司必须分配给投资者本金和收益，当信托计划出现不能如期兑付或兑付困难时，信托公司需要兜底处理，这是业界的潜规则。但在资管新规的要求下，信托打破刚兑付势在必行，将导致大量需要信托公司兜底的机构资金退出信托市场，高净值客户的重要性更加凸显。

我认为，破除刚性兑付的实质不是不兑付，而是进一步强化信托公司的管理人职责，这其实对于信托公司提出了更高的监管要求。

资管新规对信托业的影响详见表 7-1。

表 7-1　资管新规对信托业的影响

要点	影响
消除多层嵌套和通道	目前信托资金大部分来源于公募性质的银行理财，消除多层嵌套且向上向下穿透之后，理财资金不能再投向信托产品，信托资金供应受限

续表

要点	影响
禁止期限错配	禁止期限错配要求终止日不得晚于封闭式资管产品的到期日或者开放式资管产品的最近一次开放日，由于非标产品期限较长，信托产品期限难匹配，信托投资非标产品严重受限
打破刚性兑付	信托普遍具有刚性兑付的传统，打破刚性兑付、实行净值化后，信托公司需要加强主动管理能力
合格投资者要求	资管新规提高了合格投资者要求，以及信托产品的投资门槛；同时，投资者不得使用非自有资金投资信托产品，信托资金供应进一步减少
代销	资管新规要求非金融机构不得代销资管产品，现有资管产品销售平台若没有资管牌照将被取缔，信托销售渠道受限，必须依靠银行、证券公司和信托自营财富中心

跳出资管新规来看国内信托行业监管的新动向，这次监管的新动作具有划时代的意义，一方面有效地打击了现在金融行业所固有的一些弊端，另一方面拉开了监管对于信托行业第六次整顿的大幕，在资管新规后，2019 年银保监会 64 号文、《信托公司资金信托管理暂行办法（征求意见稿）》等一系列文件以组合拳的方式对于信托行业进行了从上至下的有效梳理，破除监管套利、回归信托本源，国内信托行业的监管正走在正确的道路上。

六、信托业监管的期待与展望

国内信托行业的发展来源于经济体制和经济结构的变化，如果我们从大历史观的角度去审视国内信托业和信托监管,信托与经济的联动都是我们不能忽略的。就如同我们站在 2020 年的时间点去回看过去十年,以"银行＋地产"为主体的经济增长模式已经无法维系,以此为根基发展的信托监管套利也必然会发生根本性的调整,而当"优质企业＋资本市场"的模式渐行渐近的时候,国内信托业的监管也必须顺应这种变化,在监管的政策上有所调整,使得国内信托行业的发展在未来的经济生活中发挥重要作用。

按照上述思路,站在现在去展望未来的信托业监管,更重要的是要看清经济发展的趋势,搞清楚其中的大趋势和小趋势,以及大趋势中的主要趋势,只有这样,我们才能厘清与经济发展相匹配的金融方向,才能更有针对性地进行信托业监管。

从 2008 年全球范围的金融危机开始,我国经济的增长格局与发展模式在不断发生变化,经济增长从全球化、城镇化进程和人口红利方向收到的额外加持不断降低。我们通过观察融资与 GDP 的增长关系,可以清晰地看到社会融资余额总量的增速与 GDP 增速存在比较明显的正相关关系,但经历了过去十多年以"银行体系为核心营造的货币宽松""房地产为核心进行信用创造"的双轮驱动模式,在企业、政府和居民三轮加杠杆的过程后,国内的非金融部门信贷总量已经达到较高的位置,甚至高于发达国家中的美国和欧元区(见图 7 - 5)。其结果就是,国家、企业和居民的杠杆加无可加,依托货币超发和房地产的经济增长模式趋于终结。

经济发展模式必须转型，而与之配套的金融体系也必须进行更新，才能发挥最大的效力。

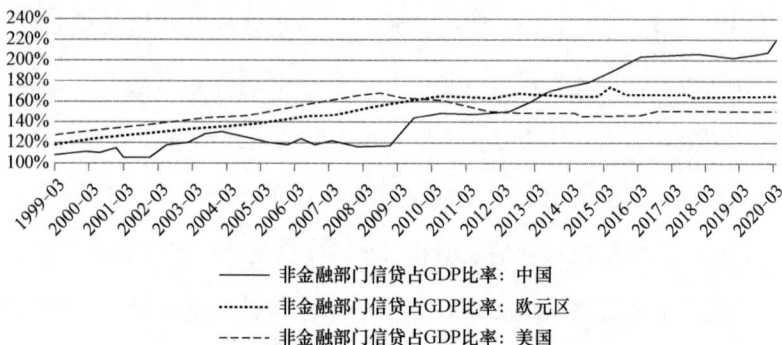

图 7-5　主要经济体非金融部门杠杆率

资料来源：Wind。

　　但是，依托于过往经济增长模式的金融体系并不容易被打破，以房地产为核心的金融体系已经形成了比较明显的自洽和螺旋上升。我们可以比较清晰地看到，在过去，以房地产为代表的经济模式受惠于货币超发。一方面，在资金总量相对确定的情况下，房地产市场的良好表现吸引了更多资金的流入，进一步刺激了房地产相关产业的发展；但另一方面，房地产市场的自我强化形成了资金的虹吸效应，对于资金流入实体经济构成了不利的影响。如果不能解除这种螺旋式的自我强化，房地产和金融对于实体经济的侵蚀将会被不断放大。

　　从为了实现经济再度起飞的角度看，只有改善金融体系的资金流向，解除房地产同金融的有机杠杆，将更多的资源引入实体经济和资本市场，才能实现中央提出的"脱虚向实"的大目标，实现实体经济的真正复苏。

在这个大方向下，中央有四个主要策略正在发挥作用：

（1）通过更为审慎的货币政策控制银行信贷，从源头上切断M2 高增速的基础。

（2）出台资管新规，对于银行表外资金进行直接限制，进一步压缩表外融资规模，提高央行对于货币政策的掌控力度，控制房地产最主要的资金来源。

（3）加强金融行业的窗口指导，采用额度限制，对以房地产融资为主体的非标产品进行直接打压。房地产价格趋稳甚至下滑导致房地产相关的投资品（房地产、房地产信托、房地产投资基金和房地产企业股票）优势不在，资金自然从房地产市场流出。

（4）在相关政策引导下，大量资金被从房地产市场挤出，只能流向实体经济和资本市场，一定程度上改善了实体企业融资难的现状，融资形势的好转有利于企业利润的进一步释放，反过来继续刺激资金流入实体经济与资本市场，形成正面的螺旋上升效果。

如果把这样的思考作为信托行业监管未来的蓝本，可以清晰地得出四个趋势性判断：

（1）国内信托行业的监管将引导信托公司淡出信贷领域，《信托公司资金信托管理暂行办法（征求意见稿）》中的 50％只是一个开始，贷款资格和非标准化资产对于信托行业的影响将会越来越小。

（2）标准化资产，特别是资本市场相关资产，将成为信托监管驱动的重点。通过监管的力量，引导信托资金，甚至是利用信托载体引导整个金融体系的资金流入资本市场，是监管政策的着力点。

（3）房地产作为上一个经济发展模式的核心力量，属于未来经济结构中的过剩产能，这是国内的信托行业乃至整个金融行业监管的重点，不会被轻易动摇。

（4）监管手段将会愈发强硬。如果说过去十年的信托监管有不充分的地方，那更多源于经济增长模式没有发生整体性变化，信托监管在大趋势不变的情况下进行局部性的调整，是符合经济和金融的联动发展的。而当经济基础发生变化时，经济结构转型的必要性和坚决性将会在未来的时间显得格外重要。除了法律法规外，基于违反法规的行政处罚，诸如取消信托公司某项业务资格、取消某人的高管任职资格等严厉手段将会更多地出现在信托监管的体系中。

我认为信托业监管是一件很难的事情，一方面国内的信托行业有着 20 万亿元的庞大体量，它的存在和发展对于经济和金融的活性与发展起到了不可估量的作用，在这样的背景下，从监管的角度试图把信托行业纳为金融的一个关键支撑点来考虑，积极引导其在经济生活中发挥积极作用是一件非常必要的事情；另一方面，国内信托行业所具有的贷款资格导致的行业红利，使得 68 家信托公司及其股东乃至投资者获得了极大的回报，这样的局面又使得信托回归本源异常困难。信托监管在某种程度上既要发挥信托公司现在的积极作用，又要在长周期调整国内信托公司的定位，这样的监管难题是其他金融子行业从未面对过的；从一开始，国内信托行业的监管就在两个不同维度的战线上进行工作，难度之大可想而知，过多的苛责是不必要的。

资管新规以及后续一系列监管政策的持续落地，对于这个行业的影响是长期而且剧烈的。从行业的从业者角度看，这种变化是痛苦的，未来的信托公司也许会和融资类产品彻底告别，发挥制度优势的家族信托（包括依托于家族信托而存在的家族办公室业务）、ABN 业务、二级市场证券和股权投资信托可能是未来的主流，"小而美"可能会是这个行业的主要特征。但从国内经济的持续有序发展以及经济转型换挡的变化来说，我认为这种调整又是成功的，是具有历史性眼光的。

就如同我提到的那样，伴随着资管新规的落地，信托的监管也将步入一个新的时代，当信托行业和信托公司真正回归信托本源时，之前信托监管在保发展和调结构之间的纠结不复存在，以更为单纯目的的监管将会是未来信托行业监管的主流。信托行业的许多往事，以及轰轰烈烈的大资管时代，可能会和五次整顿前

的信托历史一样，注定被锁入历史尘封的记忆中，而羽化重生的
信托行业在更为清晰的监管下，将会凭借其制度优势，为经济发
展带来更多的助力。

　　伴随着时间的推移，信托监管和信托行业既相互制约，也相
互成就。我回顾了信托行业的历史，既看到了野蛮生长的怪象，
也展望到未来资管新规下信托制度被广泛普及的美好明天。就像
大禹治水一样，金融监管也是"堵不如疏"，如何善用监管，如何
在金融稳定委员会牵头的格局下，为信托行业的发展梳理出一个
美好的明天，我们拭目以待。

第三篇
监管专题篇

第 8 章

我国财政金融风险的成因、传导与监管研究

周代数　王相启

一、财政金融监管的内涵

财政金融风险（fiscal-financial risk）泛指在政府担保贷款、财政投融资活动、国有金融机构破产重整、商业银行准财政活动、设立或清算资产管理公司等财政性金融活动中发生的风险。财政金融监管（fiscal-financial regulation）是指财政部门对各类金融主体及其所进行的金融行为进行的领导、组织、协调和控制等一系列监督与管理活动。

Hana Polackov（1998）提出了著名的财政风险矩阵（fiscal risk matrix），对政府面临的潜在义务和财政风险及其来源进行了

分类和分析，指出各国政府正面临日益增加的财政金融风险，主要原因一是金融市场的国际一体化导致私人资本的跨境流动的数量和波动性增加；二是财政职能伴随着隐性或显性的国家保证；三是追求平衡预算或某些赤字目标的决策者倾向于偏爱预算外形式的国家支持，进而在一段时间内隐藏了潜在的财政成本。William Easterly（1998）认为当外部机构强迫减少政府的常规赤字和债务积累时，政府往往增加隐性负债来作出回应，这种财政调整是一种财政幻觉（fiscal illusion），看起来政府净资产没有变化，但实际上增加了财政金融风险。Lusinyan（2009）从宏观经济及金融变化和银行意外危机两个金融角度分析了财政风险的主要来源以及这些风险可能对财政和公共债务的持续性影响。Christiaan 和 Wijnbergen（2013）建立了一般均衡模型，模型中金融中介机构的资产负债表中考虑了受到主权违约风险的政府债券约束，从而间接分析了金融体系与政府财政风险之间的相互联系。Athanasios Tagkalakis（2013）提出金融领域的风险会加大国家公共财政负担进而引发政府财政风险，评估了金融危机期间 OECD 国家商业银行纾困过程中的公共财政风险，发现 20 个国家的债务存量占 GDP 比重平均增加了 2.7%～4.0%。Irwin（2016）指出财政金融风险部分来自隐性担保，政府往往担心披露相关风险信息会增加道德风险，事实上，在财政风险的有关报告中讨论金融部门风险有利于防范风险的爆发。Ruzzante（2018）基于 1999—2017 年 27 个国家的政府财政统计（GFS）面板数据，实证了金融危机和宏观经济冲击对政府资产负债表的影响，发现政府资产负债表具有反周期、不对称的属性，遭受金融危机的国家通过银行纾困而使其资产头寸"人为"增加，表明了财政风险与金融风险的伴生性。

国内学者一般将财政风险和金融风险分开来研究，直接聚焦财政金融风险的研究不多，其中比较典型的观点是：谢平（1999）分析了金融机构不良资产占比高、金融信息失真、部分金融机构支付危机、债券不能按期兑付等情形下的财政性措施及其风险。王金龙（2005）简要地提出了研究财政风险和金融风险相关性的主要思路，包括风险形式的相关性、风险形成的互动性、风险危害的联系性、风险管制的协作性等。刘尚希（2006）提出了政府财政责任理论，认为由于不良金融资产往往转化为财政或有债务，迫切需要建立防范和化解财政金融风险的应急反应机制，应把宏观金融风险纳入国家财政风险管理框架，避免政府财政仅仅事后买单。财政部财政科学研究所课题组、赵全厚（2015）分析了财政风险和金融风险的形成机理，重点讨论了政府干预、债务融资、政策性风险转嫁、金融"第二财政"效应等视角下的财政金融风险。毛捷等（2019）认为财政分权反映政府间财政关系（尤其是央地财政关系），金融分权反映政府与金融市场的关系，理顺二者的关系有利于降低地方政府举债激励、提高金融机构参与地方政府举债融资的风险审慎度，进而防范财政金融风险。

政策性金融在我国广泛存在，财政功能与金融功能交错联结、相互传导。在我国金融业快速发展的当下尤其需要强化财政金融监管力度，这对于守住不发生系统性金融风险的底线、维持金融市场稳定发展具有重要的现实意义。本章的边际贡献在于厘清了财政金融风险的成因和传导机制，结合国外经验提出了我国财政金融监管的框架和若干要点。

二、财政金融风险的理论成因与传导机制

（一）财政金融风险成因的理论分析

契约理论将策略与后果之间的非对应关系归因为当事各方的信息不对称，因此难以达到帕累托最优（Pareto optimal）状态，这时需要设计适宜的契约和制度安排来激励、规制各方的经济行为。我国中央政府通过"能者上、平者让、庸者下"的干部选拔任免导向和自上而下的"政治锦标赛"，一定程度上实现了中央对地方的激励和规制。地方官员作为地方政府的人格化主体，出于政治晋升的动机，总体上能按照中央政府的目标函数来行动，从而形成了中央和地方上下同欲的"全国一盘棋"局面。

在财政方面，新中国成立以来我国的央地财政分权体制经历了从集中到分散的摸索，在经济实践中不断探索集权与分权的适

宜边界。1994 年是行政性分权的财政包干制与分税制的分水岭，分税制改革从法律上明晰了地方政府的收支权利，自此地方政府有更大的自主权参与经济和社会生活。然而，这一治理结构也带来了激励不相容的问题，"中央→省→市→县→乡"事权向下相对倾斜，"乡→县→市→省→中央"财权向上相对集中，财权与事权的不匹配使得地方财政捉襟见肘，地方政府（代理人）为实现中央政府（委托人）的考核目标不可避免地产生逆向选择与道德风险问题。在财政压力与晋升动力双重驱动下，地方官员为追求任期政绩倾向于进行债务扩张，不断采用各种创新的融资模式和金融工具进行举债，债务规模激增的过程中财政金融风险也在不断累积。

（二）财政金融风险的传导机制

财政与金融是宏观调控的两个支柱，二者具有很强的相关性。从实践中看，财政领域的收入与支出风险、债务风险、政策风险均可通过金融机构等中介传导至金融市场，而金融市场中的利率与汇率风险、信用风险、金融机构经营风险往往需要通过财政手段来平滑。

1. 地方政府财政金融风险传导机制

地方政府财政金融风险主要来源于地方债务的无序扩张。在以 GDP 为主要考核目标和晋升指标的现状下，委托人和代理人的利益目标趋于分化，地方行政长官增加政府显性或隐性负债来发展经济的投机行为屡见不鲜。事实上，2014 年 8 月人大常委会通过新《预算法》后，我国地方债务监管机制进入了新的阶段，随着限额管理、应急处置、问责监管等机制的逐步完善和成熟，地方债务风险基本可控。但是，我国的政府预算编制尚未纳入地方政府的或有负债。① 在这样的背景下，近年来地方政府负债隐性化的趋势愈演愈烈，包括借道融资平台、地方国企、PPP 项目、政府产业投资基金等模式进行举债，并且举债主体均为未纳入财政审计范围的非政府会计主体。图 8-1 以融资平台为例反映了地方政府财政金融风险的一个典型传导路径：地方政府向融资平台公司划拨资产、注入资本金、提供税收优惠和政府补贴→融资平台公司获得优良的信用评级（AA 及以上）→政府对地方金融机构进行一定程度的行政干预→金融机构向融资平台放资②→融资平台承载的政府隐性担保成为触发重大财政金融风险的隐患。

2. 金融机构财政金融风险传导机制

在我国金融体系中，各级财政承担着国有金融资产的出资人职能，主要金融机构均由各级财政主导发起并实际出资。从股权

---

① 根据《政府会计准则》（2015），政府负债是政府会计主体过去的经济业务或者事项形成的，预期会导致经济资源流出政府会计主体的现时义务。地方政府资产负债表编制中尚不纳入隐性/或有债务。

② 例如，大量地方融资平台公司通过信托计划、基金子公司、券商资管计划或设立明股实债的政府产业基金等进行融资。许多产品进行结构化设计时，财政资金充当劣后级并对优先级资金设立了兜底、回购条款。

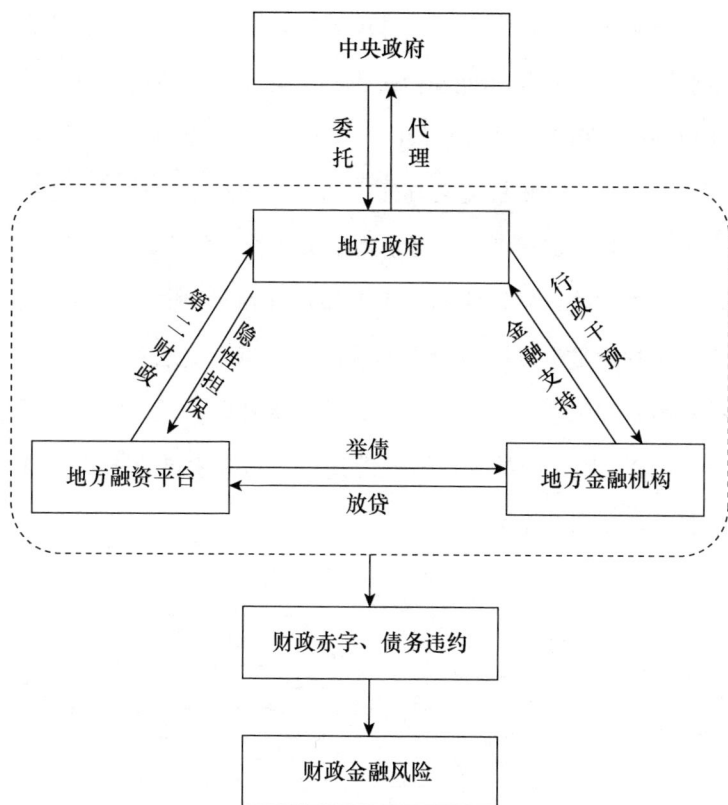

图 8-1　地方政府财政金融风险传导机制

结构、资产规模、交易规模等指标来看，银行、券商、保险、信托、资产管理公司、公募基金等金融机构中国有成分均处于绝对优势位置。财政部根据国务院授权对国有金融资本实施监督管理，制定管理制度及会计政策，总体上保障了系统重要性金融机构的良性发展。

　　但是从全球实践来看，金融体系风险频发，这种风险源自金融的脆弱性（financial fragility），也即金融业高负债经营的行业特点决定的内在不稳定性（Minsky，1982）。当金融机构触发风险形成不良资产后，财政从道义责任上和股东职责上均负有一定的救助义务，于是一定程度上充当了最后买单者的角色。图8-2反映了金融机构财政金融风险的一个典型传导路径：财政部门出资设立金融机构→受市场因素或周期性因素影响，金融机构出现经营风险→财政部门通过追加注资、财政直接补贴、设立资产管理公司（AMC）、坏账冲销、债转股等途径进行风险救助→财政赤字快速提升触发财政金融风险。

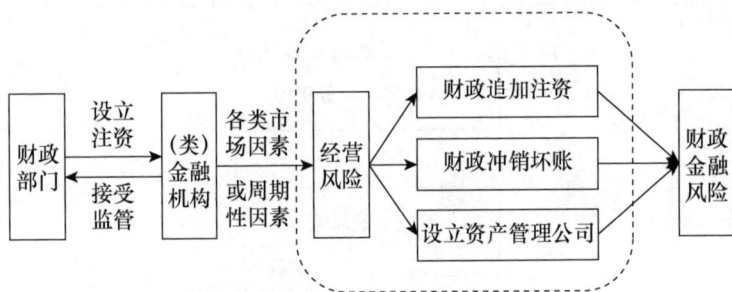

图8-2　金融机构财政金融风险传导机制

三、加强财政金融监管的必要性分析

　　首先，财政承担着金融机构尤其是"大而不能倒"的系统重要性金融机构经营风险的主要损失。例如，1999年，中国工商银行、中国农业银行、中国银行、中国建设银行等四大国有商业银行面临着无法解决的数额巨大的不良贷款和繁杂的历史遗留呆账。在这样的背景下，国家财政出资设立了中国信达、中国华融、中国长城和中国东方四家资产管理公司，分别收购建行、工行、农行、中行四家国有商业银行合计 13 939 亿元不良资产。此外，1998 年 3 月财政部安排 2 700 亿元特种国债来补充国有商业银行的资本金，2004 年 1 月又安排 450 亿美元外汇储备，向中行、建行追加注资。因此，加强财政金融监管对于防范财政金融风险、降低财政救助性支出具有重要意义。

其次，防范化解重大金融风险是财政不可推卸的使命。新时期财政的职能应着眼于国家治理现代化，助力"实现社会和谐稳定、国家长治久安"（陈共，2015）。在当前阶段，应发挥公共财政强有力的资源配置能力，守住不发生系统性金融风险的底线。作为国家治理的基础和重要支柱，财政对于风险防控具有不可推卸的责任。因此，加强财政金融监管十分必要，尤其是要加强重大金融风险的事前预判、检测、识别，建立财政金融风险应急处置预案，做到防患于未然。

四、国内外财政金融监管对比分析

（一）我国财政金融监管的模式

当前，我国财政部门在财政金融监管方面主要从以下三个领域着力：

1. 从财政预算管理职能的角度出发，不断强化对金融企业的预算监管

从我国金融机构的资本结构分析，我国大部分金融机构都属于国有资本经营范畴。新《预算法》中要求加大国有资本经营预算。国有金融机构作为一级预算单位的组成部门，财政部门近年来加大了对金融机构的预算监管。一方面，将金融机构预算纳入部门预算，建立了从编制、审核、检查到验收的全过程监管体系，重点监管预算项目的合规性、预算数据的可靠性、会计处理的适当性等方面。另一方面，加大了预算执行检查力度，结合财政国库监控和银行账户监控，通过大数据进行风险告警。财政部门通过对国有金融机构的预算监管，规范了各类预算执行行为，提高了预算执行效果，有利于提高各类金融机构对政府预算资金的使用效力。

2. 从代表政府出资人的角度出发，不断强化金融企业的内部监管

2018年6月30日中共中央、国务院印发的《关于完善国有金融资本管理的指导意见》针对国有金融资本管理体制机制作出了顶层设计，明确规定各级财政部门代表国家履行国有金融资本出资人职责，基于产权关系对相关金融机构进行内部监管，确保国有资本保值增值。当前我国大部分金融资本属于国有资本范畴，财政部门作为政府出资人代表强化金融资本的监管工作，对实现

国有资本保值增值具有重要的现实意义。这种监管主要体现在两个方面：

一是股权监管。财政部近年来针对国有金融企业国有股权转持、对外股权投资、防范国有资产流失等方面的问题出台了一系列政策文件（见表 8-1）。在这些业务指引下，地方财政部门不断完善管理方式、创新管理机制，加强了国有金融资产监督和基础管理制度建设，管理效率得到了有效提升。

表 8-1　财政部近年来开展国有金融企业监管的政策文件

政策文件	文号	主要内容
《关于进一步明确金融企业国有股转持有关问题的通知》	财金〔2013〕78 号	规范金融企业国有股权转持，切实做好转持国有股、充实社保基金
《关于进一步明确国有金融企业直接股权投资有关资产管理问题的通知》	财金〔2014〕31 号	明确国有及国有控股金融企业直接股权投资行为中涉及的资产管理事宜，规范相关股权资产管理，厘清投资责任，确保国有金融资产安全和保值增值
《关于进一步加强国有金融企业股权管理工作有关问题的通知》	财金〔2016〕122 号	强化以管资本为主加强国有资本监管，规范国有金融企业股权管理工作，提高国有股权管理效率，切实防范国有资产流失，促进国有金融资本保值增值
《国有金融资本产权登记管理办法（试行）》	财金〔2019〕93 号	加强国有金融资本产权登记管理，及时、全面、准确反映国有金融资本变动与分布情况，实现对国有产权变动的全链条动态穿透监管

续表

政策文件	文号	主要内容
《关于进一步明确国有金融企业增资扩股股权管理有关问题的通知》	财金〔2019〕130 号	央地财政部门对国有金融企业增资行为进行监督管理，特别明确不得使用受托（管理）资金、债务资金等非自有资金参与增资

资料来源：根据财政部发布的相关政策文件整理。

二是业务监管。近几年财政部相继出台了一系列监管办法，加大了金融企业日常业务监管。例如，针对国有金融企业准备金计提问题，2012 年修订了《金融企业准备金计提管理办法》，有利于增强国有金融企业准备金缓冲财务风险的逆周期调节作用；针对金融企业呆账核销管理，2013 年修订了《金融企业呆账核销管理办法》，对于增强金融企业风险防控能力有积极作用。此外，还针对金融企业抵债资产管理与贷款减免等业务相应出台了相关管理办法，并同时加大了针对潜在财政金融风险的监督检查力度。

一定意义上说，财政部门在履行出资人职责方面相较于其他职责做得更加到位，在规范我国国有金融企业内部管理、促进金融企业国有资产保值增值、预防财政金融风险方面发挥了重要作用。

3. 从规范政府融资行为的角度出发，通过防范地方政府债务危机间接强化对金融机构的监管

2008 年金融危机爆发后，地方政府融资平台公司数量和融资规模快速增长，在为解决需求乏力、扩大内需以及应对金融危机

等方面提供了强大动力的同时，也使地方政府背上了沉重的债务
包袱。加之政府投融资平台公司的质量良莠不齐，现实操作中，
违规担保、变相担保等违规现象频发，地方政府面临着严峻的债
务风险，相应地也大大提高了各类金融机构的风险系数。在此背
景下，规范地方政府无序举债、有效化解地方债引发的财政金融
风险成为财政部门的核心工作之一。为了遏制地方政府过度举债，
近年来国务院及各部委下发了一系列重要文件，如表 8-2 所示，
这些政策的陆续出台强化了财政部门对金融机构的监管职能，有
利于规范地方政府的举债行为、防范和化解财政金融风险。

表 8-2　近年来加强地方债务监管的政策文件

政策文件	文号	主要内容
《关于制止地方政府违法违规融资行为的通知》	财预〔2012〕463 号	要求地方政府对融资平台公司注资必须合法合规，坚决制止地方政府违规担保承诺行为
《国务院关于加强地方政府性债务管理的意见》	国发〔2014〕43 号	建立地方政府性债务风险预警机制，地方政府对其举借债务负有偿还责任
《关于对地方政府债务实行限额管理的实施意见》	财预〔2015〕225 号	要求建立健全地方政府债务风险防控机制，加强地方政府债务管理，并妥善处理好存量债务，推动有经营收益和现金流的融资平台公司向市场化改制、转型
《关于进一步规范地方政府举债融资行为的通知》	财预〔2017〕50 号	规范融资平台公司融资行为管理，规范政府和社会资本合作（PPP），科学制定债券发行计划，控制节奏和规模，提高债券透明度和资金使用效益

续表

政策文件	文号	主要内容
《关于坚决制止地方以政府购买服务名义违法违规融资的通知》	财预〔2017〕87号	设置政府购买服务负面清单，强调金融机构、地方政府、承接主体的融资合规责任
《关于规范金融企业对地方政府和国有企业投融资行为有关问题的通知》	财金〔2018〕23号	不得违规新增地方政府融资平台公司贷款。不得提供债务性资金作为地方建设项目、政府投资基金或政府和社会资本合作（PPP）项目资本金等

资料来源：根据国务院、财政部发布的相关政策文件整理。

（二）财政金融监管的国际经验

1. 美国的财政金融监管框架

美国财政部（U. S. Department of the Treasury）与中央银行在金融监管方面相互独立。美国财政部具有金融立法职权，如财政部下设的货币监理署（OCC）提交的《多德-弗兰克法案》（2010年7月21日生效）是大萧条以来最全面、最严厉的金融改革法案，形成了财政部与美联储共同开展商业银行和保险等金融机构监管的多头规制局面。

在财政金融监管方面，美国政府特别注重事前监管。美国实行联邦、州和地方财政税收相对独立的三级管理体制，财政部要求州政府报告中期（3~5年）财政预算（Poterba，2000），要求预算过程公开透明。各州和地方政府具有较大的举债权力，但联邦政府对财政赤字、偿债比率、担保上限等事先做出了明确限制。

《美国破产法》规定若地方政府无法按照约定向债权人承担偿债义务，允许市和市以下地方政府宣布破产，上级政府可临时控制地方政府并接管地方财政。此外，在金融危机时期美国财政部开展危机救助，通过财税支援、国有化政策等方式进行不良资产重整并恢复信贷市场和资本市场信心。

2. 英国的财政金融监管框架

英国财政部（Her Majesty's Treasury）在宏观金融风险管理方面占据关键地位，1946 年《英格兰银行法》规定将英格兰银行收归财政部。金融政策委员会（FPC）负责制定宏观审慎政策，识别、监控并采取措施消除或减少系统性风险，FPC 对财政部、英格兰银行理事会以及英国议会负责，成员由财政大臣和英格兰银行行长共同任命。金融行为监管局（FCA）负责审慎监管和行为监管，直接对财政部负责。

在财政金融监管方面，英国财政部 2000 年成立了独立的债务管理办公室，同时确立了"量入为出"的财政管理原则。地方政府首席财政官须提供基于谨慎性指标的财政稳健性报告，确立符合地方政府财政承受能力的借款计划。英国财政部要求地方政府审慎确立可承受的最高投资水平，并且在地方政府预算和概算报告中将最高投资水平中地方政府计划自筹部分上报。为应对可能发生的地方过度负债风险，英国还设立了偿债准备金制度。此外，英国财政部还负责银行破产重整和金融危机救助。当财政金融风险发生时，英国财政部通过减税、注资、担保、临时国有化等主要手段救助濒危金融机构。美国次贷危机爆发后，英国北岩银行、苏格兰皇家银行（RBS）等大型金融机构遭受重创，2009 年 7 月英国财政部发布《改革金融市场》白皮书，提出了一整套金融监管改革框架（Walker，2010）。英国通过了 2009 年《银行法》，明确规定由财政部来发布业务准则，进而规范银行破产管理程序。当银行破产不可避免时，英国财政部作为特别决议制度（Special Resolution Regime，SRR）中的主导部门（Brierley，2009），财政大臣可授权公共基金用于临时救助。

3. 澳大利亚的财政金融监管框架

1998 年，澳大利亚开始实践金融稳定监管与市场行为规范并重的双峰监管（Twin Peaks Supervision）机制。① 如图 8 - 3 所示，澳大利亚审慎监管局（APRA）和证券与投资委员会（ASIC）分别是实施审慎监管与市场行为监管的机构，澳大利亚储备银行（RBA）负责货币政策与支付清算监管。监管机构对澳大利亚国库部（the Australian Treasury，也译作澳大利亚财政部）负责。国库部统筹财税管理、国债发行、财政与产业政策以及财政金融监管。

在财政金融监管方面，澳大利亚探索了一条明晰权责、有序规制的路径。澳大利亚实行分税制，地方政府拥有税收立法权与举

---

① 英国经济学家 Michael Taylor 于 1995 年提出了基于目标导向监管理念的双峰监管模式。该模式认为适宜的监管框架应包括微观审慎、宏观审慎和行为监管部门。

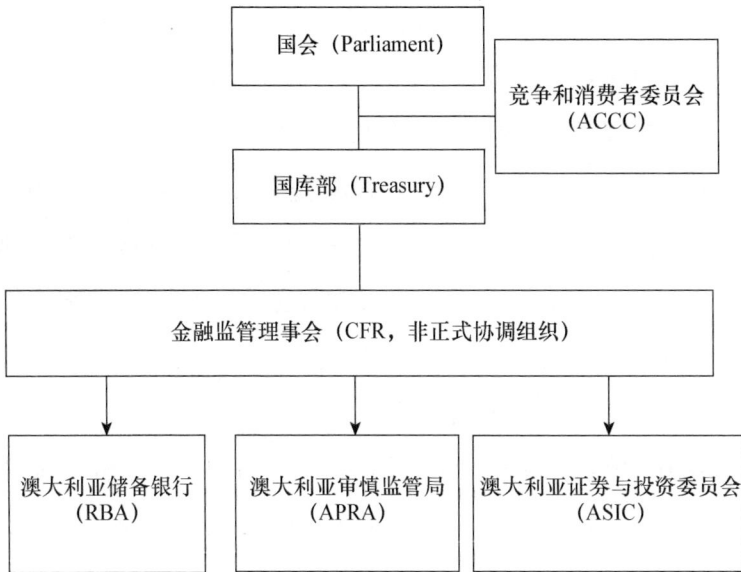

图 8-3　澳大利亚金融监管框架

资料来源：金仲荷. 澳大利亚财政金融风险监管体制、做法及借鉴意义〔J〕. 中国经贸，2008，(05)：70-73.

债权，联邦政府和地方政府以协商、谈判方式管理地方债。各州财政国库公司依据实际需求从金融市场发行债券，例如新南威尔士州财政国库券公司（NSW Treasury Corporation）是目前澳大利亚最大的地方举债平台，该平台拥有标准普尔和穆迪评定的 AAA信用等级，为当地的交通、管网、港口、水利等基础设施建设提供资金。联邦政府设有借款委员会（Australian Loan Council）专门规制政府公共债务，该委员会由国库部部长担任主席，国库部部长向国会汇报财政金融监管事项。在《诚信预算宪章》《新财政管理法》《完整政府预算法》等法案框架下，国库部建立了地方政府债务报告制度，以清晰掌握地方政府债务情况（Brittle，2009）。此外，国库部还特别关注金融机构风险处置，例如 1999 年 HIH 保险有限公司倒闭事件发生后，联邦政府会同新南威尔士州和昆士兰州政府开展了财政救助，此后澳大利亚国库部强化了国库部对澳大利亚审慎监管局的直接领导和沟通，加强了对金融机构的监管职权。

（三）中外对比与总结

我国的国家治理体系仍有计划经济时代的遗留痕迹，例如中华人民共和国成立后依照苏联模式设立的财政部，基本职能是拟订财税战略与政策、起草财税会计法律、管理财政收支等[①]，主要负责国家内部税收和非税收入的统筹分配。而西方国家的财政部通常既负责国家财税管理和分配，也行使金融监管职能。例如美国财政部的定位是"负责促进美国经济繁荣、确保美国金融安全的执行机构"[②]。相较而言，中国财政部是单一职能，名称上译作 Ministry of Finance（MOF）；美国、澳大利亚、英国等西方财政部多为综合职能，一般译作 Department of the Treasury（DOT）。

总的来看，不论哪种财政体制，由财政部门对金融机构行使监督管理权均是公共财政的一项重要职能。无论与美国财政部在

---

① 中国财政部官方网站。
② 美国财政部官方网站。

其多重监管金融监管体系中的作用，还是与澳大利亚国库部、英国财政部在双峰监管体系中的统筹地位相比，我国财政部门在金融监管中的地位或者作用都有待加强。尽管近年来随着国家金融监管体系的不断健全，财政部门在财政性金融活动中的监管职能得到不断强化，但是与西方国家相比仍然存在着不小差距。美国、英国、澳大利亚等多数发达国家财政部门都是国家金融监管体系的核心参与者，财政部门与各自国家的中央银行、审慎监管局等监管部门分工协作，特别是在地方债务、系统重要性金融机构破产管理、不良金融资产处置、金融危机救助等方面，财政部门应从维护金融稳定和国家金融安全角度出发，深度参与和主导财政金融监管。

五、加强我国财政金融监管的政策建议

1. 在履行出资人职能方面提升资本配置效率

目前，由各级财政出资的国有金融资本广泛分布于银行、证券、保险、信托、公募基金等领域，但是资本配置效率有待提高，退出机制缺乏明确路径。在国有金融机构出资方面应采用"有进有退、有扶有控"的策略，完善激励约束机制，注重财政金融监管的科学性和有效性，提升财政资源的金融配置效率。一方面，应在政策性和战略性金融领域、系统重要性金融机构以及涉及国家金融安全的金融基础设施类机构保持控制力；另一方面，适当

减少竞争性金融领域财政资源的过度注资，按照国有资本挂牌转让程序减持部分市场化国有金融机构的股权，并稳妥推进混合所有制改革。此外，财政部门在履行国有金融资本出资人职责时，要从管资产向管资本转型，在维护股东权益的同时也应充分尊重市场规律、防止行政干预。

2. 在防止财政风险金融化方面应进一步规范政府举债行为

作为地方政府事实上的"第二财政"，地方融资平台为区域基础设施建设、城市产业发展和地区经济增长作出了重要贡献，但也使地方政府面临严峻的财政金融风险。近年来虽然出台了一系列政策文件对地方政府无序负债进行了规制，但是各种"创新"的地方平台融资工具仍然层出不穷，形成了难以统计的表外隐性负债。今后一段时间，财政金融监管应着眼于"透明、有序"原则，在总杠杆率可控的前提下，"堵后门、开前门"，赋予地方政府依法适度举债融资权限，使地方政府的隐性债务显性化。同时，厘清政府与市场边界，引导地方政府融资平台公司进行市场化转型。相关政策文件可列明负面清单，划出具体红线以制止"打擦边球"的融资行为死灰复燃，深化财权事权改革，在地方层面着手构建完善的现代财政体系。

3. 在监管工具方面应充分应用新兴科技手段

近年来，人工智能、区块链、大数据等新兴技术越来越多地应用于财政金融监管领域。例如 2018 年，英国财政部、金融行为监管局和英格兰银行共同组建加密资产专项工作组，并尝试将区块链技术用于地方债务监管方面。2019 年美国财政部运用大数据和区块链技术来追踪和分析联邦财政补贴计划，从而实现更高效地分配和使用财政资源。事实上，云计算、RPA、机器学习、区块链等监管科技手段可应用于资本金投放、登记确权、金融资产评估、不良资产处置和证券化、金融机构股权转让、国有金融资本运营分析及财政风险预警等各个方面，具有广阔的应用前景。

4. 在监管协作方面应建立良好的跨部门联动机制

财政金融监管是一个涉及多个部门、多方利益的系统工程，实践中存在职能分散、权责不明、授权不清的现象。中央国有金融机构主要由财政部及其设立的中央汇金公司注资和管理，地方国有金融机构一般由财政部驻地方专员办、地方财政、金融管理局、地方国资委来监管。财政金融监管涉及央地财政部门与"一委一行两会"等行业金融监管部门及其地方派出机构的横向和纵向协作问题。在监管职责方面，财政部门主要是履行出资人职责、强化内部控制、加强金融财务监管、防止财政金融风险跨界传导以及风险集中暴露时的不良资产处置和危机救助，一委一行两会主要是进行宏观审慎和微观审慎监管。相关各方需加强协调配合、无缝衔接，及时共享监管过程中掌握的金融机构经营情况、风险数据和异常信息，避免出现监管真空，共同防范和化解财政金融风险。

第 9 章

从瑞幸咖啡事件谈跨境金融监管

武良山　王文韬

一、瑞幸咖啡财务造假事件简要回顾

2019 年 5 月 17 日，创办仅 18 个月的瑞幸咖啡登陆美国纳斯达克上市，融资 6.95 亿美元，成为世界范围内从成立到 IPO 最快的公司。按发行价，瑞幸咖啡的市值高达 42.5 亿美元。2020 年 1 月，瑞幸咖啡完成增发并发行可转债，再度融资 11 亿美元。2020 年 1 月 31 日晚，美国浑水公司（Muddy Waters Research）公开指控瑞幸咖啡数据造假，在 2019 年第三季度和第四季度单个店铺的日销售商品数据被夸大至少 69% 和 88%。同时，浑水公司发布了一份长达 89 页的报告，其中雇用了 92 个全职调查员和 1 400 多名兼职调查员，收集了 25 000 多张瑞幸咖啡小票，录制了 11 260 小时视频，并收录了大量内部微信聊天记录。报告称："瑞幸咖啡在 2019 年 5 月上市时，试图通过极低的折扣和免费赠送咖啡，将喝咖啡的文化灌输给中国消费者，这是一个彻底失败的业务。""在其 6.95 亿美元的首次公开募股之后，该公司从 2019 年第三季度开始捏造财务和运营数据，已经演变成了一场骗局。"2020 年 2 月 3 日晚间，针对美国做空机构浑水公司发出的做空报告，中国初创企业瑞幸咖啡发布澄清声明，不承认数据造假事宜，否认做空报告中的所有指控，认为该做空报告的论证方式存在缺陷，报告中包含的所谓证据无确凿事实依据，且报告中的指控均基于毫无根据的推测，认为该报告存在对公司业务模式和运营环境的根本性误解。瑞幸咖啡打算采取适当措施来应对这些恶意指控，以保护股东们的利益。2020 年 2 月 4 日，中金公司发布《瑞幸咖啡：匿名沽空指控缺乏有效证据》，海通国际发布 "Luckin Coffee（LK US）—Key Observations From Short Selling Report"（《瑞幸咖啡——对卖空报告的主要观察结论》）认为：该做空报告存在一些缺陷，比如它选择的数据、错误的会计标准，以及对瑞幸咖啡商业模式缺乏了解。瑞幸咖啡商业模式的一个关键优势是，所有交易都是通过在线支付平台处理的，很难伪造交易。摩根士丹利也认为，"瑞幸咖啡 2018 年至 2021 年的销售额将增长 30 倍"。然而，两个月后的 2020 年 4 月 2 日，瑞幸咖啡正式发布公告，承认虚假交易 22 亿元人民币，股价随即暴跌 80%，盘中数次暂停交易。4 月 5 日，瑞幸咖啡发布道歉声明。

如图 9-1 所示，从市场表现来看，瑞幸咖啡被做空前一直被投资者视为发展潜力大、极具投资价值的明星企业。在被做空后，瑞幸咖啡跌去了多数市值，并不得不面临退市的最终归宿。

图 9-1　瑞幸咖啡股票周线示意图

二、瑞幸咖啡财务造假事件后中美监管层的处理方式

2020 年 4 月 2 日，瑞幸咖啡公告承认造假后，美国证券交易

委员会（Securities and Exchange Commission，SEC）对瑞幸咖啡披露的该公司会计欺诈一事展开了调查。美国证券交易委员会同时声称，能否彻底调查瑞幸咖啡被曝光的不当行为将取决于同样正在调查此事的中国监管部门分享多少信息。事实上，瑞幸咖啡造假事件也引起了我国监管部门的高度重视。2020 年 4 月 3 日，证监会表示将高度关注瑞幸咖啡财务造假事件，对财务造假行为给予强烈谴责，并表示将按照国际金融监管合作的有关安排，依法对相关情况进行核查，坚决打击证券欺诈行为，切实保护投资者权益。2020 年 4 月 22 日，中国银保监会谈瑞幸咖啡财务造假，表示将积极配合主管部门依法严厉惩处。2020 年 4 月 27 日，证监会进一步回应称，自瑞幸咖啡自曝财务造假以来，证监会就跨境监管合作事宜与美国证券交易委员会进行沟通，美国证券交易委员会作出了积极回应。2020 年 5 月 19 日晚间，瑞幸咖啡发布公告称，收到纳斯达克交易所通知，要求从纳斯达克退市。2020 年 6 月 27 日，瑞幸咖啡发布声明：将于 2020 年 6 月 29 日停牌并进行退市备案。2020 年 7 月 31 日，财政部表示，自 2019 年 4 月起至 2019 年末，瑞幸咖啡公司通过虚构商品券业务增加交易额 22.46 亿元。2020 年 7 月 31 日，证监会宣布，瑞幸咖啡财务造假调查取得重要进展。

三、瑞幸咖啡事件对我国企业在国外投资和上市的影响

美国法律对公司财务造假行为惩罚极其严厉，瑞幸咖啡财务

数据造假的后果是其要承担来自美国证券交易委员会的法律制裁，并遭遇集体诉讼，面临着大规模的罚款，公司管理层也要承担不同的法律责任。在当前中美关系趋于对抗的总基调下，瑞幸咖啡事件可能会使外国投资者对中国企业存在更多的偏见和质疑，使得日后在境外上市的中概股在融资方面很可能会有更大的阻碍，也对中国企业的国际化发展带来了消极的影响。

四、美国有多年的跨境金融监管经验

美国的金融监管尤其注重信息披露和反欺诈问题。早在 20 世纪 30 年代的《证券法》和《证券交易法》就强调了公众公司的信息披露的合规性、财务报告的真实性问题。随着美国国力的发展，各级法院积累了非常丰富的跨国金融监管经验，逐步明确了跨境金融管辖的相关原则和标准，例如以对美国的股票投资者造成损害为追偿依据，即使该欺诈行为发生在美国境外，美国依旧可以依法处理该项欺诈交易行为并赋予美国联邦法院对该欺诈行为的管辖权。随着相关案件的积累，美国逐步对欺诈损害的直接性和损害程度进行了类比明确，例如，如果欺诈行为与美国投资者的损失之间具有明显的因果关系，那么一般会通过集体诉讼等方式发起监管处置。此外，股票欺诈案件中只要部分行为发生在美国境内，联邦法院就会对该欺诈案件行使管辖权。

五、我国跨境金融监管刚刚起步

近年来，我国企业"走出去"高潮迭起，跨国证券融资已是常态。然而，由于出境上市企业一般采取 VIE 架构，对其进行监管十分不便。欺诈行为发生时，监管取证较难，信息往往滞后，旧版《证券法》未能设置域外管辖条款，缺乏执法依据。2020 年，新《证券法》为跨国金融监管机制奠定了初步依据。我国《证券法》以属地管辖为主，主要规范境内的股票、公司债券、存托凭证和国务院依法认定的其他证券发行和交易活动。同时，考虑到证券领域跨境监管的现实需要，基于保护性管辖原则，新《证券法》增加了对境外发行和交易活动的相关监管条款，明确了《证券法》的域外适用效力。新《证券法》第二条规定，"在中华人民共和国境外的证券发行和交易活动，扰乱中华人民共和国境内市场秩序，损害境内投资者合法权益的，依照本法有关规定处理并追究法律责任"。这意味着，跨境监管开始有了法律依据。换言之，一切境外股票发行和交易行为，只要损害了中国境内投资者权益，就要受到中国法律的约束和制裁。瑞幸咖啡的注册地为开曼群岛，并在美国纳斯达克股票市场上市，而实体业务则在中国，国内的个人投资者通过购买 QDII（合格境内机构投资者）基金的方式对瑞幸咖啡进行了投资，财务造假行为也同时损害了中国投资者的利益，证监会等部门对其进行调查也就变得有法可依。

六、从瑞幸咖啡事件看跨境金融监管的未来趋势

瑞幸咖啡事件中受损害的主要主体是美国的投资者，本次监管处置中，中国证监会与美国证券交易委员会进行了部分信息共享，有利于打击财务造假，维护中概股的整体形象和利益。中国证监会一向对跨境监管合作持积极态度，支持境外金融监管机构查处其辖区内上市公司财务造假行为。

需要注意的是，在境内和境外国家都对同一件欺诈发行和交易案件具有管辖权时，按照国际惯例，应避免引发管辖权冲突，导致利益冲突和监管对抗。从长期看，跨境金融监管应保持在适当的权限范围，防止形成长臂管辖和司法冲突。

展望未来，各国证券市场的联系日益密切，中国应当突破原来的属地管辖原则，在大量的跨国金融监管案件中不断积累经验。同时，应当强化中介机构的责任，加强上市公司审计监管，推动服务机构建立健全质量控制体系、提高执业质量，持续促进财务信息披露质量的提升。当欺诈事件发生时，中国应当与境外金融监管机构加强合作，共同打击跨境违法违规行为，依法保护各国投资者合法权益，维护中概股的整体利益和形象，建设守法、合规的市场环境。

第四篇
政策解读篇

第 10 章

2019 年我国主要金融监管政策梳理和点评

1. 中国人民银行 2019 年 1 月 2 日决定调整普惠金融定向降准小微企业贷款考核标准

主要内容： 自 2019 年起，决定将普惠金融定向降准小型和微型企业贷款考核标准由"单户授信小于 500 万元"调整为"单户授信小于 1 000 万元"。

K50 智库点评： 现在将考核标准由"单户授信小于 500 万元"调整为"单户授信小于 1 000 万元"，相当于降低了定向降准门槛，将原来不属于优惠政策范围内的 500 万元至 1 000 万元的小微企业纳入进来，能使更多银行获得定向降准机会；同时，原享受优惠的授信企业信贷规模可以从最高 500 万元提升至最高 1 000 万元，提升了单户小微企业的授信额度，增加了市场的流动性。根据各家银行当前银行法定存款准备金率情况和普惠标准测算，此次央行释放的流动性在 5 000 亿元左右。这有利于扩大普惠金融定向降准优惠政策的覆盖面，引导金融机构更好地满足小微企业的贷款需求，使更多的小微企业受益；有利于银行因企施策，信贷模式有望进一步优化，对小微企业的风险管控能力将获得提升。

2. 两整治办 2019 年 1 月 21 日下发《关于做好网贷机构分类处置和风险防范工作的意见》

主要内容：《意见》将全部网贷机构分为六大类。首先，针对已出险机构中已立案的机构，处置工作目标为：提高追赃挽损水平，稳控投资者情绪；其次，针对已出险未立案机构，处置工作目标为：平稳有序处置风险；再次，针对僵尸类机构，处置工作目标为：尽快推动机构主体退出；第四，针对在营规模较小机构，处置工作目标为：坚决推动市场出清，引导无风险退出；第五，针对在营高风险机构，处置工作目标为：稳妥推动市场出清，努力实现良性退出；第六，针对正常运营机构，处置工作目标为：坚决清理违法违规业务，不留风险隐患。

K50 智库点评：网贷行业的首要任务是化解存量风险，尽快推动备案落地，促使行业发展回归到常态经营的轨道上来。该文件严格要求网贷机构退出，重点在于对未出险机构做出了明确的退出要求。对于不主动退出的机构，通过协调银行和第三方支付

公司，严格检查来发现问题并移送司法机关来强压机构主动退出，对于退出机构的借贷余额和出借人数门槛，由各省市自行制定。整体看，"双降"是主要趋势。从全国层面上再次明确了加快 P2P 风险化解的决心，可以有效消除地方监管机构的后顾之忧，加快风险平台退出速度。监管部门的合规检查、资金监测分析、风险评估以及"双降"政策等，都是有效的网贷行业风险出清的办法，因为只有真正合规经营的企业才可以经受得住强监管的考验。

3. 中国人民银行 2019 年 1 月 24 日决定创设央行票据互换工具 为银行发行永续债提供流动性支持

主要内容： 为提高银行永续债（含无固定期限资本债券）的流动性，支持银行发行永续债补充资本，中国人民银行决定创设央行票据互换工具（CBS），公开市场业务一级交易商可以使用持有的合格银行发行的永续债从中国人民银行换入央行票据。同时，将主体评级不低于 AA 级的银行永续债纳入中国人民银行中期借贷便利、定向中期借贷便利、常备借贷便利和再贷款的合格担保品范围。央行票据互换操作采用固定费率数量招标方式，面向公开市场业务一级交易商进行公开招标。中国人民银行从中标机构换入合格银行发行的永续债，同时向其换出等额央行票据。到期时，中国人民银行与一级交易商互相换回债券。银行永续债的利息仍归一级交易商所有。央行票据互换操作的期限原则上不超过 3 年，互换的央行票据不可用于现券买卖、买断式回购等交易，但可用于抵押，包括作为机构参与央行货币政策操作的抵押品。央行票据期限与互换期限相同，即在互换到期时央行票据也相应到期。在互换交易到期前，一级交易商可申请提前换回银行永续债，经中国人民银行同意后提前终止交易。由于央行票据互换操作为"以券换券"，不涉及基础货币吞吐，对银行体系流动性的影响是中性的。

K50 智库点评：将主体评级不低于 AA 级的银行永续债纳入中国人民银行中期借贷便利、定向中期借贷便利、常备借贷便利和再贷款的合格担保品范围，扩大了公开市场抵押品余额，缓解了之前部分商业银行因抵押品不足导致的无法从央行获得资金的问题。央行票据互换工具可以增加持有银行永续债的金融机构的优质抵押品，提高银行永续债的市场流动性，增强市场认购银行永续债的意愿，从而支持银行发行永续债补充资本，为加大金融对实体经济的支持力度创造有利条件。同时，也有利于疏通货币政策传导机制，防范和化解金融风险，缓解小微企业、民营企业融资难问题。

4. 银保监会 2019 年 1 月 25 日下发《关于保险资金投资银行资本补充债券有关事项的通知》

主要内容：一是保险资金可以投资银行发行的二级资本债券和无固定期限资本债券。二是政策性银行发行的二级资本债券和无固定期限资本债券，比照准政府债券的投资规定执行。三是商业银行发行的二级资本债券和无固定期限资本债券纳入无担保非金融企业（公司）债券管理。四是保险资金可以投资商业银行二级资本债券和无固定期限资本债券。

K50 智库点评： 此举有助于商业银行进一步充实资本，优化资本结构，扩大信贷投放空间，增强服务实体经济和抵御风险的能力，丰富保险资金配置。

5. 银保监会 2019 年 1 月 29 日发布《银行业金融机构反洗钱和反恐怖融资管理办法》

主要内容：《办法》从内部控制角度，对银行业金融机构提出了反洗钱和反恐怖融资工作要求。银行业金融机构应当按照风险为本的原则，将洗钱和恐怖融资风险管理纳入全面风险管理体系；建立完善的反洗钱和反恐怖融资内部控制制度；明确董事会、监事会、高级管理层及相关部门的职责分工；有效履行客户身份识别、客户身份资料和交易记录保存以及大额交易和可疑交易报告等各项反洗钱和反恐怖融资义务。

K50 智库点评：《办法》从机构、业务、人员的角度，系统梳理并总结了银行业反洗钱市场准入的工作要求，加强对机构的投资入股资金、股东背景等的审查，防止不法分子通过设立金融机构进行洗钱活动。

6. 证监会 2019 年 1 月 30 日《关于在上海证券交易所设立科创板并试点注册制的实施意见》

主要内容：《实施意见》指出，科创板根据板块定位和科创企

业特点，设置多元包容的上市条件，允许符合科创板定位、尚未
盈利或存在累计未弥补亏损的企业在科创板上市，允许符合相关
要求的特殊股权结构企业和红筹企业在科创板上市。科创板相应
设置投资者适当性要求，防控好各种风险。《实施意见》明确，在
科创板试点注册制，合理制定科创板股票发行条件和更加全面深
入精准的信息披露规则体系。上交所负责科创板发行上市审核，
中国证监会负责科创板股票发行注册。中国证监会将加强对上交
所审核工作的监督，并强化新股发行上市事前事中事后全过程监
管。《实施意见》明确，为做好科创板试点注册制工作，将在五个
方面完善资本市场基础制度：一是构建科创板股票市场化发行承
销机制；二是进一步强化信息披露监管；三是基于科创板上市公
司特点和投资者适当性要求，建立更加市场化的交易机制；四是
建立更加高效的并购重组机制；五是严格实施退市制度。

K50 智库点评：推出科创板并试点注册制是我国资本市场发
展历史上的重要里程碑。科创板的创立初衷是为了扶持国家的科
技创新型产业，为企业上市发展进行融资，尤其是初创阶段的中
小型科创公司。科创板的推出将为它们的高技术、高创新带来更
多展示的机会，也为它们快捷募集资金、快速推进科研成果资本
化带来便利，加速科创企业的发展。允许红筹架构的公司（也就
是海外控股公司）在科创板上市，推进了中国证券市场与标准化
国际市场的接轨，在技术经济上的精进，在市场制度上的趋同，

都进一步地提升了中国资本市场的国际竞争力。

7. 中国人民银行 2019 年 2 月 12 日发布《企业银行结算账户管理办法》

主要内容：境内依法设立的企业法人、非法人企业、个体工商户在银行办理基本存款账户、临时存款账户业务（含企业在取消账户许可前已开立基本存款账户、临时存款账户的变更和撤销业务），由核准制改为备案制，中国人民银行不再核发开户许可证。取消企业用户账户许可后，企业基本存款账户、临时存款账户开立、变更、撤销以及企业银行账户管理，要遵循《办法》执行。

K50 智库点评：此举有利于央行后期对企业银行账户的统一管理，有利于反洗钱等监管活动的开展。

8. 国务院 2019 年 2 月 14 日印发《关于加强金融服务民营企业的若干意见》

主要内容：加大金融政策支持力度，着力提升对民营企业金融服务的针对性和有效性。实施差别化货币信贷支持政策。合理调整商业银行宏观审慎评估参数，鼓励金融机构增加民营企业、小微企业信贷投放。完善普惠金融定向降准政策。增加再贷款和再贴现额度，把支农支小再贷款和再贴现政策覆盖到包括民营银行在内的符合条件的各类金融机构。加大对民营企业票据融资支持力度，简化贴现业务流程，提高贴现融资效率，及时办理再贴现。加快出台非存款类放贷组织条例。支持民营银行和其他地方法人银行等中小银行发展，加快建设与民营中小微企业需求相匹配的金融服务体系。深化联合授信试点，鼓励银行与民营企业构建中长期银企关系。加大直接融资支持力度。积极支持符合条件的民营企业扩大直接融资。完善股票发行和再融资制度，加快民营企业首发上市和再融资审核进度。提高金融机构服务实体经济能力。支持金融机构通过资本市场补充资本。加快商业银行资本补充债券工具创新，支持通过发行无固定期限资本债券、转股型二级资本债券等创新工具补充资本。采取多种方式健全地方增信体系。发挥国家融资担保基金的引领作用，推动各地政府性融资担保体系建设和业务合作。建立"敢贷、愿贷、能贷"长效机制。商业银行要推动基层分支机构下沉工作重心，提升服务民营企业的内生动力。增强金融服务民营企业的可持续性。商业银行要遵循经济金融规律，依法合规审慎经营，科学设定信贷计划，不得组织运动式信贷投放。

K50 智库点评：该《意见》有效缓解了民营企业融资难融资贵问题。《意见》中很多地方涉及小微企业，更为关键的是还涉及不少普惠金融的概念，诸如"差异化监管"、"普惠金融能力建设"、"普及金融可持续性发展"以及"普惠金融可获得性"。《意见》明确，坚持对各类所有制经济一视同仁，消除对民营经济的各种隐性壁垒，着力疏通货币政策传导机制，重点解决金融机构对小微企业"不敢贷、不愿贷、不能贷"问题，增强金融机构服务民营企业，特别是小微企业的能力，扩大对小微企业的有效金融供给。为此，《意见》分别从金融政策、融资服务基础设施建设、金融机构绩效考核及激励机制等几个方面提出明确要求。在有效缓解当前融资痛点、堵点的同时，精准分析民营企业融资难、融资贵背后的制度性、结构性原因，注重优化结构性制度安排，建立普惠金融长效机制，提升金融服务民营企业和小微企业的质效。

9. 银保监会 2019 年 2 月 25 日发布《关于进一步加强金融服务民营企业有关工作的通知》

主要内容：《通知》要求，商业银行要在 2019 年 3 月底前制定 2019 年度民营企业服务目标。在内部绩效考核机制中提高民营企业融资业务权重。尽快建立健全民营企业贷款尽职免责和容错纠错机制，对已尽职但出现风险的项目，可免除相关人员责任。根据民营企业融资需求特点，借助互联网、大数据等新技术，设计个性化产品，综合考虑资金成本、运营成本、服务模式以及担保方式等因素科学定价。推广预授信、平行作业、简化年审等方式，提高信贷审批效率。保险机构要在风险可控的情况下提供更灵活的民营企业贷款保证保险服务。鼓励银行保险机构加大对民营企业债券的投资力度。

K50 智库点评：新规旨在进一步缓解民营企业融资难融资贵问题。传统金融机构的机构属性和民营企业自身特点存在一定的矛盾，导致民营企业通过传统金融机构融资困难重重。主要表现在 3 个方面：一是传统金融机构的低风险偏好与民营企业低信用等级相矛盾；二是传统金融机构要求抵质押物与民营企业无可质押资产相矛盾；三是传统贷款审批周期长和民营企业对资金的时效性要求存在矛盾。针对这 3 个问题，《通知》从持续优化金融服务体系、抓紧建立"敢贷、愿贷、能贷"的长效机制、公平精准有效开展民营企业授信业务等 8 个方面，提出了 23 条细化措施。

10．银保监会 2019 年 3 月 4 日发布《关于 2019 年进一步提升小微企业金融服务质效的通知》

主要内容：强化对"两增"目标的考核。全年努力完成"单户授信总额 1 000 万元及以下小微企业贷款（以下简称'普惠型小微企业贷款'）较年初增速不低于各项贷款较年初增速，有贷款余额的户数不低于年初水平"。合理控制小微企业贷款资产质量水平和贷款综合成本。力争将普惠型小微企业贷款不良率控制在不高于各项贷款不良率 3 个百分点以内。针对大型银行、股份制银行和邮储银行、城市商业银行、民营银行、农村商业银行、农村信用社、农村合作银行、村镇银行、开发银行、政策性银行、外资银行和非银行金融机构展开分类考核。继续保持小微企业贷款利率定价合理水平。建立差异化的小微企业利率定价机制。各商业银行要综合考虑资金成本、运营成本、服务模式以及担保方式等因素，实施差别化的利率定价。推动完善小微企业增信体系，提高风险分担能力和水平。

K50 智库点评：《关于 2019 年进一步提升小微企业金融服务质效的通知》是银保监会为深入贯彻习近平总书记在中共中央政治局第十三次集体学习中关于深化金融供给侧结构性改革、增强金融服务实体经济能力的重要讲话精神，落实中央经济工作会议要求，推动银行保险机构持续改进小微企业金融服务，进一步缓解小微企业融资难融资贵问题发布的一则通知。该《通知》对于缓解小微企业融资约束具有较好的引导意义。

11. 银保监会 2019 年 3 月 4 日发布《商业银行净稳定资金比例信息披露办法》

主要内容：《办法》指出，经银保监会根据《商业银行资本管理办法（试行）》核准实施资本计量高级方法的银行在财务报告中或官方网站上披露最近两个季度的净稳定资金比例信息的频率，并应当披露与净稳定资金比例有关的定性信息。规定了各类商业银行的这类信息的披露频率和并表口径。

K50 智库点评：该《办法》有利于强化市场约束，提高商业银行流动性风险管理水平，促进银行业安全稳健运行。

12. 财政部 2019 年 3 月 8 日发布《关于推进政府和社会资本合作规范发展的实施意见》

主要内容：本《实施意见》要求坚持必要、可承受的财政投入原则，审慎科学决策，健全财政支出责任监测和风险预警机制，

防止政府支出责任过多、过重加大财政支出压力，切实防控假借
PPP 名义增加地方政府隐性债务。要求公平、公正、公开择优采
购社会资本方。用好全国 PPP 综合信息平台，充分披露 PPP 项目
全生命周期信息，保障公众知情权，对参与各方形成有效监督和
约束。《实施意见》提出了鼓励民资和外资参与、加大融资支持、
聚焦重点领域等七方面要求。具体实施措施还包括加大对民营企
业、外资企业参与 PPP 项目的支持力度，向民营企业推介政府信
用良好、项目收益稳定的优质项目，并在同等条件下对民营企业
参与项目给予优先支持。引导保险资金、中国 PPP 基金加大项
目股权投资力度，拓宽项目资本金来源。鼓励通过股权转让、资
产交易、资产证券化等方式，盘活项目存量资产，丰富社会资本
进入和退出渠道。优先支持基础设施补短板以及健康、养老、文
化、体育、旅游等基本公共服务均等化领域有一定收益的公益性
项目。

K50 智库点评：本《实施意见》明确了规范的 PPP 项目应当
符合的条件，例如要求建立完全与项目产出绩效相挂钩的付费机
制，不得通过降低考核标准等方式，提前锁定、固化政府支出责
任，按规定纳入全国 PPP 综合信息平台项目库，及时充分披露项
目信息，主动接受社会监督等。特别地，这次文件规定了新上政
府付费项目的细则，包括财政支出责任占比超过 5% 的地区，不
得新上政府付费项目。项目内容无实质关联、使用者付费比例低

于 10％的，不予入库等。《实施意见》对于规范的 PPP 项目坚定不移地大力推进；对于不规范的 PPP 项目，要限期整改完善，构成违法违规举债的，要坚决予以严肃问责，牢牢守住不新增地方政府隐性债务风险的底线。通过传递明确的政策信号，能够稳定市场预期，提振市场信心，推动 PPP 事业行稳致远。

13．中国银行业协会 2019 年 3 月 18 日发布《商业银行资产托管业务指引》

主要内容：《指引》明确，托管银行承担的托管职责仅限于法律法规规定和托管合同约定，对实际管控的托管资金账户及证券账户内资产承担保管职责，不包含投资者的适当性管理、审核项目及交易信息的真实性、对托管产品本金及收益提供保证或承诺、对未兑付托管产品后续资金的追偿等。《指引》要求，托管银行不得混同管理托管资产与托管银行自有财产、不得混同管理不同的托管资产、不得参与托管资产的投资决策等。风险管理方面，《指引》规定，托管银行应建立科学合理、严密高效的风险控制体系，健全和完善内部控制体系，实施有效的控制措施，针对托管产品准入、合同签署、业务流程、信息系统、运营操作等各个环节，加强风险排查、风险管控和检查稽核。

K50 智库点评：《指引》进一步完善了资产托管行业自律规范制度，将推动资产托管机制发挥促进资管行业合规经营、保障国家经济金融安全、构筑社会诚信体系等方面的重要作用。

14. 中共中央办公厅、国务院办公厅 2019 年 4 月 7 日发布《关于促进中小企业健康发展的指导意见》

主要内容：《意见》重点提出了破解融资难融资贵问题和完善财税支持政策的若干重点举措：一是完善中小企业融资政策，进一步落实普惠金融定向降准政策，加大再贴现对小微企业的支持力度，重点支持小微企业 500 万元及以下小额票据贴现，将支小再贷款政策适用范围扩大到符合条件的中小银行（含新型互联网银行），将单户授信 1 000 万元及以下的小微企业贷款纳入中期借贷便利的合格担保品范围；二是积极拓宽融资渠道，进一步完善债券发行机制，实施民营企业债券融资支持工具，大力发展高收益债券、私募债、双创专项债务融资工具、创业投资基金类债券、创新创业企业专项债券等产品；三是支持利用资本市场直接融资，加快中小企业首发上市进度，支持中小企业在新三板挂牌融资，落实创业投资基金股份减持比例与投资期限的反向挂钩制度；四是减轻企业融资负担，鼓励金融机构扩大出口信用保险保单融资和出口退税账户质押融资，满足进出口企业金融服务需求，加快发挥国家融资担保基金作用，引导担保机构逐步取消反担保，降低担保费率；五是建立分类监管考核机制，研究放宽小微企业贷款享受风险资本优惠权重的单户额度限制，细化小微企业贷款不良容忍度管理，完善授信尽职免责规定，加大对基层机构发放民营企业、小微企业贷款的激励力度，提高民营企业、小微企业信贷占比；六是改进财税对小微企业融资的支持，推进相关统计监测和分析工作，落实金融机构单户授信 1 000 万元及以下小微企业和个体工商户贷款利息收入免征增值税政策、贷款损失准备金所得税税前扣除政策；七是完善政府采购支持中小企业的政策；八是充分发挥各类基金的引导带动作用等。

K50 智库点评：《意见》更加突出了营造公平竞争的发展环境，其中提出的竞争中性原则，对民营经济和中小企业的发展十分重要。竞争中性原则要求在要素获取、准入许可、经营运行、政府采购和招投标等方面对各类所有制企业平等对待。《意见》旨在深化对中小企业的"放管服"改革、解决中小企业融资难融资贵等问题，有利于破除各种不合理门槛和限制，落实竞争中性原则，打造公平便捷的营商环境，进一步激发中小企业活力和发展动力。

15. 国家外汇管理局 2019 年 4 月 29 日发布《支付机构外汇业务管理办法》

主要内容：支付机构应尽职核验市场交易主体身份的真实性、合法性，不得以任何形式为非法交易提供服务；银行应审慎选择合作支付机构，客观评估拟合作支付机构的外汇业务能力等，并对合作支付机构办理的外汇业务的真实性、合规性进行合理审核；支付机构及合作银行应依法履行反洗钱、反恐怖融资义务，依法维护市场交易主体合法权益，对市场交易主体身份和交易信息等依法严格保密；提出了支付机构登记管理的相关规范程序；要求支付机构应尽职审核市场交易主体的真实性、合法性，并定期核验更新，相关材料（含电子影像等）留存 5 年备查等；在交易审核方面要求支付机构应制定交易信息采集制度，按照真实、可跟踪稽核、不可篡改原则采集交易信息，确保交易信息来源客观、可信、合法。

K50 智库点评： 为积极支持跨境电子商务发展，防范互联网外汇支付风险，国家外汇管理局此前进行了支付机构跨境外汇支付试点。随着跨境电子商务快速发展，市场主体对跨境外汇支付及结算提出了更多需求。支付机构也积极创新，提出了进一步便利市场主体真实、合理、多样化交易结算的需求。本次发文是国家外汇管理局在总结支付机构跨境外汇支付业务试点经验的基础上制定的新管理办法，有利于便利跨境电子商务结算，促进支付机构外汇业务健康发展，防范外汇支付风险。

16. 银保监会 2019 年 4 月 30 日发布《商业银行金融资产风险分类暂行办法（征求意见稿）》

主要内容：《暂行办法（征求意见稿）》共六章 48 条，除总则和附则外，主要包括四方面内容：一是提出金融资产风险分类要求。明确金融资产五级分类定义，设定零售资产和非零售资产的分类标准，对债务逾期、资产减值、逃废债务、联合惩戒等特定情形，以及分类上调、企业并购涉及的资产分类等问题提出具体要求。二是提出重组资产的风险分类要求。细化重组资产定义、认定标准以及退出标准，明确不同情形下的重组资产分类要求，设定重组资产观察期。三是加强银行风险分类管理。要求商业银行健全风险分类治理架构，制定风险分类管理制度，明确分类方法、流程和频率，开发完善信息系统，加强监测分析、信息披露和文档管理。四是明确监督管理要求。监管机构定期对商业银行风险分类管理开展评估，对违反要求的银行采取监管措施和行政处罚。

K50 智库点评：信用风险是我国银行业面临的最主要风险，完善的风险分类制度是有效防控信用风险的前提。近年来，随着我国经济持续发展，商业银行金融资产的风险特征发生了较大变化，风险分类实践面临诸多新情况和新问题，暴露出现行风险分类监管制度存在的一些不足，如覆盖范围不全面、分类标准不清晰、落实执行不严格等。随着近年来银行业务的快速发展，商业银行的资产结构发生了较大变化，贷款在金融资产中的占比总体下降，非信贷资产占比明显上升。现行的《贷款风险分类指引》主要针对贷款提出分类要求，对贷款以外的其他资产以及表外项目规定不细致。部分商业银行对投资债券、同业资产、表外业务等没有开展风险分类，或"一刀切"全部划为正常类。商业银行投资的资管产品结构较为复杂，许多银行对投资的资管产品没有进行穿透管理，难以掌握其真实风险。为此，《暂行办法（征求意见稿)》将风险分类对象由贷款扩展至承担信用风险的全部金融资产，对非信贷资产提出了以信用减值为核心的分类要求，特别是对资管产品提出穿透分类要求，有利于商业银行全面掌握各类资产的信用风险，针对性加强信用风险防控。

17. 国务院 2019 年 5 月 5 日发布《政府投资条例》

主要内容：《条例》提出了政府投资的定义，即在中国境内使用预算安排的资金进行固定资产投资建设活动，包括新建、扩建、改建、技术改造等。县级以上人民政府根据国民经济和社会发展规划、中期财政规划和国家宏观调控政策，结合财政收支状况，统筹安排使用政府投资资金的项目，规范使用各类政府投资资金。项目单位加强政府投资项目的前期工作，保证前期工作的深度达到规定的要求，并对项目建议书、可行性研究报告、初步设计以及依法应当附具的其他文件的真实性负责。投资主管部门和依法对政府投资项目负有监督管理职责的其他部门应当采取在线监测、现场核查等方式，加强对政府投资项目实施情况的监督检查。项目单位应当通过在线平台如实报送政府投资项目开工建设、建设进度、竣工的基本信息。

K50 智库点评：《条例》作为我国政府投资领域的第一部行政法规，首次将政府投资纳入法治轨道，是依法规范政府投资、推进投资法治建设具有里程碑意义的大事。这部行政法规将改变我国长期依靠各类规章、规范性文件管理政府投资的局面，各地各部门的相关规定权威性不足、指导性不够、约束性不强甚至互相抵触、难以衔接等问题,将得到有效解决。《条例》着重对政府投资领域全过程关键环节的共性问题、突出问题建立基本规范,健全责任约束机制,减少自由裁量权;对一些符合改革方向又难以"一刀切"的问题仅作出原则性规定。《条例》是政府投资领域体制机制改革和法治建设的重大阶段性成果。

18. 财政部 2019 年 5 月 5 日发布《关于梳理 PPP 项目增加地方政府隐性债务情况的通知》

主要内容:该《通知》要求梳理入库 PPP 项目纳入政府性债务监测平台的情况,逐一列明项目增加地方政府隐性债务的具体认定依据。增加地方政府隐性债务的项目,应当中止实施或转为其他合法合规方式继续实施。继续实施的,应按照地方政府隐性债务管理有关规定妥善整改并做好地方政府隐性债务化解工作。另外,对增加地方政府隐性债务的项目,省级财政部门应主动从项目库中清退,并核查项目咨询机构和专家是否存在违法违规行为。

K50 智库点评:本文件明确规定了隐性债务的具体依据,涉及固定回报、回购安排、保障最低收益、违规担保等情况应认定为隐性债务,含有涉及隐性债务条款或内容的项目不属于合规的PPP项目。文件提出的"维护各参与方合法权益,确保项目平稳实施,避免出现半拉子工程"应作为化解隐性债务工作的重要指导精神，这有利于基础设施公共服务领域持续稳定发展。

19. 银保监会 2019 年 5 月 17 日发布《关于开展"巩固治乱象成果促进合规建设"工作的通知》

主要内容：明确了银保监会对于银行及非银金融机构下一阶段的关注重点与检查要点，将在全国银行保险机构范围内，开展对 2018 年深化整治市场乱象工作自查和监管检查发现问题整改问责情况"回头看"。银保监会要求银行机构从股权与公司治理、宏观政策执行、信贷管理、影子银行和交叉金融业务风险、重点风险处置等五个方面开展整治工作；非银领域各类机构开展整治工作，例如，金融租赁公司工作要点包括宏观调控政策执行、公司治理、资产质量、业务经营等。

K50 智库点评：2017 年、2018 年，银保监会坚决贯彻落实党中央、国务院关于防范化解金融风险攻坚战的决策部署，连续两年开展整治银行业保险业市场乱象工作，坚定维护市场纪律，坚决遏制银行保险机构野蛮扩张行为，大力纠正资金脱实向虚问题，推动银行保险机构回归本源、专注主业，提升服务实体经济质效，取得了阶段性成效。本次《通知》的下发，有利于巩固前期整治工作成果，防止乱象反弹回潮，推动银行业保险业实现高质量发展。

20. 财政部、自然资源部 2019 年 5 月 20 日发布《土地储备项目预算管理办法（试行）》

主要内容：该《办法》为试行办法，实行试点机制，首批试点地区包括北京、天津、河北、河南、山东（含青岛）、浙江（含宁波）、厦门等 7 省（市），以后年度视情况逐步扩大试点范围。试点地区自行选择市县（区）开展试点，各省分配专项债务限额时可以对开展试点的市县（区）予以适当倾斜。《办法》规定，专项债券发行规模不得超过项目预期土地出让收入的 70%，对预期土地出让收入大于或等于土地储备成本，能够"收大于支"或"盈亏平衡"的项目，可按规定发行专项债券融资，债券发行规模不得超过土地储备成本；对预期土地出让收入小于土地储备成本、"收不抵支"项目，应当统筹安排财政资金、专项债券予以保障。其中，债券发行规模不得超过预期土地出让收入；对没有预期土地出让收入的项目，确需实施的，应当安排财政资金保障。

K50 智库点评：《办法（试行）》目的在于规范土地储备项目预算管理，健全土地储备专项债券项目控制机制，联通土地储备项目财政资金和专项债预算管理，实现对土地储备领域全生命周期预算管理。《办法（试行）》将土地储备项目全流程纳入预算管理，有助于统筹收支，控制发债规模，避免增加地方政府隐性债务；也有助于政府通过土地储备预算管理手段调节房地产行业发展。

21. 中国人民银行、银保监会 2019 年 5 月 24 日发布《关于接管包商银行股份有限公司的公告》

主要内容：鉴于包商银行股份有限公司（以下简称"包商银

行")出现了严重的信用风险,为保护存款人和其他客户合法权益,中国银行保险监督管理委员会决定自 2019 年 5 月 24 日起对包商银行实行接管,接管期限一年。从接管开始之日起,接管组全面行使包商银行的经营管理权,并委托中国建设银行股份有限公司(以下简称"建设银行")托管包商银行业务。建设银行组建托管工作组,在接管组指导下,按照托管协议开展工作。接管后,包商银行正常经营,客户业务照常办理,依法保障银行存款人和其他客户合法权益。

K50 智库点评:包商银行被接管的原因主要是随着内蒙古当地不良率高企,包商银行的资产质量承受巨大压力;而因其缺少公开发行资本补充工具,且大股东欲出售控股地位而不愿以定增等方式补充资本金而导致资本充足度指标持续小于监管要求且有恶化的趋势,最终央行与银保监会为控制信用风险和维护金融市场稳定将包商银行交与建设银行托管。包商银行被接管属于银行个案,并不存在行业性趋势。包商银行主要因为资本充足率太低,信用风险严重,达到需要央行接管的程度;而建行全面托管后,在央行和银保监会的双重支持下,可以稳定储户情绪,展开资产重组,包商银行所有业务将继续正常开展,不会出现挤兑事件。另外,上市银行资本金充裕,资本充足度明显高于监管要求且未来随着各种资本补充工具的推出将继续提升,且不良率在下降,潜在风险在降低,估值安全边界高,银行业整体不会受到波及。

包商银行此次发生信用风险导致被央行监管,将促使政府推动中小银行进一步完善公司治理,加大风险控制管理。同时促进金融供给侧改革的继续前行,未来对中小银行的管控也将更加严格。而银行业竞争格局可能呈哑铃形分布,国有银行、头部银行仍然作为大型金融机构存在,而中小银行将缩小业务范围,扎根当地专注于中小企业贷款业务。低质量经营者的有序退出,对金融行业长期优胜劣汰、健康发展有重要意义,也是金融供给侧改革的应有之义。和债券市场违约一样,经历了初期的冲击和阵痛后,更加市场化的定价机制方能顺畅运行。对市场参与者而言,需要理解在中国金融市场改革不断深化的背景下,金融机构的盈利能力、风险状况、业务的稳定性正在不断分化。

22. 银保监会 2019 年 6 月 1 日发布《关于开展银行违规涉企服务收费专项治理工作的通知》

主要内容:《通知》要求各银行机构负责组织实施本机构自查。各银行机构的上级机构要对下级机构自查情况进行检查。银保监会各银行机构监管部门和各银保监局负责组织推动和督促指导辖内银行机构开展自查。自查发现违规线索的,要及时向监管部门报告;涉嫌违法犯罪的,要及时移送司法机关。对应查未查、应发现未发现、应处未处和处理不到位的问题,监管部门一经发现查实应,依法从重处罚。

K50 智库点评:此次专项治理主要是督促银行机构严格落实

各项服务价格规定，加强服务价格管理，规范涉企服务收费行为，降低企业融资成本，减轻企业负担。对于违规涉企服务收费行为，坚决查处，抓典型案例公开曝光。同时，鼓励各银行机构进一步梳理银行服务收费业务，有利于挖掘为企业进一步减费让利的空间。此次《通知》的下发，体现了我国对进一步降低企业融资成本、减轻企业负担、规范金融机构管理运营的决心。

23. 中共中央办公厅、国务院办公厅 2019 年 6 月 10 日发布《关于做好地方政府专项债券发行及项目配套融资工作的通知》

主要内容： 该《通知》要求坚持用改革的办法解决发展中的矛盾和问题，把"开大前门"和"严堵后门"协调起来。切实选准选好专项债券项目，集中资金支持重大在建工程建设和补短板并带动扩大消费，优先解决必要在建项目后续融资，尽快形成实物工作量，防止形成"半拉子"工程。《通知》要求专项债券必须用于有一定收益的重大项目，融资规模要保持与项目收益相平衡。鼓励地方政府和金融机构依法合规使用专项债券和其他市场化融资方式，重点支持京津冀协同发展、长江经济带发展、"一带一路"建设、粤港澳大湾区建设、长三角区域一体化发展、推进海南全面深化改革开放等重大战略和乡村振兴战略，以及推进棚户区改造等保障性安居工程，易地扶贫搬迁后续扶持，自然灾害防治体系建设，铁路、收费公路、机场、水利工程、生态环保、医疗健康、水电气热等公用事业，城镇基础设施，农业农村基础设施等领域的重大项目建设。

K50 智库点评：本《通知》旨在加大逆周期调节力度，更好发挥地方政府专项债券的重要作用，着力加大对重点领域和薄弱环节的支持力度，增加有效投资、优化经济结构、稳定总需求，保持经济持续健康发展。

24．国家发展改革委 2019 年 6 月 13 日发布《关于对地方国有企业发行外债申请备案登记有关要求的通知》

主要内容：所有企业（含地方国有企业）及其控制的境外企业或分支机构发行外债，需由境内企业向国家发展改革委申请备案登记。所有企业（含地方国有企业）发行外债申请备案登记均需提交申请材料的真实性承诺函，并由企业主要决策人员签字确认，前述主要决策人员至少包括法定代表人、董事长、总经理及财务负责人等。

K50 智库点评：近年来，地方债务风险的防控不断升级。《通知》第四条针对实践中仍存在的不合规行为，进一步明确了该原则，即地方政府及其部门不得直接或者承诺以财政资金偿还地方国有企业外债，不得为地方国有企业发行外债提供担保。同时，该《通知》强调了真实性承诺要求，并且追责到决策人。

25．证监会 2019 年 6 月 21 日发布《关于规范发展区域性股权市场的指导意见》

主要内容：《国务院办公厅关于规范发展区域性股权市场的通

知》(以下简称《通知》)明确,区域性股权市场是主要服务于所在省级行政区域内中小微企业的私募股权市场,是多层次资本市场体系的重要组成部分。区域性股权市场运营机构要立足本省级行政区域开展业务,不得跨省级行政区域经营,不得在省外设立分支机构,不得公开或变相公开发行证券。区域性股权市场可根据企业资质类型和自身意愿为企业提供挂牌、展示、纯托管等不同类别的服务,运营机构应根据《区域性股权市场监督管理试行办法》和本意见规定明确相应的条件和要求,严格区分挂牌、展示、纯托管等服务类型。股权融资业务是区域性股权市场的核心业务。区域性股权市场发展股权融资符合金融供给侧结构性改革的要求,有利于提高直接融资比重,降低企业杠杆率水平。区域性股权市场的发行融资和交易转让业务相互联系、相互促进。地方金融监管部门要督促区域性股权市场制定完善的可转债业务规则,对可转债发行人的资质条件、信息披露、募集资金用途、募集资金托管、偿还保障、转股安排、审核要求、风险处置等事项作出明确规定,建立完善可转债发行负面清单,合理安排发行规模。

K50 智库点评:区域性股权市场逐步走上了规范发展的道路,历史问题基本得到解决,基础制度不断健全,业务风险总体可控,服务支持了一大批民营企业和小微企业,但其功能发挥还不充分,仍存在一些风险隐患。为此,《指导意见》从准确把握市场发展定

位、严格实施分类分层管理、做实做精股权融资业务等十个方面
提出了进一步促进区域性股权市场健康发展的具体要求。根据
《通知》等文件规定，地方人民政府可通过区域性股权市场运用贴
息、担保、投资等扶持中小微企业的政策措施，在税收优惠、财
政补贴、人才引进、土地供应、工商登记对接等方面出台政策支
持区域性股权市场发展，引导优质企业挂牌；设立担保、投资类
引导基金，通过市场化方式吸引更多社会资金，投资区域性股权
市场挂牌企业；组织协调当地宣传媒体加强正面引导，全面讲解
区域性股权市场的功能作用、市场定位、运行情况以及服务当地
小微企业的典型案例，为市场发展营造良好的外部发展环境。对
各类交易场所，尤其金融资产类交易场所意义重大。

26. 银保监会 2019 年 6 月 21 日发布《关于保险资金投资集
合资金信托有关事项的通知》

主要内容：该《通知》要求保险机构应当明确信托公司选择
标准，完善持续评价机制，并将执行情况纳入年度内控审计。明
确了担任受托人的信托公司应当具备的条件。《通知》对于基础资
产为非标准化债权资产的集合资金信托，应进行外部信用评级，
且信用等级不得低于符合条件的国内信用评级机构评定的 AA 级
或者相当于 AA 级的信用级别。对于基础资产为非标准化债权资
产的集合资金信托，提出了明确的要求。

K50 智库点评：该《通知》旨在加强保险机构投资集合资金

信托业务管理，规范投资行为，有利于为保险机构和信托公司营造良好的公平竞争环境；明确保险资金去通道、去嵌套的监管导向，有利于限制不合理、不合规的投资业务开展；明确保险资金投资信托的信用增级安排不得由金融机构提供，有利于打破金融机构刚性兑付；明确基础资产投资范围，有利于进一步发挥信托公司在非标准化债权资产方面积累的行业优势，引导保险资金更多地流入实体经济。

27．国务院 2019 年 6 月 26 日召开常务会议要求深化利率市场化改革，部署支持扩大知识产权质押融资和制造业信贷投放

主要内容：国务院总理李克强 6 月 26 日主持召开国务院常务会议，确定进一步降低小微企业融资实际利率的措施，决定开展深化民营和小微企业金融服务综合改革试点；部署支持扩大知识产权质押融资和制造业信贷投放，促进创新和实体经济发展。会议要求支持扩大知识产权质押融资，以拓宽企业特别是民营小微企业、"双创"企业获得贷款渠道，推动缓解融资难。引导银行对知识产权质押贷款单列信贷计划和专项考核激励，不良率高于各项贷款不良率 3 个百分点以内的，可不作为监管和考核扣分因素。

K50 智库点评：知识产权质押融资等是科技型中小企业融资的重要方式之一。知识产权质押融资，是指企业以合法拥有的专利权、商标权、著作权中的财产权经评估作为质押物从银行获得

贷款的一种融资方式，有利于帮助科技型中小企业解决因缺少不动产担保而带来的资金紧张难题。在推广知识产权质押融资的长期实践中，国内逐步形成了以"银行＋企业专利权/商标专用权质押"为特点的北京模式、以"银行＋政府基金担保＋专利权反担保"为特点的浦东模式、以"银行＋科技担保公司＋专利权反担保"为特点的武汉模式为代表的三种运营模式。在本次会议后，应进一步积极探索更多的知识产权质押融资模式。

28. 银保监会 2019 年 7 月 5 日发布《关于加强地方资产管理公司监督管理工作的通知》

主要内容：《通知》要求，地方资产管理公司收购处置的不良资产应当符合真实、有效等条件，通过评估或估值程序进行市场公允定价，实现资产和风险的真实、完全转移。不得与转让方在转让合同等正式法律文件之外签订或达成影响资产和风险真实完全转移的改变交易结构、风险承担主体及相关权益转移过程的协议或约定，不得设置任何显性或隐性的回购条款，不得以任何形式帮助金融企业虚假出表掩盖不良资产，不得以收购不良资产名义为企业或项目提供融资，不得收购无实际对应资产和无真实交易背景的债权资产，不得向股东或关系人输送非法利益，不得以暴力或其他非法手段进行清收。

K50 智库点评：地方资产管理公司监管框架在本《通知》中得到初步阐述，明确了地方资产管理公司要以市场化方式、法治化原则、专业化手段开展不良资产收购处置业务，以防范和化解区域金融风险、维护经济金融秩序、支持实体经济发展为主要经营目标，有利于充分发挥地方资产管理公司盘活地方不良资产、防范和化解区域金融风险、服务实体经济的积极作用。

29. 银保监会 2019 年 7 月 6 日发布《关于推动供应链金融服务实体经济的指导意见》

主要内容：《指导意见》要求，银行保险机构应依托供应链核心企业，基于核心企业与上下游链条企业之间的真实交易，整合物流、信息流、资金流等各类信息，为供应链上下游链条企业提供融资、结算、现金管理等一揽子综合金融服务。要求银行业金融机构建立健全面向供应链金融全链条的风险控制体系，根据供应链金融业务特点，提高事前、事中、事后各个环节风险管理的针对性和有效性。加强对核心企业经营状况、核心企业与上下游链条企业交易情况的监控，分析供应链历史交易记录，加强对物流、信息流、资金流和第三方数据等信息的跟踪管理。

K50 智库点评：供应链金融是金融机构围绕着核心企业，管理上下游链条企业的资金流、物流和信息流等，并把单个企业的不可控风险转变为供应链企业整体的可控风险，通过立体获取各类信息，将风险控制在最低的金融服务。该《指导意见》旨在指导银行保险机构规范开展供应链金融业务，推动供应链金融创新。

30. 银保监会 2019 年 7 月 8 日下发《关于开展银行保险机构股权和关联交易专项整治工作的通知》

主要内容：该《通知》从银行业、保险业机构股权获得的合规性、资金来源的真实性、关联交易报告及信息披露的合规性等方面做出了规范。例如：商业银行主要排查五类股权问题、四类关联交易问题。股权排查重点主要包括股权获得、股东资质、资金来源、股东行为、股东质押商业银行股权是否符合规定要求。

K50 智库点评：此次整治工作的目标为严厉打击银行保险机构股东股权违规行为以及通过关联交易进行利益输送等乱象行为，有的放矢防范突出风险，提升银行保险机构公司治理的科学性、稳健性和有效性。对于各家银行、保险公司等金融机构而言，这次专项整治行动将对股权、关联交易有关的违法违规行为乃至想法起到震慑作用。

31. 国家发展改革委 2019 年 7 月 12 日发布《关于对房地产企业发行外债申请备案登记有关要求的通知》

主要内容：《通知》要求进一步完善房企发行外债备案登记管理，强化市场约束机制，防范房地产企业发行外债可能存在的风险。房地产企业发行外债只能用于置换未来一年内到期的中长期境外债务。房地产企业在外债备案登记申请材料中要列明拟置换境外债务的详细信息，包括债务规模、期限情况、经国家发改委备案登记情况等，并提交《企业发行外债真实性承诺函》。房地产企业发行外债要加强信息披露，在募集说明书等文件中需明确资金用途等情况。

K50 智库点评：该文件是在房地产企业外债发行大行其道的背景下发出的，有利于防范房地产企业发行外债的发行程序和动机。房地产企业应制定发行外债总体计划，统筹考虑汇率、利率、币种及企业资产负债结构等因素，稳妥选择融资工具，灵活运用货币互换、利率互换、远期外汇买卖、期权、掉期等金融产品，合理持有外汇头寸，保持境内母公司外债与境外分支机构外债、人民币外债与外币外债、短期外债与中长期外债、内债与外债的合理比例，有效防控外债风险。

32. 中国信托登记有限责任公司 2019 年 7 月 19 日发布《信托受益权账户管理细则》

主要内容：该文件规定，受益人在账户开立、使用、变更和注销过程中存在违法违规行为，拒绝提供相关信息或者故意提供错误信息，由此产生的经济损失和法律责任由受益人承担。信托登记公司可以对其采取限制开户等措施。信托登记公司根据受益人姓名或者名称、有效身份证明文件类型及有效身份证明文件号码等信息，确认受益人的唯一性。必要时，信托登记公司可以要求受益人出具授权文件，以向公安机关、工商行政管理机关、金融监督管理部门和信托公司等核实有关身份信息。金融机构在取得信托登记公司代理开户资格，并与信托登记公司签订代理开户协议后，方可办理信托受益权账户的开立、使用、变更和注销等业务。金融机构以法人名义向信托登记公司提交资格申请材料，经信托登记公司审核通过后取得代理开户资格。信托公司可以免于申请资格审核。信托受益权账户用于记载受益人基本信息、账户功能权限信息，以及信托受益权持有及变动情况等信息。

K50 智库点评：《细则》健全和完善了信托受益权账户的管理规则，实现了集中管理的信托业受益权账户体系建设零的突破，这是中国信登作为行业基础服务设施的重要制度创新。信托受益权账户体系的建立，对信托行业转型发展、回归本源具有积极而深远的意义。这将有利于实现信托受益权的集中规范管理；有利于落实资管新规对打破"刚性兑付"等的监管要求，增强监管部门的监管监测质效；有利于向受益人提供份额登记与查询等服务，切实保护受益人合法权益；有利于构建规范化的行业信息披露平台与制度，助力行业信息服务的安全、规范与高效，更好助力风险防控。

33. 国务院金融稳定发展委员会 2019 年 7 月 20 日发布《关于进一步扩大金融业对外开放的有关举措》

主要内容：推出以下 11 条金融业对外开放措施：（1）允许外资机构在华开展信用评级业务时，可以对银行间债券市场和交易所债券市场的所有种类债券评级。（2）鼓励境外金融机构参与设立、投资入股商业银行理财子公司。（3）允许境外资产管理机构与中资银行或保险公司的子公司合资设立由外方控股的理财公司。（4）允许境外金融机构投资设立、参股养老金管理公司。（5）支持外资全资设立或参股货币经纪公司。（6）人身险外资股比限制从51％提高至100％的过渡期，由原定2021年提前到2020年。（7）取消境内保险公司合计持有保险资产管理公司的股份不得低于75％的规定，允许境外投资者持有股份超过25％。（8）放宽外资保险公司准入条件，取消30年经营年限要求。（9）将原定于2021年取消证券公司、基金管理公司和期货公司外资股比限制的时点提前到2020年。（10）允许外资机构获得银行间债券市场A类主承销牌照。（11）进一步便利境外机构投资者投资银行间债券市场。

K50智库点评：金融委大力放开了金融机构中外资成分的限制（包括外资控股的资管合资公司）。相比全球诸多发达经济体，中国金融开放历程较晚，即使是在开放后外资金融机构在中国发展依旧艰难。除了保障金融开放措施的落实之外，还进一步加大了开放力度。随着新规出台，中国入世以来遗留的一些外资投资桎梏逐渐被打破。开放措施涉及外资在华投资的各个方面，包括准入范围的放开、持股比例的扩大、业务范围及设立条件限制性规定的取消等。开放措施几乎覆盖到金融市场的所有参与主体，包括证券公司、基金管理公司、期货公司、人身险公司、金融资产管理公司、商业银行新发起设立的金融资产投资公司和理财公司等。

34. 中国人民银行 2019 年 7 月 26 日发布《金融控股公司监督管理试行办法（征求意见稿）》

主要内容：本《试行办法（征求意见稿）》所称金融控股公司是指依法设立，对两个或两个以上不同类型金融机构拥有实质控制权，自身仅开展股权投资管理、不直接从事商业性经营活动的有限责任公司或者股份有限公司。详细规定了设立条件（定量指标为：实缴注册资本额不低于 50 亿元人民币，且不低于所控股金融机构注册资本总和的 50%）、股东条件、禁止行为、资本金来源（金融控股公司股东不得以委托资金、债务资金等非自有资金以及投资基金等方式投资金融控股公司，不得委托他人或者接受他人委托持有金融控股公司的股权）、设立许可程序等。

K50 智库点评：过去一段时间金融控股公司的监管存在较大问题，制度套利现象严重，本《试行办法（征求意见稿）》明确了中国人民银行会同相关部门按照实质重于形式原则，对金融控股集团的资本、行为及风险进行全面、持续、穿透监管，防范金融风险跨行业、跨市场传递。有利于规范金融控股公司行为，加强对非金融企业设立金融控股公司的监督管理，防范系统性金融风险。

35. 证监会等三部委2019年8月2日发布《关于银行在证券交易所参与债券交易有关问题的通知》

主要内容： 政策性银行和国家开发银行、国有大型商业银行、股份制商业银行、城市商业银行、在华外资银行、境内上市的其他银行应在依法合规、风险可控、商业可持续的前提下，在证券交易所参与债券现券的竞价交易。银行参与证券交易所债券交易涉及的证券账户开立、债券登记、存管、托管及结算业务，由中国证券登记结算有限责任公司依照法律和规则办理。参与债券竞价交易的银行，应当制定相关内控及风险管理制度，规范操作流程，防范有关风险。

K50智库点评： 本《通知》的重要意义在于为推动中国债券市场的整体发展，在实现银行间和交易所市场互联互通、协同发展方面迈出了关键一步。中国债券市场主要分为银行间债券市场与交易所债券市场，两市场长期处于相互独立状态，商业银行作为债券市场最主要的参与主体，在交易所债券市场长期"缺席"。商业银行参与交易所债券市场有助于丰富投资者体系，为交易所市场注入新的活力。《通知》将交易所投资范围扩大到所有商业银行自有资金（农商行除外），而不局限于上市商业银行。交易范围局限于现券交易，不包括回购。同时，根据此前证监会的基本要求，可转债、可交债、优先股、可能转换为股权或权益特征的品种不属于商业银行自营资金投资范围。允许商业银行这一重要资金方参与交易所市场是推动完善中国债券市场融合发展的重要一步。

36. 银保监会 2019 年 8 月 7 日发布《关于开展 2019 年银行机构房地产业务专项检查的通知》

主要内容：本次房地产业务专项检查包括北京、天津、石家庄、秦皇岛、呼和浩特、沈阳、长春、上海、南京、苏州、无锡、徐州、杭州、合肥、福州、济南、郑州、洛阳、武汉、襄阳、长沙、广州、重庆、成都、贵阳、昆明、大理、西安、宁波、厦门、青岛、深圳等 32 个城市。在 32 个城市开展银行房地产业务专项检查工作，严厉查处各种将资金通过挪用、转道等方式流入房地产行业的违法违规行为。检查内容包括贯彻落实国家关于规范房地产市场决策部署和监管部门规定的情况，房地产信贷业务管理情况，房地产业务风险管理情况，信贷资金被挪用流向房地产领域，同业和表外业务。

K50 智库点评：从专项检查的要点看，既包括与房地产相关的信贷政策的执行情况，又涵盖土地储备贷款、开发贷款、个人房贷、住房租赁贷款等，可以说贯穿了房地产的一、二、三级市场。说明当前形势下，但凡涉及房地产资金的领域、环节都需要加强监管，同时也对当前部分存在的"供给端紧、需求端松"的房地产信贷政策认识误区予以纠正。体现了金融、市场、政策三个方面联动监管的必要性，预计后续房价变动明显、政策变动频繁的城市都有可能被纳入此类监管。

37. 上海票据交易所 2019 年 8 月 15 日发布《关于申报创设
2019 年第 1 期标准化票据的公告》

主要内容：经中国人民银行同意，上海票据交易所股份有限
公司（以下简称"上海票据交易所"）创设标准化票据。首期标准
化票据（2019 年第 1 期标准化票据）的有关要素和参与主体的基
础资产是锦州银行承兑的已贴现商业汇票，到期日分布在 2019 年
11 月 14 日—11 月 19 日之间。为持票人通过转让基础资产获得融
资的成本，参考同期锦州银行同业存单利率水平，区间初步定为
[4.55%～5.35%]，实际根据标准化票据认购利率推算确定。存
托机构由上海票据交易所担任，为首期标准化票据提供基础资产
管理、产品创设、标准化票据交易、清算结算、信息等服务。存
托机构不承担任何与产品相关的兑付责任、担保责任。

K50 智库点评："标准化票据"是受益凭证，不是传统意义上
的票据。上海票据交易所在标准化票据简述中提到，标准化票据
是"由存托机构归集承兑人等核心信用要素相似、期限相近的票
据，组建基础资产池，进行现金流重组后，以入池票据的兑付现
金流为偿付支持而创设的面向银行间市场的等分化、可交易的受
益凭证"。《公告》的发布标志着标准化票据的诞生，开启了票债
联动的新局面。本次"标准化票据"并未触碰票据是否可分的问
题，而是以其为基础资产创设了天然可分的"受益凭证"，解决了

标准化问题。所以，"标准化票据"并非将传统票据直接标准化，而是以票据为基础资产，创设出标准化的资产形式，从而也解决了非银参与票据投资的问题。

38. 中国人民银行 2019 年 8 月 17 日发布《中国人民银行公告〔2019〕第 15 号》

主要内容：自 2019 年 8 月 20 日起，中国人民银行授权全国银行间同业拆借中心于每月 20 日（遇节假日顺延）9 时 30 分公布贷款市场报价利率。贷款市场报价利率报价行应于每月 20 日（遇节假日顺延）9 时前，按公开市场操作利率（主要指中期借贷便利利率）加点形成的方式，向全国银行间同业拆借中心报价。全国银行间同业拆借中心按去掉最高和最低报价后算术平均的方式计算得出贷款市场报价利率。将贷款市场报价利率由原有 1 年期一个期限品种扩大至 1 年期和 5 年期以上两个期限品种。银行的 1 年期和 5 年期以上贷款参照相应期限的贷款市场报价利率定价，1 年期以内、1 年至 5 年期贷款利率由银行自主选择参考的期限品种定价。

K50 智库点评：央行首次彻底将贷款指导利率废除，贷款定价完全交给市场，有利于深化利率市场化改革，提高利率传导效率，推动降低实体经济融资成本。

39. 中国人民银行 2019 年 8 月 25 日发布《中国人民银行公告〔2019〕第 16 号》

主要内容：自 2019 年 10 月 8 日起，新发放商业性个人住房贷款利率以最近一个月相应期限的贷款市场报价利率为定价基准加点形成。加点数值应符合全国和当地住房信贷政策要求，体现贷款风险状况，合同期限内固定不变。借款人申请商业性个人住房贷款时，可与银行业金融机构协商约定利率重定价周期。重定价周期最短为1年。利率重定价日，定价基准调整为最近一个月相应期限的贷款市场报价利率。首套商业性个人住房贷款利率不得低于相应期限贷款市场报价利率，二套商业性个人住房贷款利率不得低于相应期限贷款市场报价利率加60个基点。中国人民银行省一级分支机构应按照"因城施策"原则，指导各省级市场利率定价自律机制，在国家统一的信贷政策基础上，根据当地房地产市场形势变化，确定辖区内首套和二套商业性个人住房贷款利率加点下限。银行业金融机构应根据各省级市场利率定价自律机制确定的加点下限，结合本机构经营情况、客户风险状况和信贷条件等因素，明确商业性个人住房贷款利率定价规则，合理确定每笔贷款的具体加点数值。

K50 智库点评：16 号文明晰了住房贷款利率政策。自 2019 年 10 月 8 日起，新发放商业性个人住房贷款利率以最近一个月相应期限的贷款市场报价利率为定价基准加点形成。其中：首套商业性个人住房贷款利率不得低于相应期限贷款市场报价利率；二套商业性个人住房贷款利率不得低于相应期限贷款市场报价利率加60 个基点。2019 年 10 月 8 日前，已发放的商业性个人住房贷款

和已签订合同但未发放的商业性个人住房贷款，仍按原合同约定
执行。后来同年 12 月底进一步公告存量房贷在 2020 年逐步改为
贷款市场报价利率加点的定价模式或改为固定利率。公积金个人
住房贷款利率政策暂不调整。

40. 国务院常务会议（2019 年 9 月 4 日）要求确定加快地方
政府专项债券发行使用的措施

主要内容： 2019 年 9 月 4 日召开的国务院常务会议确定了加
快地方政府专项债券发行使用的措施，并明确专项债券可用作项
目资本金范围，由 4 个领域项目进一步扩大为 10 个领域项目。明
确将按规定提前下达明年专项债部分新增额度。

K50 智库点评： 专项债券使用范围较原来有所扩大，主要是
财政部根据地方上报项目和实际情况，扩大投资用于民生领域。
进一步扩大了专项债券作为项目资本金的领域，将专项债券可用
作项目资本金范围明确为符合上述重点投向的重大基础设施领域。
鼓励地方在符合政策规定和防控风险的基础上，尽量多安排专项
债券用于项目资本金。

41. 中国人民银行 2019 年 10 月 12 日发布《标准化债权类资
产认定规则（征求意见稿)》

主要内容： 标准化债权类资产是指依法发行的债券、资产支
持证券等固定收益证券，主要包括国债、中央银行票据、地方政
府债券、政府支持机构债券、金融债券、非金融企业债务融资工

具、公司债券、企业债券、国际机构债券、同业存单、信贷资产
支持证券、资产支持票据、证券交易所挂牌交易的资产支持证券，
以及固定收益类公开募集证券投资基金等。其他债权类资产若要
认定为标准化债权资产需要同时满足：等分化，可交易；信息披
露充分；集中登记，独立托管；公允定价，流动性机制完善；在
银行间市场、证券交易所市场等国务院同意设立的交易市场交易
等五项条件，并向中国人民银行提出标准化债权类资产认定申请。

K50 智库点评：《认定规则（征求意见稿）》可以视作资管新
规的配套规定，被明确认定为"非标"的债权资产意味着将受到
资管新规对于非标债权资产的期限匹配、限额管理、集中度管理、
信息披露等诸多监管要求。《认定规则（征求意见稿）》明确了标
准化债权类资产的范围以及应符合的条件，将市场上之前认定较
为模糊的、被视作"非非标"的债权资产，如理财直接融资工具、
北金所的债权融资计划等，明确划入非标准化债权类资产之列。
银行理财、信托、券商资管均将受到一定的影响和调整压力，同
时对于过去被认为"非非标"的产品及通过此类产品进行融资的
企业来说或将面临较大影响。但从长远角度来看，非标资产的透
明度和流动性相对较差，严格界定债权类资产的分类有利于引导
资管行业加大对债券和股票等标债资产的投资，从而促进直接融
资市场的发展，有利于我国金融市场更加规范化和透明化。本次
《认定规则（征求意见稿）》的出台有利于规范金融机构资产管理

产品投资，强化投资者保护，促进直接融资健康发展，有效防控
金融风险。

42. 银保监会 2019 年 10 月 18 日下发《关于进一步规范商业
银行结构性存款业务的通知》

主要内容：《通知》要求商业银行发行结构性存款应当具备普
通类衍生产品交易业务资格，结构性存款挂钩的衍生产品交易应
当严格遵守相关规定，按照"新老划断"原则设置过渡期，确保
平稳过渡。过渡期为本《通知》施行之日起 12 个月。过渡期内，
商业银行可以继续发行原有的结构性存款，但应当严格控制在存
量产品的整体规模内，并有序压缩递减。对于过渡期结束前已经
发行的老产品，商业银行应当及时整改，到期或兑付后结清。过
渡期结束后，商业银行新发行的结构性存款应当符合本《通知》
规定。

K50 智库点评：近期，部分商业银行结构性存款业务快速发
展，出现了产品运作管理不规范、误导销售、违规展业等问题。
本次《通知》对结构性存款进一步强化要求，防止高息揽储，减
少误导销售。首次明确只有普通类资格才可以发行结构性存款。
《通知》的发布实施有利于规范商业银行结构性存款业务，有效防
范风险，保护投资者合法权益。《通知》要求严格区分结构性存款
和一般存款，结构性存款销售应当参照银行理财销售规定等，进
一步加强投资者保护。

43. 银保监会等九部委 2019 年 10 月 23 日发布《关于印发融资担保公司监督管理补充规定的通知》

主要内容：《通知》要求开展住房置业担保业务的住房置业担保公司（中心），应于 2020 年 6 月前向监督管理部门申领融资担保业务经营许可证，经营范围以监督管理部门批准文件为准，并接受监督管理部门的监管，严格执行《融资担保公司监督管理条例》（以下简称《条例》）及配套制度的监管要求。新设立开展住房置业担保业务的融资担保公司，应当向监督管理部门申领融资担保业务经营许可证，严格执行《条例》及配套制度的监管要求，接受监督管理部门的监管。监督管理部门不得给予过渡期安排。开展债券发行保证、担保业务的信用增进公司，由债券市场管理部门统筹管理，同时应当按照《条例》规定，向属地监督管理部门申领融资担保业务经营许可证，并接受其对相关业务的监管。

K50 智库点评：《补充规定》与现有法规相衔接，坚持从严监管，要求融资担保公司监督管理部门承担主体监管责任，将未取得融资担保业务经营许可证但实际上经营融资担保业务的住房置业担保公司、信用增进公司等机构纳入监管，结合实际分类处置，推进牌照管理工作，妥善结清不持牌机构的存量业务，有利于进一步规范融资担保经营行为，促进融资担保行业稳健运行，更好地支持普惠金融发展。

44. **证监会 2019 年 10 月 24 日《关于做好公开募集证券投资基金投资顾问业务试点工作的通知》**

主要内容: 公募基金投资顾问业务,主要是指拥有相关资质的基金投资顾问机构,接受客户委托,在客户授权的范围内,按照协议约定为客户进行投资基金具体品种、数量和买卖时机的选择,并代替客户开展基金产品申购、赎回、转换等交易申请的业务。基金投资顾问业务将按照"试点先行、稳步推开"的步骤实施,机构开展基金投资顾问业务试点应当经监管部门备案。对于申请投资顾问业务的机构,必须具备资产管理、基金销售等业务资格,合规记录良好等条件。其中,证券公司、基金管理公司或其销售子公司申请的,应具有较强的合规风控及投资者服务能力;基金销售机构申请的,非货币基金保有量不低于 100 亿元。

K50 智库点评: 行业期待已久的公募基金投资顾问业务试点正式落地。其中,嘉实基金、华夏基金、易方达基金、南方基金等基金公司已经申请试点并完成备案,将正式开展投资顾问业务试点工作。《通知》有利于改变长久以来以"卖方代理"模式为主导的市场格局,基金销售机构将从过去的产品销售导向,转向真正以客户利益为中心的服务导向。收费模式从收取申购赎回等交易型费用调整为按保有规模收取的方式,使得中介机构与投资者利益保持一致,逐步培育代表投资者利益的市场买方中介机构。客户能够直接为专业与咨询付费,也更能激发研究和销售人员的积极性。

45. 发改委等六部委 2019 年 10 月 25 日发布《关于进一步明确规范金融机构资产管理产品投资创业投资基金和政府出资产业投资基金有关事项的通知》

主要内容：对于《关于规范金融机构资产管理业务的指导意见》出台前已签订认缴协议且符合本《通知》规定要求的创业投资基金和政府出资基金（以下简称"两类基金"），过渡期内，金融机构可以发行老产品出资，但应当控制在存量产品整体规模内，并有序压缩递减，防止过渡期结束时出现断崖效应；过渡期结束仍未到期的，经金融监管部门同意，采取适当安排妥善处理。过渡期内，对于投资方向限定于符合本《通知》规定要求的两类基金的资产管理产品，其管理机构应当加强投资者适当性管理，在向投资者充分披露并提示产品投资性质和投资风险的前提下，可以将该产品整体视为合格投资者，不合并计算该产品的投资者人数。两类基金接受资产管理产品及其他私募投资基金投资时，该两类基金不视为一层资产管理产品。

K50 智库点评：两类基金是实现技术、资本、人才、管理等创新要素与实体经济有效结合的投融资方式，是推动经济高质量发展的重要资本力量，对于保持补短板力度、持续激发民间投资活力意义重大。本《通知》界定了资管新规所指的两类基金的定义，安排了在资管新规过渡期内两类存量基金的规模压减。

46. 银保监会2019年10月30日发布《关于加强商业保理企业监督管理的通知》

主要内容：《通知》从依法合规经营、加强监督管理、稳妥推进分类处置、严把市场准入关、压实地方监管责任、优化营商环境六个方面指导各地加强商业保理企业的事中、事后监管。一是依法合规经营。明确商业保理经营原则、内部管理、业务范围、融资方式和负面清单，督促商业保理企业严守底线，规范经营，防范风险，引导商业保理企业专注主业、回归本源。二是加强监督管理。明确商业保理企业各项监管指标，规范非现场监测和现场检查等监管措施，建立重大事项报告制度。三是稳妥推进分类处置。按照经营风险情况、违法违规情形，将商业保理企业划分为正常经营、非正常经营和违法违规经营三类，稳妥有序对存量企业实施分类处置。对于接受并配合监管、在注册地有经营场所且登录"商业保理信息管理系统"或地方金融监管局指定信息系统完整填报信息的企业，分批分次进行公示，纳入监管名单。四是严把市场准入关。清理存量，严控增量。要求各地方金融监管局协调市场监管部门严控商业保理企业登记注册。确有必要新设的，要与市场监管部门建立会商机制。严格控制注册地址和股权变更，禁止跨省、自治区、直辖市、计划单列市变更注册地址。五是压实地方监管责任。明确地方政府监管职责，建立分级监管和专职监管员制度，完善跨部门、跨地区监管协作机制。六是优化营商环境。从支持政策、与银行保险机构合作、行业自律等方面引导商业保理企业更好为中小微企业提供服务。

K50 智库点评：该《通知》有利于整顿商业保理市场乱象，包括清理"失联"和"空壳"等经营异常的企业，有利于强化商业保理公司的公司治理、内控、风险管理。从企业角度看，实际上确定了商业保理企业必须要在监管名单内才可以正常开展业务；从监管角度看，商业保理行业通过这个路径纳入了银保监会的监管范围。

47. 银保监会 2019 年 11 月 22 日发布《保险资产管理产品管理暂行办法（征求意见稿）》

主要内容：《办法（征求意见稿）》共八章六十七条，包括总则、产品当事人、产品发行设立、产品投资与管理、信息披露与报告、风险管理、监督管理和附则。主要内容包括：一是明确产品定位和形式。保险资管产品定位为私募产品，面向合格投资者非公开发行，产品形式包括债权投资计划、股权投资计划和组合类保险资管产品等。二是明确产品发行机制。三是严格规范产品运作。四是压实产品发行人责任。五是强化产品服务机构职责。六是完善产品风险管理机制。七是落实穿透监管。

K50 智库点评：《办法（征求意见稿）》是完善我国资管业务监管体系的重要举措，有利于规范保险资管产品业务发展，拓宽保险资金等长期资金的配置空间和投资渠道；有利于统一保险资管产品监管规则，补齐监管短板，强化事中事后监管；有利于深化金融供给侧结构性改革，发挥保险资管产品优势，引导长期资金参与资本市场，支持基础设施项目建设，提升服务实体经济质效。

48. 中国人民银行、银保监会 2019 年 11 月 26 日发布《系统重要性银行评估办法（征求意见稿）》

主要内容：《评估办法（征求意见稿）》共四章二十条，主要内容包括：一是确定评估目的和范围。识别出我国系统重要性银行，每年发布系统重要性银行名单，根据名单对系统重要性银行进行差异化监管，以降低其发生重大风险的可能性。二是确定评估流程。包括确定参评银行范围、向参评银行收集数据、计算系统重要性得分、进行监管判断、确定并公布名单。三是确定评估方法。采用定量评估指标计算参评银行的系统重要性得分，并结合其他定量和定性信息作出监管判断。定量评估的一级指标包括"规模"、"关联度"、"可替代性"和"复杂性"，指标权重均为 25%，每个一级指标下设若干二级指标。四是确定阈值和分组。得分达到一定分值的银行被纳入系统重要性银行初始名单，并对不同组别的银行实行差异化监管。五是明确任务分工。银保监会根据《评估办法（征求意见稿）》制作数据报送模板和数据填报说明，向参评银行收集数据并计算系统重要性得分。中国人民银行、银保监会可提出将得分低于 300 分的银行加入系统重要性银行名单的监管判断建议。

K50 智库点评： 2008 年国际金融危机后，宏观审慎政策逐渐成为反思危机教训、完善金融监管体制的核心内容。其中，加强中央银行对系统重要性金融机构的监管是强化宏观审慎管理、维护金融稳定的重点领域。《评估办法（征求意见稿）》主要参考了全球系统重要性银行评估方法以及巴塞尔银行监管委员会 2012 年发布的《国内系统重要性银行框架》，并结合我国实际对评估指标进行了调整。它是我国系统重要性银行认定的依据，也是对系统重要性银行提出附加监管要求、实施宏观审慎管理、建立特别处置机制的前提，符合我国金融监管体制改革的总体方向和要求。

49. 国务院 2019 年 11 月 27 日发布《关于加强固定资产投资项目资本金管理的通知》

主要内容： 适当调整基础设施项目最低资本金比例，港口、沿海及内河航运项目，项目最低资本金比例由 25％调整为 20％；公路、铁路、城建、物流、生态环保、社会民生等领域的补短板基础设施项目，在投资回报机制明确、收益可靠、风险可控的前提下，可以适当降低项目最低资本金比例，但下调不得超过 5 个百分点。《通知》还有一个突破是明确了通过发行权益型、股权类金融工具筹措资本金的条件和禁止事项，通过发行金融工具等方式筹措的各类资金，按照国家统一的会计制度应当分类为权益工具的，可以做项目资本金，但是不能超过资金总额的 50％。金融机构在认定投资项目资本金时，应严格区分投资项目与项目投资方，依据不同的资金来源与投资项目的权责关系判定其权益或债务属性，对资本金的真实性、合规性和投资收益、贷款风险进行全面审查，并自主决定是否发放贷款以及贷款数量和比例。项目单位应当配合金融机构开展投资项目资本金审查工作，提供有关资本金真实性和资金来源的证明材料，并对证明材料的真实性负责。

K50 智库点评：对固定资产投资项目实行资本金制度，合理确定并适时调整资本金比例，是促进有效投资、防范风险的重要政策工具，是深化投融资体制改革、优化投资供给结构的重要手段。《通知》的下发有利于更好发挥投资项目资本金制度的作用，做到有保有控、区别对待，促进有效投资和风险防范紧密结合、协同推进。

50. 中国人民银行 2019 年 11 月 29 日发布《应收账款质押登记办法》

主要内容：新版《应收账款质押登记办法》增加其他动产和权利担保交易登记的参照条款，满足市场主体自发开展动产担保交易登记的需求；取消登记协议上传要求，提高登记效率；将初始登记期限、展期期限下调为最短 1 个月；增加融资各方法律纠纷责任义务条款，明确由登记方承担保证信息真实性的责任。

K50 智库点评：应收账款质押是债券融资中的核心增信措施

之一。本次新版《办法》在适用范围、登记协议、登记期限、责任义务等方面作出修订，有利于规范应收账款质押方面的程序和登记办法。

51. 银保监会 2019 年 11 月 29 日发布《关于商业银行资本工具创新的指导意见（修订）》

主要内容：《指导意见（修订）》包括商业银行发行资本工具的基本原则、合格资本工具的认定标准，以及商业银行资本工具发行工作机制共三部分内容。修订内容主要体现在：一是借鉴《第三版巴塞尔协议》和国际通行做法，调整了资本工具触发事件名称及其他一级资本工具触发条件相关要求；二是进一步明确了各类资本工具的损失吸收顺序；三是完善了商业银行资本工具发行的基本原则和工作机制，针对当前实际情况提出相关要求。

K50 智库点评：《指导意见（修订）》优化了商业银行资本工具损失吸收机制，有利于资本工具发行和创新，进一步推动资本工具市场化定价，支持商业银行持续补充资本，增强风险抵御能力，更好地服务我国实体经济。

52. 银保监会 2019 年 12 月 2 日发布《商业银行理财子公司净资本管理办法（试行）》

主要内容：商业银行理财子公司应当按照《商业银行理财业务监督管理办法（试行）》等监管规定定期开展压力测试，测算不同压力情景下的净资本充足水平，并确保压力测试结果得到有效应用。理财子公司净资本管理主要包括净资本、风险资本以及净资本监管标准等三方面内容。商业银行理财子公司应持续符合净资本监管标准：净资本不得低于 5 亿元人民币或等值自由兑换货币，且不得低于净资产的 40%；净资本不得低于风险资本的100%。

《管理办法（试行）》提出了具体的监管要求：一是落实主体责任。规定理财子公司董事会承担本公司净资本管理的最终责任，高级管理层负责组织实施净资本管理工作，至少每季度将净资本管理情况向董事会书面报告一次。二是明确监管报表要求。理财子公司应当定期报送净资本监管报表，并对相关报表的真实性、准确性、完整性负责。三是明确重大事项报告责任。理财子公司净资本、净资本与净资产的比例、净资本与风险资本的比例等指标与上个报告期末相比变化超过 20% 或不符合监管标准的，应当向银行业监督管理机构书面报告，并说明原因。四是明确信息披露要求。理财子公司应当在年度报告中披露净资本管理情况。五是规定监管措施。对于不符合净资本管理要求的理财子公司，银行业监督管理机构可以根据法律法规采取相关监管措施。

K50 智库点评：《管理办法（试行）》的下发有利于建立与理财子公司业务模式和风险特征相适应的净资本管理制度，通过净资本约束，引导其根据自身实力开展业务，避免追求盲目扩张，促进理财子公司规范健康发展。加强对商业银行理财子公司的监督管理，促进其安全稳健运行，保护投资者合法权益。

53. 证监会 2019 年 12 月 6 日发布《证券期货经营机构管理人中管理人（MOM）产品指引（试行）》

主要内容：《指引（试行）》主要做出如下安排：一是明确产品定义及运作模式，MOM 产品应当同时符合以下两方面特征：（1）部分或全部资产委托给两个或两个以上符合条件的投资顾问提供投资建议服务；（2）资产划分成两个或两个以上资产单元，每一个资产单元单独开立证券期货账户。二是界定参与主体职责，管理人履行法定管理人的受托管理职责，投资顾问依法提供投资建议等服务。三是管理人及投资顾问应具备相应的胜任能力。四是规范产品投资运作，要求管理人建立健全投资顾问管理制度，加强信息披露。五是加强利益冲突防范及风险管控，要求管理人与投资顾问强化关联交易、公平交易、非公开信息等管控。

K50 智库点评：MOM 也被称为精选多元管理人，通过优中选优的方法，筛选基金管理人或资产管理人，让这些顶尖的专业人士来管理资产，而自身则通过动态地跟踪、监督、管理他们，及时调整资产配置方案来收获利益，目前全球的 MOM 产品发展迅猛。《指引（试行）》的发布意味着公募 MOM 作为新的一类基金产品正式开闸，有利于引入资本市场中长期资金，规范 MOM 产品运作，保护投资者合法权益。MOM 产品的推出，对于基金行业意义重大。MOM 业务的落地和发展，将促进公募基金大类资产配置业务的整体化发展。公募基金公司凭借扎实的投研力量，参与到母基金的管理之中，有助于基金行业整体资源的调配。

54. 中国证券投资基金业协会 2019 年 12 月 23 日发布《私募投资基金备案须知》

主要内容：新版《备案须知》丰富细化为三十九项，进一步明晰私募基金的外延边界、重申合格投资者要求、明确募集完毕概念、细化投资运作要求，并针对不同类型基金提出差异化备案要求，包括落实资管新规相关的内容（比如禁止刚性兑付、封闭式运作及禁止资金池等）。

K50 智库点评：新版《备案须知》发布是为了进一步完善私募投资基金备案公开透明机制，提高私募投资基金备案工作效率，但私募投资基金办理备案不构成对私募投资基金管理人投资能力的认可，亦不构成对管理人和私募投资基金合规情况的认可，不作为对私募投资基金财产安全的保证。投资者应当自行识别私募投资基金投资风险并承担投资行为可能出现的损失。

55. 中国人民银行等四部委 2019 年 12 月 25 日发布《关于进一步规范金融营销宣传行为的通知》

主要内容：《通知》一方面要求金融产品或金融服务经营者建立健全金融营销宣传内控制度、管理机制和金融营销宣传行为监测工作机制，加强对业务合作方金融营销宣传行为的监督；另一方面对人民群众反映强烈的一些不当金融营销宣传行为提出了明确的禁止性规定：一是不得非法或超范围开展金融营销宣传活动；二是不得以欺诈或引人误解的方式对金融产品或金融服务进行营销宣传活动；三是不得以损害公平竞争的方式开展金融营销宣传活动；四是不得利用政府公信力进行金融营销宣传活动；五是不得损害金融消费者知情权；六是不得利用互联网进行不当金融营销宣传活动；七是不得违规向金融消费者发送金融营销信息；八是不得开展法律法规和金融管理部门认定的其他违法违规金融营销宣传活动。

K50 智库点评：《通知》主要是针对业务合作方金融营销宣传行为加强了监督。《通知》对现行相关法律、法规、规章及规范性文件中关于金融营销宣传行为规定进行了系统性梳理，对防范化解重大金融风险攻坚战任务分工关于金融营销宣传行为监管相关要求作出具体部署，并对银行业、证券业、保险业等金融细分行业营销宣传行为一般性特点进行研究总结后提炼出统一性规范要求。

56. 银保监会、中国人民银行 2019 年 12 月 27 日发布《关于规范现金管理类理财产品管理有关事项的通知（征求意见稿)》

主要内容：《通知（征求意见稿）》为资管新规、理财新规、《理财子公司办法》的配套制度，按照补充通知关于现金管理类理财产品（以下简称"现金管理类产品"）应严格监管的要求，对商业银行、商业银行理财子公司发行的现金管理类产品提出了具体监管要求。《通知（征求意见稿）》整体上与货币市场基金等同类产品监管标准保持一致，主要内容包括：明确现金管理类产品定义；提出产品投资管理要求，规定投资范围和投资集中度；明确产品的流动性管理和杠杆管控要求；细化"摊余成本＋影子定价"的估值核算要求；加强认购赎回和销售管理；明确现金管理类产品风险管理要求，对采用摊余成本法进行核算的现金管理类产品实施规模管控，确保机构业务发展与自身风险管理水平相匹配。

K50 智库点评：现金管理类产品是指仅投资于货币市场工具，每个交易日可办理产品份额认购、赎回的商业银行或银行理财子公司理财产品。《通知（征求意见稿）》充分借鉴了国内外同类资管产品的监管制度，确保与货币市场基金等同类产品监管标准保持一致，促进公平竞争，防范监管套利。《通知（征求意见稿）》是落实资管新规、理财新规和《理财子公司办法》等制度要求的具体举措，有利于规范现金管理类产品业务运作，防止不规范产品无序增长和风险累积，稳定市场预期，推动业务规范、可持续发展。

57. 全国人民代表大会常务委员会 2019 年 12 月 28 日审议通过《中华人民共和国证券法》

主要内容：本次《证券法》修订完善了当前资本市场亟须出台的一些政策，主要内容包括：一是全面推行证券发行注册制度，为有关板块和证券品种分步实施注册制留出了必要的法律空间。

二是显著提高证券违法违规成本。三是完善投资者保护制度。四是进一步强化信息披露要求。五是完善证券交易制度。六是落实"放管服"要求，取消相关行政许可。七是压实中介机构市场"看门人"法律职责。规定证券公司不得允许他人以其名义直接参与证券的集中交易。八是建立健全多层次资本市场体系。九是强化监管执法和风险防控。十是扩大《证券法》的适用范围。将存托凭证明确规定为法定证券；将资产支持证券和资产管理产品写入《证券法》。

K50 智库点评：新《证券法》于 2020 年 3 月 1 日起施行。本次修订系统总结了多年来我国证券市场改革发展、监管执法、风险防控的实践经验，在深入分析证券市场运行规律和发展阶段性特点的基础上作出了一系列新的制度改革完善。新《证券法》的颁发和实施都意味着证券市场迎来了新一轮政策改革创新周期。新《证券法》将为全面深改落实落地，有效防控市场风险，提高上市公司质量，维护投资者合法权益提供持续、有效、坚实的法制保障；有利于健全具有高度适应性、竞争力、普惠性的现代金融体系，提高资本市场服务实体经济的能力和效率。新《证券法》是中国资本市场发展的又一重要里程碑，中国的资本市场走向了更加规范、更加包容、更加创新的新阶段。

第 11 章

2020 年上半年我国主要金融监管
政策梳理和点评

1. 证监会 2020 年 1 月 3 日发布《公开募集证券投资基金投资全国中小企业股份转让系统挂牌股票指引（征求意见稿）》

主要内容：《指引（征求意见稿）》共十五条，主要包括以下内容：一是明确基金管理人参与要求。基金管理人应当具备相应的投研能力，配备充足的投研人员。二是规范基金投资范围。允许股票基金、混合基金、债券基金投资新三板精选层股票。三是加强流动性风险管理。要求基金管理人投资流动性良好的精选层股票，并审慎确定投资比例。四是规范公募基金估值。基金管理人和基金托管人应当采用公允估值方法对挂牌股票进行估值，当股票价值存在重大不确定性且面临潜在大额赎回申请时，可启用侧袋机制。五是强化信息披露及风险揭示。要求基金在定期报告中披露持有挂牌股票情况，在法律文件中揭示特有风险。六是加强投资者适当性管理。要求基金管理人会同销售机构，做好基金产品风险评级、投资者风险承受能力识别、投资者教育等工作。

K50 智库点评：精选层的推出，由于引入了连续竞价交易机制，发行与承销制度以及信批要求等与 A 股接轨，开户门槛降低至 100 万元，而且有了转板机制的安排，预计流动性相比过去会有大幅提升。总体而言，流动性溢价和转板溢价将使得精选层公司具备较好的投资价值。允许公募基金投资新三板精选层股票，有助于改善新三板投资者结构，提升市场交易活跃度。

2. 银保监会 2020 年 1 月 8 日发布《融资租赁公司监督管理暂行办法（征求意见稿）》

主要内容：《办法（征求意见稿）》共六章五十五条，包括总则、经营规则、监管指标、监督管理、法律责任及附则等，主要内容有：一是弥补短板，完善经营规则。明确融资租赁公司的业务范围、融资行为、租赁物范围以及禁止从事的业务或活动。完善融资租赁公司的公司治理、内部控制、风险管理、关联交易、计提准备金等制度，同时明确融资租赁物购置、登记、取回、价值管理等其他业务规则。二是从严监管，落实指标约束。为引导融资租赁公司专注主业，加强对融资租赁公司的合规监管约束，设置了部分审慎监管指标内容。包括融资租赁资产比重、固定收益类证券投资业务比例、杠杆倍数、业务集中度等。三是积极稳妥，推进分类处置。针对行业现存的"空壳""失联"企业较多等问题，提出了清理规范要求。按照经营风险、违法违规情形，将融资租赁公司划分为正常经营、非正常经营和违法违规经营等三类，具体明确三类公司的认定标准，指导地方稳妥实施分类处置。四是明确职责，加强监督管理。明确银保监会和地方政府的职责分工，并对地方金融监管部门的日常监管提出了具体要求，完善监管协作机制、非现场监管、现场检查、监管谈话等内容。

K50 智库点评：近年来，融资租赁行业竞争态势呈逐渐分化的趋势。在流动性紧张、外部信用风险逐渐暴露的环境下，行业内的龙头企业依托实力雄厚的股东支持仍然能够实现平稳发展，体现出很强的抗风险能力，行业内分化趋势更加明显。以往融资租赁行业的监管环境比较宽松，这导致了近年来偏离主业、无序发展、"空壳"、"失联"等行业问题较为突出。此次《办法》中提出的监管要求堪称国内融资租赁行业发展史上最严，对类金融企业的监管思路也逐渐趋近于金融租赁公司及商业银行等金融机构。《办法》出台后，租赁行业短期面临业务转型、调整融资结构、风险资产暴露等压力。总体来看，《办法》将会加速行业内的分化趋势，短期会对租赁公司经营产生一定影响，但长远看来，行业秩序将得到规范，整体抗风险能力将有所提升。

3. 证监会 2020 年 1 月 13 日发布《非上市公众公司信息披露内容与格式准则第 3 号——定向发行说明书和发行情况报告书》等 4 件新三板改革配套规则

主要内容：相关规定规范了上市公众公司向特定对象发行股票的信息披露行为，例如申请人应当披露报告期内的主要财务数据和指标，并对其进行逐年比较。主要包括总资产、总负债、归属于母公司所有者的净资产、应收账款、预付账款、存货、应付账款、营业收入、归属于母公司所有者的净利润、经营活动产生的现金流量净额、资产负债率、归属于母公司所有者的每股净资产、流动比率、速动比率、应收账款周转率、存货周转率、毛利率、净资产收益率、每股收益等。相关规定要求申请人应在发行情况报告书中披露的具体内容。要求申请人应根据中国证监会对申请文件的反馈意见，提供补充材料。相关证券服务机构应对反馈意见相关问题进行核查或补充出具专业意见。要求鼓励公司结合自身特点，以简明易懂的方式披露对投资者特别是中小投资者决策有用的信息，但披露的信息应当保持持续性和一致性，不得选择性披露。

K50 智库点评：本次修订定向发行格式准则，主要依据《公众公司办法》，调整了以下几方面内容：一是统一定向发行的要求，将信息披露及申报文件要求的适用范围扩大至全体公众公司；二是完善信息披露内容，明确了发行股份购买资产等方面的披露

要求，细化了募集资金用途等披露要求；三是督促中介机构勤勉
尽责，补充了对中介机构发表意见的要求；四是继续推进简政放
权，明确挂牌公司申请定向发行需要履行行政许可的，由全国股
转公司先行出具自律监管意见，作为申请行政许可的必备文件。
本次制定创新层、基础层年报格式准则，主要依据《信息披露
办法》，细化创新层、基础层挂牌公司的年度报告披露要求：一是
明确创新层、基础层年报的差异化披露要求，同时对披露内容
进行适当简化。二是借鉴科创板改革成果，以投资者需求为核
心，提升年报信息披露的可读性、有用性。三是从中小企业特点
出发，强化对创新层、基础层公司经营业绩影响较大的风险因素
的披露。

4. 银保监会2020年1月14日发布《银行保险违法行为举报
处理办法》

主要内容：《办法》共二十四条，主要规定了《办法》的适用
范围、基本原则、举报要求、管辖、受理条件、不予受理的情形、
举报处理程序、举报人的义务等内容。主要包括：一是明确了
《办法》的适用范围。二是规定了举报处理工作应当遵循统一领
导、属地管理、分级负责的原则，依法、公正、及时办理举报事
项。三是明确对举报的管辖，应按照直接监管职权执行。四是将
举报分为实名举报和匿名举报，并规定了不同的处理机制。五是
明确受理与不受理的条件。六是明确了收到举报后的审查、受理、

转交以及答复的时限。七是对举报人提出了义务要求，要求举报应实事求是，遵守法律、行政法规，若有捏造、歪曲事实、诬告陷害他人的情形，将依法承担法律责任。八是建立了举报处理工作的年度报告制度与重大事项的及时报告制度。

K50 智库点评：《办法》明确了受理条件、不予受理情形、受理时限等，有利于进一步规范银保监会及其派出机构举报处理工作。举报要求银行或保险机构给予民事赔偿，需通过法院或仲裁机构，行政机关无法做出裁决，所以引导投诉人向司法机关寻求解决。《办法》列出这些不予受理的情形，也能同时约束举报者对其举报内容负责。

5. 证监会 2020 年 1 月 19 日发布《非上市公众公司信息披露内容与格式准则第 11 号——向不特定合格投资者公开发行股票说明书》等 2 件新三板改革配套规则

主要内容：主要依据《非上市公众公司监督管理办法》，规范了以下几方面内容：一是提出公开发行信息披露的总体要求，明确发行人及中介机构相关各方的主体责任；二是明确公开发行说明书的披露内容和章节设置要求，要求发行人重点披露业务与技术、公司治理、财务会计信息和募集资金运用等方面信息；三是规定公开发行申请文件的制作和报送要求，并列明申请文件目录。

K50 智库点评：上述文件的发布强化了新三板此次大改革的法律依据，例如，上述业务规则的发布实施标志着新三板市场股票向不特定合格投资者公开发行并在精选层挂牌业务已正式启动，市场各方可据此着手开展相关业务。新三板迎来了发展史上的又一波高潮。

6. 国务院金融稳定发展委员会 2020 年 1 月 14 日印发《关于建立地方协调机制的意见》

主要内容：在各省（区、市）建立金融委办公室地方协调机制，加强中央和地方在金融监管、风险处置、信息共享和消费者权益保护等方面的协作。

K50 智库点评：建立金融委办公室地方协调机制，是落实全国金融工作会议关于加强中央和地方金融协作的重要举措。金融委办公室地方协调机制设在中国人民银行省级分支机构，由其主要负责同志担任召集人，银保监会、证监会、外汇局省级派出机构、省级地方金融监管部门主要负责同志以及省级发展改革部门、财政部门负责同志为成员。金融委办公室地方协调机制接受金融委办公室的领导，定位于指导和协调，不改变各部门职责划分，不改变中央和地方事权安排，主要通过加强统筹协调，推动落实党中央、国务院及金融委有关部署，强化金融监管协调，促进区域金融改革发展和稳定，推动金融信息共享，协调做好金融消费者保护工作和金融生态环境建设。金融委办公室地方协调机制的成立，是对中国金融监管体系的进一步完善。

金融委办公室地方协调机制将从实际出发，在实践中不断探索完善，充分调动中央和地方两个积极性，增强金融监管合力，更好地服务实体经济、防范金融风险、深化金融改革。目前，各省级人民政府正在陆续建立地方政府金融工作议事协调机制，履行属地金融监管和地方金融风险防范处置责任。金融委办公室地方协调机制和地方政府金融工作议事协调机制各有分工和侧重，将相互支持配合，形成合力，共同营造良好的金融环境。

7. 中国人民银行、银保监会、证监会、外汇局与上海市政府 2020 年 2 月 14 日联合发布《关于进一步加快推进上海国际金融中心建设和金融支持长三角一体化发展的意见》

主要内容：《意见》从积极推进临港新片区金融先行先试、在更高水平加快上海金融业对外开放和金融支持长三角一体化发展等方面提出 30 条具体措施。《意见》支持临港新片区发展具有国际竞争力的重点产业：试点符合条件的商业银行理财子公司，按照商业自愿原则在上海设立专业子公司，投资临港新片区和长三角的重点建设项目股权和未上市企业股权；支持符合条件的商业银行按照商业自愿原则在上海设立金融资产投资公司，试点符合条件的金融资产投资公司在上海设立专业投资子公司，参与开展与临港新片区建设以及长三角经济结构调整、产业优化升级和协调发展相关的企业重组、股权投资、直接投资等业务；鼓励金融机构按照市场化原则为临港新片区内高新技术产业、航运业等重点领域发展提供长期信贷资金，支持区内重大科技创新及研发项目；支持金融机构和大型科技企业在区内依法设立金融科技公司，积极稳妥探索人工智能、大数据、云计算、区块链等新技术在金融领域的应用，重视金融科技人才培养。《意见》促进了投资贸易自由化便利化。

在更高水平上加快上海金融业对外开放，包括扩大金融业高水平开放、促进人民币金融资产配置和风险管理中心建设、建设与国际接轨的优质金融营商环境。《意见》要求金融支持长三角一体化发展，包括推动金融机构跨区域协作、提升金融配套服务水平、建立健全长三角金融政策协调和信息共享机制等。

K50 智库点评：《意见》的出台，有利于进一步加快推进上海国际金融中心建设和长三角一体化发展，对引领全国高质量发展、加快现代化经济体系建设具有重大战略意义。《意见》聚焦提升上海国际金融中心的金融创新能力和全球影响力，对标国际最高标准，体现高质量发展要求。《意见》紧紧围绕建设具有国际影响力和竞争力的特殊经济功能区，探索更加灵活的金融政策体系、监管模式和管理体制，推动上海国际金融中心在更大范围、更宽领域、更深层次的高水平开放发展。《意见》推动人民币金融资产配置和风险管理中心建设，在上海前期改革开放实践的基础上，通过进一步深化跨境人民币业务创新、开展人民币贸易融资资产跨境转让、发展人民币利率期权等试点，鼓励和吸引更多的境外投资者在上海国际金融中心配置人民币资产。《意见》注重加强金融改革开放过程中的风险防控，高度重视金融法治环境建设，加强金融监管协调，完善风险防控体系，把维护金融稳定作为应牢牢守住的底线。

8. 中国人民银行等六部门 2020 年 3 月 5 日联合印发《统筹监管金融基础设施工作方案》

主要内容：金融基础设施统筹监管范围包括金融资产登记托管系统、清算结算系统（包括开展集中清算业务的中央对手方）、交易设施、交易报告库、重要支付系统、基础征信系统等六类设施及其运营机构。中国人民银行将与各部门、地方密切配合，扎实推进《方案》各项改革工作，统一监管标准，健全准入管理，优化设施布局，健全治理结构，推动形成布局合理、治理有效、先进可靠、富有弹性的金融基础设施体系。

K50 智库点评：金融基础设施是金融市场安全高效运行的基石，堪称"国之重器"。近年来，国家高度重视金融基础设施建设，提出要加强金融基础设施统筹监管和互联互通。完善基础设施建设必然要求促进基础设施的有效整合。统一托管符合市场规律和国际实践，也是金融基础设施的国际标准。具体到债券市场，就是要提高债券市场的统一性，推动托管结算体系整合，优化基础设施布局，促进互联互通，使整个市场结构更加简单、清晰和高效。在此基础上，健全债券市场监测平台，对市场波动、资金流动、异常交易、杠杆操作等风险持续做好监测分析工作。

9. 中国人民银行 2020 年 2 月 13 日发布《个人金融信息保护技术规范》

主要内容：个人金融信息是指金融业机构通过提供金融产品和服务或者其他渠道获取、加工和保存的个人信息，包括账户信息、鉴别信息、金融交易信息、个人身份信息、财产信息、借贷信息及其他反映特定个人某些情况的信息等 7 大类。《规范》要求金融业机构应遵循"权责一致、目的明确、选择同意、最少够用、公开透明、确保安全、主体参与"的原则。《规范》根据信息遭受未经授权的查看或未经授权的变更后所产生的影响和危害，将个人金融信息按敏感程度从高到低分为 C3、C2、C1 三个类别；同时，规定了个人金融信息在收集、传输、存储、使用、删除、销毁等生命周期各环节的安全防护要求，从安全技术和安全管理两个方面，对个人金融信息保护提出了规范性要求。

K50 智库点评：近些年，一些金融机构、外包机构员工向不法分子出售客户个人金融信息，导致大量客户遭受损失等事件频发。我国监管部门不断加强网络安全、个人信息保护方面的工作，并落到实处，尤其是针对违规采集使用个人信息的 App 及其运营互联网企业开展了一系列大刀阔斧的整治活动，其中部分金融机构因金融类 App 的权限获取合规度、申请权限等问题也收到监管部门的整改要求。此次《规范》的出台，不仅扩大了金融信息安全责任方的范围，并且对相关机构收集、使用个人金融信息的操作进行了详细的规定，最大限度地防范违规违法行为的发生。《规范》对于如何开展个人金融信息评估、外部合作机构评估、机构内部管理、外部访问管理等方面进行明确规范。毫无疑问，随着我国金融监管部门的重拳整治行动不断全面深入，对于涉及个人金融信息的相关机构来说，尽早尽快地合规运营尤为重要。

10. 证监会 2020 年 2 月 14 日发布《关于修改〈上市公司证券发行管理办法〉的决定》《关于修改〈创业板上市公司证券发行管理暂行办法〉的决定》《关于修改〈上市公司非公开发行股票实施细则〉的决定》

主要内容：再融资制度部分条款调整的内容主要包括：一是精简发行条件，拓宽创业板再融资服务覆盖面。取消创业板公开发行证券最近一期末资产负债率高于 45％的条件；取消创业板非公开发行股票连续 2 年盈利的条件；将创业板前次募集资金基本使用完毕，且使用进度和效果与披露情况基本一致由发行条件调整为信息披露要求。二是优化非公开制度安排，支持上市公司引入战略投资者。三是适当延长批文有效期，方便上市公司选择发行窗口。将再融资批文有效期从 6 个月延长至 12 个月。

K50 智库点评：近期证监会不断完善上市公司日常监管体系，严把上市公司再融资发行条件，加强上市公司信息披露要求，强化再融资募集资金使用现场检查，加强了对"明股实债"等违法违规行为的监管。需说明的是，新《证券法》规定证券发行实施注册制，并授权国务院对注册制的具体范围、实施步骤进行规定。新《证券法》施行后，主板仍将在一段时间内继续实施核准制，核准制和注册制并行与新《证券法》的相关规定并不矛盾。

11. 证监会等四部委 2020 年 2 月 14 日联合发布《关于商业银行、保险机构参与中国金融期货交易所国债期货交易的公告》

主要内容：符合条件的商业银行可以风险管理为目的，试点参与中国金融期货交易所国债期货交易；具备投资管理能力的保险机构可以风险管理为目的，参与中国金融期货交易所国债期货交易；商业银行、保险机构应在依法合规、风险可控、商业可持续的前提下，参与国债期货交易；参与国债期货交易的商业银行、保险机构，应建立完善的全面风险管理和内部控制制度及业务处理系统，具备专业的管理团队和规范的业务操作流程，防范和控制交易风险；监管部门发挥跨部委协调机制作用，加强监管合作和信息共享，分批推进商业银行和保险机构参与国债期货市场交易，促进国债期货市场健康发展。

K50 智库点评：相关金融机构参与国债期货交易，可满足其风险管理需求，丰富投资产品类型，提升保险机构的利率风险管理能力和资产负债管理水平，应对来自境外机构的竞争压力，进一步完善对接境外客户群的服务体系，以更全面的客户服务能力迎接境内外竞争对手的挑战。同时，也有助于丰富国债期货市场投资者结构，促进国债期货市场平稳有序发展。

12. 证监会2020年3月6日发布《上市公司创业投资基金股东减持股份的特别规定》

主要内容：在中国证券投资基金业协会备案的创业投资基金，其所投资符合条件的企业上市后，通过证券交易所集中竞价交易减持其持有的发行人首次公开发行前发行的股份，适用下列比例限制：（1）截至发行人首次公开发行上市日，投资期限不满36个月的，在3个月内减持股份的总数不得超过公司股份总数的1％；（2）截至发行人首次公开发行上市日，投资期限在36个月以上但不满48个月的，在2个月内减持股份的总数不得超过公司股份总数的1％；（3）截至发行人首次公开发行上市日，投资期限在48个月以上但不满60个月的，在1个月内减持股份的总数不得超过公司股份总数的1％；（4）截至发行人首次公开发行上市日，投资期限在60个月以上的，减持股份总数不再受比例限制。投资期限自创业投资基金投资该首次公开发行企业金额累计达到300万元之日或者投资金额累计达到投资该首次公开发行企业总投资额50％之日开始计算。

K50智库点评：本次《特别规定》对于私募股权和创业投资机构释放了较大的利好，有利于鼓励投资机构"投早""投长"。《特别规定》中取消了投资期限在五年以上的长期创业投资基金锁定期满后减持比例限制，进一步健全适应行业特点的差异化监管体制，加大对专注于长期投资的基金优惠力度。《特别规定》中调整了基金投资的计算期限，实际上变相延长了计算期限，进一步降低了适用标准。从多个方面对创业投资基金、私募股权投资基金加大优惠力度，能够进一步促进创业投资基金、私募股权投资基金形成良性投资循环，推动长期资本形成。

13. 中国人民银行、外汇局 2020 年 3 月 11 日联合发布《关于调整全口径跨境融资宏观审慎调节参数的通知》

主要内容：中国人民银行、国家外汇管理局决定将《中国人民银行关于全口径跨境融资宏观审慎管理有关事宜的通知》（银发〔2017〕9 号）中的宏观审慎调节参数由 1 上调至 1.25。

K50 智库点评：当前，我国外债规模和结构较合理，外债风险总体可控，提高宏观审慎调节参数在便利境内机构跨境融资的同时，不会引发外债规模大幅上升。《通知》有利于进一步扩大利用外资，便利境内机构跨境融资，降低实体经济融资成本。将全口径跨境融资宏观审慎调节参数上调，跨境融资风险加权余额上限相应提高，这将有助于便利境内机构特别是中小企业、民营企业充分利用国际国内两种资源、两个市场，多渠道筹集资金，缓解融资难融资贵等问题，推动企业复工复产，服务实体经济发展。

14. 证监会 2020 年 3 月 20 日发布《科创属性评价指引（试行）》

主要内容：科创属性评价规则设置 3 项常规指标（最近三年研发投入占比 5% 以上或金额累计 6 000 万以上、发明专利 5 个以上、最后三年营业收入复合增长率 20% 以上或最近一年金额 3

亿以上）和 5 项例外条款（重点是核心技术/专利、国产战略衡量）。特别地，软件行业不适用发明专利数的要求，研发占比应在 10％以上。规则上满足 3 项常规指标或满足 5 项例外条款任意 1 项，则认定具有科创属性。

K50 智库点评：《指引（试行）》的推出，降低了保荐券商、发行人及监管机构的沟通成本，科创属性量化标准的确定，使得一批不符合标准的企业知难而退，提升了科创板的审核效率和准确性。科创板属性标准设置明确了"硬科技"科创板定位但非设置新准入门槛，黑科技、平台类（互联网＋）、小市值等公司申报积极性可能有所降低；科创板属性标准设置降低了上市成本，提高了审核效率，加快了发行审核节奏；科创板属性量化指标强调发明专利，引导二级市场分化、一级市场企业科技沉淀。注册制在科创板实行的重要目的之一，即支持和鼓励硬科技企业在科创板上市，更好发挥资本市场对提升科技创新能力和实体经济竞争力的支持功能。

在《指引（试行）》中，除了 3 项常规指标，还为市场保留了一个"入口"，即 5 项例外条款，是对《科创板首次公开发行股票注册管理办法（试行）》中"优先支持符合国家战略，拥有关键核心技术，科技创新能力突出的企业到科创板发行上市"的进一步细化和落实。《指引（试行）》总体均围绕如何判定"硬科技"展开，并未偏离注册制实行的目的。

15. 证监会 2020 年 4 月 2 日下发《证券公司分类监管规定（征求意见稿）》

主要内容： 征求意见稿弱化了券商规模指标，鼓励券商做优做强与引导差异化特色化发展；在市场竞争力评价指标方面取消了营业收入排名这一规模指标；对现行有关行业排名指标，在适当加大位于行业前列的激励力度的同时，扩大了加分范围；提高了券商风险管理能力正向激励加分门槛，并根据全面合规与风险管理新规，补充可量化的加分指标；进一步完善对立案调查或发生风险事件情形、有关监管措施的扣分规则，固化有关处理标准；针对行业突出风险点，细化完善风险管理能力评价指标和标准，推动部分证券公司解决风控能力偏弱的问题。

K50 智库点评： 此次修订顺应行业趋势，引导券商向专业化竞争的高阶方向转型。优化资本充足与风险管理能力加分指标，包括提高主要风控指标持续达标的加分门槛、引导证券公司强化资本约束、新设风险管理全覆盖及风险监测有效性评价指标，为后期并表监管推行奠定基础。此外，此次修订还完善了风险管理能力评价指标与标准，重点对公司治理与合规管理、全面风险管理评价指标与标准进行细化和完善。此次修订是对券商资本和风险管理能力监管的进一步完善，将引导券商强化资本约束，提高全面风险管理的有效性，在风险可控背景下实现重资本业务做大做强。

16. 银保监会 2020 年 5 月 8 日发布《信用保险和保证保险业务监管办法》

主要内容：该《办法》提出了保险公司经营融资性信保业务应当符合的要求，要求保险公司承保的信保业务自留责任余额累计不得超过上一季度末净资产的 10 倍。除专营性保险公司外，其他保险公司承保的融资性信保业务自留责任余额累计不得超过上一季度末净资产的 4 倍，融资性信保业务中承保普惠型小微企业贷款余额占比达到 30％以上时，承保倍数上限可提高至 6 倍。保险公司承保单个履约义务人及其关联方的自留责任余额不得超过上一季度末净资产的 5％。除专营性保险公司外，其他保险公司承保的融资性信保业务单个履约义务人及其关联方自留责任余额不得超过上一季度末净资产的 1％。《办法》重点提出了内控管理方面的要求，例如要求保险公司开展信保业务应当由总公司集中管理，分支机构在总公司的统一管理下开展信保业务。开展融资性信保业务的分支机构，应当在销售、核保等重要环节设立专职专岗，不得兼职。保险公司总公司应当配备或聘请具有经济、金融、法律、财务、统计分析等知识背景或具有信用保险、保证保险、融资担保、银行信贷等从业经验的专业人才，并不断加强业务培训和人才培养，提高风险识别能力。要求保险公司建立涵盖信保业务全流程的业务系统，业务系统应具备反欺诈、信用风险评估、信用风险跟踪等实质性审核和监控功能。融资性信保业务系统还应具备还款能力评估、放（还）款资金监测等功能。

K50 智库点评：《办法》的实施对防范信保业务风险、推动信保业务高质量发展等方面有着积极作用和深远意义。鉴于《办法》重点规范融资性信保业务，经过研判，对融资性信保业务可能产生以下影响：一是《办法》实施后，短期内经营融资性信保业务的主体会减少，但鉴于减少的公司市场份额均较少，且设置了 6 个月的过渡期，故不会影响融资性信保业务的整体发展和服务能力。二是《办法》通过设置弹性的承保限额，促使保险公司调整当前业务结构，预计融资性信保业务中个人消费类业务占比有所降低，普惠型小微企业的业务占比有所提高。三是《办法》对融资性信保业务予以重点监管，同时，进一步明确了流动性管理、内部审计、合作方管理等内控管理要求，在存量风险逐步消化的同时，增量业务风险也将得到进一步控制。

17. 银保监会 2020 年 5 月 8 日发布《关于加强典当行监督管理的通知》

主要内容：《通知》从以下五个方面提出监管要求，指导各地加强典当行事前事中和事后监管，促进典当行业规范发展：一是增强服务意识，完善准入管理。从做好证照衔接、审慎稳妥准入、完善准入管理、规范人员管理、优化审批服务、共享许可信息六方面提出要求。二是依法合规经营，稳健有序发展。要求典当行依法合规经营、回归典当本源、改进收当服务、合理确定息费、依法处置绝当、严守行为底线。三是压实监管责任，加强监督管理。要求地方金融监管部门压实各方责任、实施分类监管、加强日常监管、加大处罚力度。四是整顿行业秩序，实现减量增质。从细化认定标准、加强信息公示入手推动行业高质量发展。五是实施简政放权，优化营商环境。从减轻企业负担、方便当票领取、出台扶持政策、提供融资支持、发挥协会作用等方面促进典当行业健康发展。

K50 智库点评：近年来，典当行业发展总体平稳，业务继续保持小额、短期特色。截至 2019 年末，全国共有典当企业 8 397 家，注册资本 1 722.6 亿元，资产总额 1 602.7 亿元，典当余额 992.86 亿元。2019 年 1—12 月，全行业实现典当总额 2 860.48 亿元，累计开展业务 179.2 万笔，平均单笔业务金额 16.6 万元，平均当期 33 天，最短当期 1 天。继 2020 年 4 月 16 日北京市金融局发布《北京市典当行业管理指引（试行）》，此次银保监会出台《通知》旨在更好地处理风险防范和稳步发展的关系。尤其是新冠肺炎疫情的爆发对国家经济发展带来了不小的冲击，国家层面相继出台各种保民生、安民心和发展经济的举措，各级政府和部门也纷纷跟进，相应出台了一系列支持和稳定发展的政策和措施。此次银保监会典当新规的发布，也从侧面印证了这一点。

本《通知》有几个原则：一是坚守功能定位。引导典当行回归典当本源，专注细分领域，培育差异化、特色化竞争优势，满足小微企业、居民个人短期、应急融资需求，发挥对金融体系"拾遗补缺"的作用。二是严守风险底线。要求典当行依法合规经营、严守行为底线，指导地方金融监管部门完善准入管理，加强日常监管，加大对违法违规行为的处罚力度。三是坚持简政放权。优化典当行审批服务，削减不必要的审批，减轻年审负担，方便当票领取，优化典当行业营商环境。从内容看，相比北京市金融局的《监管指引》，银保监会的文件更加符合典当行业实际情况，在政策支持、银行融资、分类监管方面，为典当行业后续经营提供了比较有力的支撑，典当行业未来发展可期。典当企业应结合监管规定和自身情况，优化业务品种、做好特色经营、提升核心竞争力、调整业务结构、做好风险防控。

18. 银保监会 2020 年 5 月 9 日发布《商业银行互联网贷款管理暂行办法（征求意见稿）》

主要内容：《办法（征求意见稿）》共七章七十条，分别为总则、风险管理体系、风险数据和风险模型管理、信息科技风险管理、贷款合作管理、监督管理和附则。一是合理界定互联网贷款内涵及范围，明确互联网贷款应遵循小额、短期、高效和风险可控原则。二是明确风险管理要求。商业银行应当针对互联网贷款业务建立全面风险管理体系，在贷前、贷中、贷后全流程进行风险控制，加强风险数据和风险模型管理，同时防范和管控信息科技风险。三是规范合作机构管理。要求商业银行建立健全合作机构准入和退出机制，在内控制度、准入前评估、协议签署、信息披露、持续管理等方面加强管理、压实责任。对与合作机构共同出资发放贷款的，《办法（征求意见稿）》提出加强限额管理和集中度管理等要求。四是强化消费者保护。明确商业银行应当建立互联网借款人权益保护机制，对借款人数据来源、使用、保管等问题提出明确要求。《办法（征求意见稿）》还规定，商业银行应当加强信息披露，不得委托有违法违规记录的合作机构进行清收。五是加强事中事后监管。《办法（征求意见稿）》对商业银行提交互联网贷款业务情况报告、自评估、重大事项报告等提出监管要求。监管机构实施监督检查，对违法违规行为依法追究法律责任。

K50 智库点评：近年来，商业银行互联网贷款业务快速发展，各类商业银行均以不同方式不同程度地开展互联网贷款业务。与传统线下贷款模式相比，互联网贷款具有依托大数据和模型进行风险评估、全流程线上自动运作、无人工或极少人工干预、极速审批放贷等特点，在提高贷款效率、创新风险评估手段、拓宽金融客户覆盖面等方面发挥了积极作用。与此同时，互联网贷款业务也暴露出风险管理不审慎、金融消费者保护不充分、资金用途监测不到位等问题和风险隐患。制定《办法（征求意见稿）》是完善我国商业银行互联网贷款监管制度的重要举措，有利于弥补制度短板，防范金融风险，提升金融服务质效。《办法（征求意见稿）》按照法律法规和"放管服"改革的要求，不设行政许可，商业银行均可按照《办法（征求意见稿）》规定开展互联网贷款业务。在强化风险管理、加强监管的同时，对用于生产经营的个人贷款和流动资金贷款授信额度及期限做了相应灵活处理，有助于确保通过互联网渠道开展小微企业融资的连续性，提升小微企业和小微企业主信用贷款的占比，在疫情防控和经济下行压力增大的关键期可以有效支持实体经济。

19．证监会 2020 年 5 月 29 日发布《关于修改〈证券公司次级债管理规定〉的决定》

主要内容：一是允许证券公司公开发行次级债券。二是为证券公司发行减记债等其他债券品种预留空间。三是统一法规适用。将规定中机构投资者定义统一至《证券期货投资者适当性管理办法》要求，将次级债券销售相关要求按照《公司债券发行与交易管理办法》进行调整。四是增加《国务院办公厅关于贯彻实施修订后的证券法有关工作的通知》《公司债券发行与交易管理办法》等作为上位法依据。

K50 智库点评：自 2010 年证券公司次级债相关规定实施以来，次级债在拓宽证券公司融资渠道、支持证券公司补充资本方面发挥了积极作用。近三年，证券公司共发行次级债 4 563 亿元，占证券公司公司债发行总规模的 34％，次级债已成为证券公司重要的流动性和资本补充工具。此次修订保持基本框架，延续监管理念，明确了证券公司次级债的内涵、发行方式、条件、程序、净资本计入等要求，大部分内容仍符合监管现状和行业实践情况，删除了限制证券公司公开发行的相关条款，增加了支持证券公司发行减记债等债券品种的条款，能够切实满足行业发展需求。

20. 证监会 2020 年 6 月 12 日发布《证券公司股权管理规定（征求意见稿）》

主要内容：征求意见稿要求证券公司设立时，中国证监会依照规定核准其注册资本及股权结构。证券公司变更主要股东或者公司的实际控制人，应当依法报中国证监会批准。证券公司的控股股东、实际控制人实际控制证券公司的股权比例增至 100％的，证券公司应当在公司登记机关办理变更登记后 5 个工作日内，向中国证监会备案。规定了不得成为证券公司股东的情形，包括：最近 3 年存在重大违法违规记录或重大不良诚信记录；因故意犯罪被判处刑罚、刑罚执行完毕未逾 3 年；因涉嫌重大违法违规正在被调查或处于整改期间；存在长期未实际开展业务、停业、破产清算、治理结构缺失、内部控制失效等影响履行股东权利和义务的情形；存在可能严重影响持续经营的担保、诉讼、仲裁或者其他重大事项；股权结构不清晰，不能逐层穿透至最终权益持有人；股权结构中存在理财产品，中国证监会认可的情形除外；因不诚信或者不合规行为引发社会重大质疑或产生严重社会负面影响且影响尚未消除；对所投资企业经营失败负有重大责任未逾 3 年；中国证监会基于审慎监管原则认定的其他情形。征求意见稿进一步明确了对证券公司的分类管理安排，有助于支持各类证券公司差异化、专业化、特色化发展。

K50 智库点评：征求意见稿对于证券公司主要股东资质条件的修订在一定程度上降低了证券公司主要股东的门槛，将吸引更多主体入股证券公司，有助于证券公司引入资本。但同时也应注意到，由于"主要股东"被重新定义，导致现行《股权管理规定》项下持股在 5％以上 25％以下的一类股东被划归到了征求意见稿项下的新"主要股东"范畴内，对于该类股东，在现行《股权管理规定》项下仅需符合特定类别的资格条件，但在征求意见稿项下却需要满足主要股东的全部资格条件；同时，现行《股权管理规定》项下对于持有证券公司 25％以上股权的股东或者持有 5％以上股权的第一大股东的个别要求，例如"主要股东、控股股东应当在必要时向证券公司补充资本"，根据征求意见稿也将拓展适用至全部主要股东。征求意见稿在一定程度上针对持股在 5％以上 25％以下的非第一大股东提出了新的、更严格的股东资格条件和要求。

参考文献

财政部财政科学研究所课题组，赵全厚. 财政金融风险的作用机理和潜在影响 [J]. 经济研究参考，2015，(09)：38-45.

陈共. 财政学对象的重新思考 [J]. 财政研究，2015，(04)：2-5.

胡再勇. 国际金融监管体系改革的成就及最新进展 [J]. 银行家，2014 (11).

李研妮. 国际金融监管改革的五大趋势 [J]. 金融纵横，2016，(11)：17-23.

李豫. 金融危机下的新加坡国际金融中心 [M]. 北京：企业管理出版社，2010.

刘尚希. 宏观金融风险与政府财政责任［J］. 管理世界，2006，（06）：10-17＋45＋172.

吕慧. 后金融危机时代金融监管体系改革的探讨——基于国际经验的比较与借鉴［J］. 现代管理科学，2016，（12）：40-42.

毛捷，刘潘，吕冰洋. 地方公共债务增长的制度基础——兼顾财政和金融的视角［J］. 中国社会科学，2019，（09）：45-67＋205.

齐畅，郭小平. 探究经济危机的国际传导机制——基于金融监管的视角［J］. 中国物价，2015，（04）：21-23.

王金龙. 宏观调控要关注财政风险与金融风险的相关性［J］. 财政研究，2005，（10）：43-45.

王素珍. 国外跨市场金融风险监管及其启示［J］. 海南金融，2004，（02）：9-13.

谢乐斌. 浅析瑞士金融监管体制［J］. 经济师，2008，（03）：68-69.

谢平. 论防范金融风险的财政措施［J］. 财贸经济，1999，（09）：19-23.

薛瑞锋，殷剑峰. 私人银行：机构、产品与监管［M］. 北京：社会科学文献出版社，2015.

郑联盛，何德旭. 宏观审慎管理与中国金融安全［M］. 北京：社会科学文献出版社，2012.

朱静怡，朱淑珍. 金融风险的传导机制及防御对策分析 [J]. 东华大学学报（自然科学版），2001，27（5）：16-20.

Baig T，Goldfajn I. Financial Market Contagion in the Asian Crisis [J]. IMF staff papers，1999，46（2）：167-195.

Barberis N，Shleifer A. Style Investing [J]. *Journal of Financial Economics*，2003，68（2）：161-199.

Brierley P. The UK Special Resolution Regime for Failing Banks in an International Context [J]. *SSRN Electronic Journal*，2009.

Brittle S A. Fiscal Policy and Private Saving in Australia：Ricardian Equivalence，Twin Deficits and Broader Policy Inferences [D]. University of Wollongong，2009.

Christiaan V D K，Van Wijnbergen S. Long Term Government Debt，Financial Fragility and Sovereign Default Risk [J]. *SSRN Electronic Journal*，2013.

Ghosh A，Saidi R，Johnson K H. Who Moves the Asia-Pacific Stock Markets—US or Japan? Empirical Evidence Based on the Theory of Cointegration [J]. *Financial Review*，1999，34（1）：159-169.

Hana Polackov. Contingent Government Liabilities：A Hidden Risk for Fiscal Stability [R]. World Bank Working Paper，1998：102-150.

Hyman P. Minsky. The Financial Fragility Hypothesis: Capitalist Process and the Behavior of the Economy in Financial Crises [J]. Cambridge University Press, 1982: 23-35.

Ian Ratner, Grant Stein, John C. Weitnauer. United States Bankruptcy Code [M]. John Wiley & Sons, Ltd, 2015: 13-15.

Irwin T C. Getting the Dog to Bark: Disclosing Fiscal Risks from the Financial Sector [J]. *Journal of International Commerce, Economics and Policy*, 2016, 7 (2): 1-17.

Kodres L E, Pritsker M. A Rational Expectations Model of Financial Contagion [J]. *The Journal of Finance*, 2002, 57 (2): 769-799.

Lusinyan L, Cebotari A, Velloso R, et al. Fiscal Risks: Sources, Disclosure, and Management [J]. IMF Departmental Papers/Policy Papers, 2009.

Masih A M M, Masih R. Are Asian Stock Market Fluctuations Due Mainly to Intra-regional Contagion Effects? Evidence Based on Asian Emerging Stock Markets [J]. *Pacific-Basin Finance Journal*, 1999, 7 (3): 251-282.

Poterba J M. Budget Institutions and Fiscal Policy in the US States [J]. NBER working papers, 2000, 86 (2): 395-400.

Ruzzante M. Financial Crises, Macroeconomic Shocks, and the

Government Balance Sheet: A Panel Analysis [J]. IMF Working Papers, 2018.

Soydemir G. International Transmission Mechanism of Stock Market Movements: Evidence from Emerging Equity Markets [J]. *Journal of Forecasting*, 2000, 19 (3): 149-176.

Tagkalakis A. The Effects of Financial Crisis on Fiscal Positions [J]. *European Journal of Political Economy*, 2013, 29: 197-213.

Walker G. Financial Regulation—UK Policy Response [J]. *International Lawyer*, 2010, 44 (2): 751-789.

William Easterly. When is Fiscal Adjustment an Illusion? [J]. *Economic Policy*, 1998, (4): 57-76.

图书在版编目（CIP）数据

金融大监管：大变局下的监管逻辑与市场博弈/武
良山，周代数，王文韬主编. --北京：中国人民大学出
版社，2021.5
　　ISBN 978-7-300-29045-4

　　Ⅰ. ①金… Ⅱ. ①武… ②周… ③王… Ⅲ. ①金融监
管-研究-中国 Ⅳ. ①F832.1

中国版本图书馆 CIP 数据核字（2021）第 031781 号

金融大监管：大变局下的监管逻辑与市场博弈
主编　武良山　周代数　王文韬
Jinrong Dajianguan：Dabianju xia de Jianguan Luoji yu Shichang Boyi

出版发行	中国人民大学出版社				
社　　址	北京中关村大街 31 号		邮政编码	100080	
电　　话	010 - 62511242（总编室）		010 - 62511770（质管部）		
	010 - 82501766（邮购部）		010 - 62514148（门市部）		
	010 - 62515195（发行公司）		010 - 62515275（盗版举报）		
网　　址	http://www.crup.com.cn				
经　　销	新华书店				
印　　刷	北京联兴盛业印刷股份有限公司				
规　　格	148 mm×210 mm　32 开本		版　　次	2021 年 5 月第 1 版	
印　　张	10.5 插页 3		印　　次	2021 年 5 月第 1 次印刷	
字　　数	191 000		定　　价	68.00 元